eXamen.press

Karsten Berns · Daniel Schmidt

Programmierung mit LEGO® MINDSTORMS® NXT

Robotersysteme, Entwurfsmethodik, Algorithmen

 Springer

Prof. Dr. Karsten Berns
TU Kaiserslautern FB Informatik
  AG Robotersysteme
Kaiserslautern
Deutschland
berns@informatik.uni-kl.de

Dipl. Inf. Daniel Schmidt
TU Kaiserslautern FB Informatik
  AG Robotersysteme
Kaiserslautern
Deutschland
dschmidt@informatik.uni-kl.de

LEGO, das LEGO Logo, LEGO MINDSTORMS, die Konfiguration der Noppen und die Minifigur sind Marken der LEGO Gruppe. © The LEGO Group 2010.

Additional material to this book can be downloaded from http://extra.springer.com

ISSN 1614-5216
ISBN 978-3-642-05469-3   e-ISBN 978-3-642-05470-9
DOI 10.1007/978-3-642-05470-9
Springer Heidelberg Dordrecht London New York

Die Deutsche Nationalbibliothek verzeichnet diese Publikation in der Deutschen Nationalbibliografie; detaillierte bibliografische Daten sind im Internet über http://dnb.d-nb.de abrufbar.

Einbandentwurf: KuenkelLopka GmbH

Gedruckt auf säurefreiem Papier

Springer ist Teil der Fachverlagsgruppe Springer Science+Business Media (www.springer.com)

Geleitwort

„Es war unheimlich interessant und spannend; und hat zudem sehr viel Spaß gemacht!"

Dieses Zitat eines teilnehmenden Schülers des „NaT-Working"-Projekts „Informatik – Schülerkurse und Wettbewerbe mit LEGO MINDSTORMS Robotern" der TU Kaiserslautern bringt die Ziele unseres Förderprogramms auf den Punkt. Im Programm „NaT-Working: Naturwissenschaften und Technik – Schüler, Lehrer und Wissenschaftler vernetzen sich" sollen junge Menschen durch die Teilnahme an Projekten für Naturwissenschaften und Technik begeistert werden. Seit 1999 haben wir im Rahmen von „NaT-Working" über 140 gemeinsame Projekte an der Schnittstelle zwischen Schule und Forschung unterstützt und dafür über 7 Millionen Euro zur Verfügung gestellt.

Wir freuen uns, dass der Gedanke von „NaT-Working" in Kaiserslautern auf so fruchtbaren Boden gefallen ist. Das Projekt „Informatik – Schülerkurse und Wettbewerbe mit LEGO MINDSTORMS Robotern" zielt darauf ab, Schüler für die Informatik und ihre vielfältigen Anwendungsmöglichkeiten zu interessieren.

Schüler haben oft nur ungenaue Vorstellungen davon, was Informatik ist und was ein Informatikstudium beinhaltet. Zumeist sehen sie dahinter hauptsächlich die Programmierung von Software und sind über den großen deutschen (Arbeits)-Markt auf dem Gebiet informationsverarbeitender technischer Systeme, wie z.B. Robotersysteme, Systeme in Haushaltsgeräten, Spielkonsolen oder Kraftfahrzeugen wenig informiert.

In Kaiserslautern erhalten Schüler die Möglichkeit, selbstständig zu forschen und Problemstellungen innerhalb eines Teams zu lösen. Sie erleben Informatiker und Ingenieure als aktive Mitglieder eines forschenden Teams, die sich mit dem interdisziplinär ausgerichteten Fach „Informatik" auseinandersetzen. Sie lernen Persönlichkeiten kennen, die tagtäglich ihre Kenntnisse aus den Fächern Informatik, Physik, Elektrotechnik und Mechanik einsetzen, um alltagsrelevante Themen zu erforschen und Lösungen für reale technische Probleme zu finden. Die Schüler bekommen Zugang zur aktuellen Forschung, indem sie selbst an Projekten mitwirken. Durch die Zusammenarbeit mit Wissenschaftlern und Studierenden erhalten sie zudem Unterstützung und Orientierung beim Übergang von der Schule zur Universität.

Genau das wollen wir mit unserem Programm „NaT-Working" erreichen: Schülern einen authentischen Einblick in die Welt der Forschung und ein realistisches Bild vom Leben an der Universität zu vermitteln, so dass sie sich besser informiert für ein entsprechendes Studium entscheiden können. Nur mit entsprechenden Kenntnissen können sich junge Menschen selbst ein Urteil bilden, welche Chancen und Risiken in neuen wissenschaftlichen und technischen Entwicklungen liegen. Natürlich spielt die Sorge um den wissenschaftlichen Nachwuchs in den Natur- und Ingenieurwissenschaften, die für die Zukunft unseres Landes und unserer Gesellschaft so wichtig sind, hier auch eine bedeutende Rolle. Nicht zuletzt ist eine erfolgreiche Wirtschaft abhängig von der Bildung ihrer Bürger. Deswegen ist die Entwicklung und Verwendung von qualitativ hochwertigen Unterrichtsmaterialien im naturwissenschaftlich-technischen Bereich so wichtig.

Nachdem die Projektförderung für das „NaT-Working"-Programm jetzt ausläuft, liegt der Schwerpunkt unserer Arbeit in der langfristigen Verstetigung der bestehenden Projekte und der Verbreitung der entstandenen Ergebnisse aus den geförderten Initiativen. Die gemeinsame Konzeption und Umsetzung der Projektideen durch Naturwissenschaftler und Lehrer führen oft zur Entwicklung von neuen kreativen Ansätzen für den naturwissenschaftlich-technischen Unterricht. Diese möchten wir in möglichst viele Klassenzimmer übertragen und einer breiten Lehrerschaft zugänglich machen. Die Erfahrungen der Naturwissenschaftler, Lehrer und Schüler aus „NaT-Working"-Projekten sollen eine breite und öffentliche Plattform bekommen, um andere zu motivieren, zu inspirieren und zu unterstützen. Deswegen freuen wir uns sehr über die Initiative der Projektbeteiligten in Kaiserslautern, ihre Erkenntnisse durch diese Publikation der Öffentlichkeit zugänglich zu machen. Wir hoffen, dass Sie auf den folgenden Seiten originelle Anregungen zum Unterrichten und selbst Ausprobieren finden und auf neue Ideen stoßen.

Wir wünschen Ihnen viel Freude bei der Lektüre!

Stuttgart, Dezember 2009

Atje Drexler
stv. Leiterin des Bereichs
„Wissenschaft und Forschung"
der Robert-Bosch-Stiftung

Vorwort

Die Informatik nimmt bereits heute eine sehr wichtige Rolle im beruflichen und gesellschaftlichen Alltagsleben ein. Sowohl das moderne gesellschaftliche Zusammenleben – man denke beispielsweise an die vielfältigen Kommunikationsmöglichkeiten – als auch der wachsende Anteil an elektronischen Helfern wie Assistenzsysteme in Pkw oder automatisierte Produktionsabläufe sind ohne den Einsatz von Informatik undenkbar. Durch die zunehmende Anzahl von Anwendungen, in denen die Methoden der Informatik eine entscheidende Rolle spielen, sind heute wie auch in den nächsten Jahren die Berufsausichten für Informatiker hervorragend. Dem gegenüber sind die Anfängerzahlen für ein Informatikstudium an Fachschulen und Universitäten rückläufig oder verharren auf einem sehr niedrigen Niveau, so dass der Bedarf an Informatikern in der Industrie nicht abgedeckt werden kann. Die Gründe hierfür sind sehr vielfältig. Oft wird angeführt, dass das Informatikstudium im Vergleich zu anderen Studiengängen als sehr schwer eingestuft wird und dass das oft vermittelte Klischee eines Informatikers nichts oder nur sehr wenig mit dem tatsächlichen Berufsfeld zu tun hat.

Der Fachbereich Informatik an der TU Kaiserslautern hat in den letzten Jahren unterschiedliche Initiativen mit Schulen, Lehrern und Schülerinnen und Schülern gestartet, um das Image der Informatik zu verbessern und bessere Voraussetzungen für das Informatikstudium zu schaffen. Eine dieser Initiativen, die vom Lehrstuhl Robotersysteme seit 2005 durchgeführt wird, versucht am Beispiel des Anwendungsgebiets der Robotik Informatikinhalte zu vermitteln und Schülerinnen und Schüler für ein Informatikstudium zu begeistern. Dazu wurden vor allem LEGO®MINDSTORMS®NXT 1.0-Roboter eingesetzt, die von Schülerinnen und Schülern in unterschiedlichen Informatikkursen programmiert wurden. Durch den modularen Aufbau ist das LEGO MINDSTORMS-System besonders geeignet, sehr unterschiedliche Anwendungsbeispiele zu untersuchen. Auch für Einsteiger ohne jegliche Programmierkenntnisse bietet das LEGO-System mit der grafischen Programmierumgebung NXT-G einen schnellen Zugang für die Implementierung komplexer Methoden. Zusätzlich können die LEGO-Modelle auch mit Hilfe unterschiedlicher Hochsprachen programmiert werden. Damit können die wichtigsten Schritte bei der Entwicklung komplexer Softwaresysteme vom Entwurf über Implementierungskonzepte bis hin zum Testen durchlaufen werden.

Die seit 2005 durchgeführten Schülerkurse und Wettbewerbe, die initial durch das Programm „Schnittstelle Schule" vom Wissenschaftsministerium Rheinland-Pfalz unterstützt wurden, haben dazu geführt, das Angebot schrittweise zu verbessern und zu erweitern, um möglichst viele Aspekte der Informatik abdecken zu können. Durch die enge Zusammenarbeit mit Informatiklehrern in den Schulen wurde das Lehrangebot so aufbereitet, dass es auch im Informatikunterricht oder in Informatik-AGs in den Schulen eingesetzt werden kann. Die Schülerinnen und Schüler nahmen extrem motiviert an den Kursen teil. Vier von fünf würden gerne einen weiteren Kurs belegen. Durch die Wahl des Anwendungsgebietes der Robotik konnte der Beitrag der Informatik von den Teilnehmern in der Praxis erlebt werden. Insbesondere bei jüngeren Kursteilnehmern hat sich das Verständnis, was Informatik überhaupt ist, nachhaltig verbessert. An dieser Stelle möchten wir der Robert-Bosch-Stiftung danken, die im Rahmen ihres „NaT-Working"-Programms den Aufbau und die Durchführung der Kurse im besonderen Maße unterstützt hat und für die Erstellung des Geleitwortes.

Aufgrund der positiven Resonanz entstand die Idee, die Kursinhalte in Form eines Lehrbuchs für ein Selbststudium und für den Einsatz an Schulen aufzubereiten. Das Buch richtet sich an Schülerinnen und Schüler ab der Mittelstufe sowie an Studierende in den ersten Semestern. Für Einsteiger in die Programmierung empfiehlt sich zunächst die grafische Programmierung mit LEGO NXT-G, um sich mit Kontrollmechanismen und -strukturen vertraut zu machen. Die in den letzten Kapiteln eingeführte Hochsprache Java und die Präsentation von Programmierbeispielen ist für Schülerinnen und Schüler der Oberstufe geeignet, die bereits über Informatikkenntnisse verfügen. Neben den informationstechnischen Aspekten werden auch Messverfahren spezieller Sensoren, Methoden für die Robotersteuerung und interessante Anwendungen beschrieben.

Vor allem die im Buch beschriebenen Aufgaben und Experimente erforderten sehr viel Arbeit, da diese zunächst entworfen, der zugehörige Roboter konstruiert, das Programm implemeniert und in unterschiedlichen Szenarien getestet werden mussten. An dieser Stelle möchten wir daher den beiden Informatikstudenten Daniel Engelmann und Steffen Hemer danken, die maßgeblich für die Umsetzung der praktischen Aufgaben zuständig waren und unterstützend bei der Erstellung der Kapitel mitwirkten.

Wir wünschen allen Leserinnen und Lesern viel Spaß bei der Erfahrung der Informatik mit Roboteranwendungen und der Lektüre dieses Buchs.

Kaiserslautern,
Februar 2010

Karsten Berns
Daniel Schmidt

Inhaltsverzeichnis

Kapitel 1
Einleitung

Ziele, Lehrbeitrag, Übersicht

In unserem täglichen Leben werden wir immer häufiger mit informationsverarbeitende Systemen konfrontiert bzw. nehmen sie teilweise gar nicht wahr. Bestellungen über das Internet sind beispielsweise ebenso selbstverständlich geworden wie die einfache Benutzung moderner Entertainment-Systeme. Kaum jemand erwartet, dass selbst in einem modernen Pkw mehrere Millionen Zeilen an Programmcode für die unterschiedlichen Funktionen wie Sicherheit (z.B: ABS, ESP) oder Komfort (z.B. Klimaautomatik, Sitzverstellung) versteckt ausgeführt werden. Dieser Softwareumfang entspricht bereits heute einem Viertel des Umfangs des Betriebssystems Windows XP, Tendenz steigend [3].

Das Verständnis, wie komplexe Informationsverarbeitung auf modernen Rechnersystemen codiert wird, muss genau wie das Fach Mathematik ein wesentliches Ausbildungsziel in der Schule und dem Studium sein. Der Umgang mit digitalen Informationen wird von Experten mittlerweile als *„unverzichtbare Ergänzung der traditionellen Kulturtechniken Lesen, Schreiben und Rechnen angesehen (... und) zur Gestaltung des gesellschaftlichen und privaten Lebens benötigt"* [20].

Dieses Buch begegnet den oben genannten Punkten. Primäres Ziel ist es, Schüler und Studenten zu motivieren, sich mit informationstechnischen Aspekten und mit Methoden der Informatik zu beschäftigen. Des Weiteren ist das Buch hervorragend zur Vorbereitung auf den Informatikunterricht und zur Durchführung von Informatik- und Robotik-AGs geeignet. Durch die Wahl des interdisziplinären Anwendungsfeldes Robotik können interessante, anschauliche Problemstellungen behandelt werden. Die vielen unterschiedlichen Facetten erlauben es, alle wichtigen Grundelemente der Programmierung einzuführen und auch die fortgeschrittene Programmierung mit Fragestellungen der Robotik zu vermitteln. Begleitend dazu werden Grundlagen aus Elektrotechnik, Physik und Mechanik anschaulich erläutert. Ein weiteres Anliegen ist es, durch anwendungsorientierte Aufgaben und Experimente das Interesse an wissenschaftlicher Arbeit zu wecken und für ein technisches Studium zu motivieren. Durch die Erfahrungen mit Schülerkursen und der Lehre an der Technischen Universität Kaiserslautern werden wichtige Aspekte gezielt behandelt, so dass der Einstieg in ein Studium oder eine Ausbildung, in denen Programmierkenntnisse und informationstechnische Grundlagen notwendig sind, leichter fällt.

K. Berns, D. Schmidt, *Programmierung mit LEGO® MINDSTORMS® NXT*, eXamen.press,
DOI 10.1007/978-3-642-05470-9_1, © The LEGO Group 2010

Im Folgenden werden die Verwendung von LEGO MINDSTORMS im Rahmen einer Programmierausbildung und wichtige informationstechnische Themen vorgestellt, die innerhalb dieses Buchs behandelt werden.

1.1 LEGO MINDSTORMS als informationsverarbeitendes System

Die Robotik in Form von LEGO MINDSTORMS bietet einen spielerischen Zugang zur Informatik und Technik. Mit den MINDSTORMS-Systemen können innerhalb weniger Stunden Grundkenntnisse in Konstruktion und Softwareentwicklung erlangt werden. Dabei wird durch eine konkrete Aufgabenstellung, das problemspezifische Konstruieren und Programmieren eines Roboters sowie durch das letztendliche Testen der gesamte Ablauf eines Problemlösungsprozesses kennen gelernt. Nicht umsonst wurde LEGO MINDSTORMS im Jahr 2008 in die *Robot Hall of Fame* der Carnegie Mellon Universität (USA) aufgenommen. Die Jury bestehend aus Wissenschaftlern, Studenten, Autoren, Designern und Unternehmern lobte den einfachen Zugang zur Robotik durch das Baukastenprinzip. *„LEGO MINDSTORMS NXT hat die Robotik einer breiten Öffentlichkeit von Kindern bis Erwachsenen auf der ganzen Welt zugänglich gemacht"*[1], so die Begründung des Gremiums. Jedes Jahr schaffen es nur rund vier Roboter in die Ruhmeshalle, wobei sowohl reale als auch fiktive Robotersysteme auf diese Weise geehrt werden.

Mit Hilfe der LEGO-Bausätze können Einsteiger in einem für sie bekannten Umfeld arbeiten und die Resultate sofort sichtbar machen. Während des Konstruierens und Programmierens erfahren die Schüler, dass Technik Spaß macht und auf welche Weise technische Systeme entwickelt werden können. Dabei werden neben Kenntnissen der einzelnen Fachgebiete Informatik, Mechanik, Elektrotechnik und Physik vor allem auch deren Zusammenspiel vermittelt und so ein Verständnis für komplexe technologische Probleme geschaffen.

Die grafische LEGO-Programmierumgebung NXT-G unterstützt dabei durch einen übersichtlichen Aufbau. Schnelle Erfolgserlebnisse besonders bei Einsteigern senken Hemmschwellen im Umgang mit den technischen Systemen und wecken Interesse an weiteren Anwendungen und Einsatzmöglichkeiten. Dank der allgemein gehaltenen Programmierumgebung bietet LEGO MINDSTORMS ideale Voraussetzungen, um grundlegende Kenntnisse bezüglich der Funktionsweise von Informationssystemen zu erlangen. Logische Strukturen und Abläufe können allgemeingültig vermittelt werden, die dann auf andere Programmiersprachen übertragbar sind. Darauf aufbauend sind die LEGO MINDSTORMS-Systeme auch mit textuellen Programmiersprachen wie →*Java*[2] verwendbar, was die erlernten Grundkenntnisse zur Anwendung bringt. Eine Übersicht über weitere Programmiersprachen für LEGO MINDSTORMS wie beispielsweise NXC oder RobotC befindet sich im Anhang.

---

[1] http://www.robothalloffame.org/08inductees/mindstorms.html
[2] Die durch → markierten Begriffe werden im Glossar ab Seite 217 kurz erläutert.

1.2 Lehrbeitrag des Buchs

Die Inhalte des Buchs können hervorragend für die Informatik-Ausbildung von Schülern in unterschiedlichen Altersstufen sowie in der Lehre für die Ingenieursstudiengänge eingesetzt werden, die Programmierkenntnisse vermitteln oder voraussetzen. Besonders in der Schulinformatik besteht ein erhöhter Bedarf an einer einheitlichen Wissensbasis, um den Übergang zu einem Studium zu erleichtern. Manche Lehrpläne[3] sehen Informatik oder eine informationstechnische Grundbildung nicht erst in der Oberstufe, sondern bereits in der Sekundarstufe I vor [20]. Junge Schüler sollen damit an den Computer als Werkzeug bzw. an das Schema der Informationsverarbeitung herangeführt werden. Lehrpläne in der Oberstufe sehen darauf aufbauend weitere formale Betrachtungen sowie Modellierung und Softwareentwicklung vor [21]. Durch die Wahl des Anwendungsfeldes Robotik wird nicht nur die Informatik, sondern auch das gesamte Spektrum an MINT-Fächern (Mathematik, Informatik, Naturwissenschaft & Technik) abgedeckt. Die MINT-Initiativen, die durch Bund und Länder gefördert werden, haben zum Ziel, Schüler für das Studium von MINT-Fächern zu motivieren.

Die meisten Ingenieursstudiengänge sehen sowohl eine Einführung in eine moderne →*Hochsprache* (oft wird Java verwendet) als auch praktische Programmiererfahrungen im Rahmen ihrer Ausbildung vor. Das vorliegende Buch liefert auch hierfür wichtige Grundlagen. Zum einen wird in die Programmiersprache Java eingeführt, zum anderen werden die praktischen Programmieraufgaben am anschaulichen Beispiel des mechatronischen Systems Roboter vorgestellt. Durch den stark praktischen Bezug können die Programmier- und informationstechnischen Grundlagen gut vermittelt werden.

Im Rahmen dieses Buchs werden die **Grundlagen der Informationsverarbeitung** dargelegt, also in welcher Form Informationen vorliegen müssen, damit ein Rechner diese verarbeiten kann. Diese Grundlagen werden im Verlauf des Buchs durch Programmieraufgaben für NXT-G und Java vertieft und angewendet. Außerdem wird gezeigt, wie ein Rechner prinzipiell aufgebaut ist und welche Aufgaben die verschiedenen Komponenten erfüllen. Grundvoraussetzung für **algorithmisches Problemlösen** ist das Verständnis für die unterschiedlichen Kontrollstrukturen, Variablen und Datentypen. Diese werden sowohl allgemein als auch speziell an der grafischen Programmiersprache NXT-G und Java vorgestellt und durch entsprechende Programmieraufgaben vertieft. Neben diesen Strukturen werden auch algorithmische Abläufe wiedergegeben. Zuletzt werden interessante algorithmische Probleme zur Selbstimplementierung vorgestellt, wobei die Vermittlung eines passenden Programmaufbaus und seiner Gliederung sowie der korrekten Syntax im Vordergrund steht. Die Aufgabenstellungen im Buch sehen vor, dass die implementierten Algorithmen auf speziellen LEGO-Robotern getestet werden, um die erstellten Lösungen bewerten zu können. Mit Hilfe der grafischen Programmierung, natürlich aber auch mit Java, kann die **Darstellung und Interpretation der Daten** vermittelt und auf einen Gewinn von neuen Informationen hingearbeitet werden. Ein Beispiel dafür

---

[3] http://www.oberstufeninformatik.de/Lehrplaene.html

ist das Aufzeichnen des von einem LEGO-Roboter zurückgelegten Wegs oder das Erstellen einer Karte der Umgebung. In beiden Fällen müssen Daten über längere Zeit aufgenommen, verarbeitet und zusammengefügt werden, um zusätzliche Informationen zu erhalten. Komplexe Systeme werden mit Hilfe von objektorientierten Modellen umgesetzt. Diese **informatische Modellierung** in Form von Klassen, Objekten und Beziehungen hat den Vorteil einer Modularisierung mit jeweils eindeutigen Schnittstellen und wird anhand von Java und dem MINDSTORMS-Äquivalent →*LeJOS* eingeführt. Im Rahmen von komplexeren Programmieraufgaben sollen die unterschiedlichen Phasen der **Softwareentwicklung** durchlaufen werden. Dies reicht von der problemspezifischen Anforderungsanalyse und der Modellierung bis hin zur Implementierung, dem Testen und letztendlich der Dokumentation.

1.3 Aufbau des Buchs

Dieses Buch gliedert sich inhaltlich in drei Abschnitte: Zunächst werden **Grundlagen für die Roboterprogrammierung** vermittelt. Im folgenden Kapitel 2 wird das interdisziplinäre Forschungsgebiet Robotik, die Roboterprogrammierung sowie der Beitrag der Informatik für die Robotik beschrieben. In Kapitel 3 (Grundlagen der Informatik) werden sowohl die Hard- als auch die Softwarekomponenten zur Entwicklung von informationsverarbeitenden Systemen vorgestellt. Neben der Einführung in die Programmentwicklung gehören dazu auch der generelle Aufbau eines Computers oder die Aufgabe von Betriebssystemen und Compilern.

Der zweite Abschnitt behandelt das **LEGO MINDSTORMS NXT-System**. In Kapitel 4 werden die verwendeten elektronischen Komponenten wie der NXT-Baustein, Sensoren und Motoren vorgestellt und die verschiedenen physikalischen Messprinzipien und Funktionsweisen diskutiert. Die Erläuterungen werden dabei von Experimenten begleitet, die man direkt durchführen und somit das Gelesene in praktischen Aufgaben vertiefen kann. Die grafische Programmierung wird in Kapitel 5 mit der mitgelieferten LEGO-Software NXT-G anhand eines Anwendungsbeispiels erläutert. Darauf aufbauende Aufgaben können mit den vorgestellten Programmierkonstrukten selbstständig gelöst werden.

Die Hochsprache **Java** und die NXT-Umgebung LeJOS werden im dritten Teil vorgestellt, grundlegende Programmierelemente erläutert sowie anhand von Beispielen vertieft. In Kapitel 6 soll somit die Basis für die Programmierung mit Java gelegt und in diese weitverbreitete Sprache eingeführt werden. Kapitel 7 beschreibt die unterschiedlichen Programmierelemente am Beispiel einer Labyrintherkundung. Mit diesem Beispiel ist man in der Lage, die vorgestellte Sensorik einzusetzen und auszuwerten. Die erlernten Fähigkeiten können dann in Kapitel 8 genutzt werden, um weitere interessante Programmieraufgaben zu bewältigen.

Im Anhang finden sich Beschreibungen der Experimente sowie Tipps und Tricks zu Java und LeJOS. Aufbauanleitungen, Java-Quelltexte und NXT-G-Programme können von dem Extras-Server heruntergeladen werden. Als Nachschlagewerk für wichtige informationstechnische Begriffe dient das Glossar am Ende des Buchs.

Kapitel 2
Robotik

Grundlagen, Programmierung, Informationsverarbeitung

Roboter sind sicherlich in erster Linie durch unterschiedliche Science-Fiction-Filme der Öffentlichkeit näher gebracht worden, wie beispielsweise die Roboter C-3PO und R2-D2 aus der „Star Wars"-Reihe. Doch selbst in diesen Zukunfsvisionen ist die Vorhersagbarkeit von Robotersystemen oft schwierig, was die folgende Aussage von C-3PO belegt: *„Diese Droiden geraten manchmal außer Kontrolle. Selbst ich kann ihrer Logik bisweilen nicht folgen."*

Doch was ist überhaupt ein Roboter und welche Eigenschaften machen einen Roboter aus? Welche Arten von Robotern gibt es bereits heute schon und wie können sie programmiert werden, dass sie tatsächlich das tun, was wir von ihnen verlangen? Diese und weitere Fragen werden in diesem Kapitel beantwortet. Am Beispiel von LEGO-Robotern soll in den nächsten Kapiteln in die Informationsverarbeitung und speziell in die Programmierung komplexer informationsverarbeitender Systeme eingeführt werden. Um ein besseres Verständnis bezüglich der Probleme bei der Programmierung des Anwendungssystems Roboter zu gewinnen, werden zunächst die Robotik und die Roboterprogrammierung beschrieben. Anschließend wird der Beitrag der Wissenschaftsdisziplin Informatik für die Robotik vorgestellt, die die Grundlagen für die Programmierung, den Aufbau von Rechnersystemen und formale Methoden der Informationsverarbeitung beinhaltet.

2.1 Roboter

Basierend auf den bekannten Film-Robotern und einigen realen Vertretern besitzt wohl jeder eine eigene Vorstellung davon, was sich hinter dem Ausdruck „Roboter" verbirgt. Im wissenschaftlich-technischen Sinn sind Roboter Maschinen, die sich selbst bzw. andere Objekte bewegen können und über Steuer- und Auswerteelektronik verfügen. Dazu sind sie mit Armen bzw. Rädern, Beinen oder anderen Antrieben ausgerüstet. Sie verwenden Sensoren, um Informationen aus der Umgebung aufzunehmen (Berührung, Entfernungen, visuelle Daten, Temperatur, Töne etc.) oder um Daten über den eigenen Zustand (Position, Armstellung, Kräfte und Momente, Lage

K. Berns, D. Schmidt, *Programmierung mit LEGO® MINDSTORMS® NXT*, eXamen.press,   5
DOI 10.1007/978-3-642-05470-9_2, © The LEGO Group 2010

etc.) zu sammeln. Einige der bei Robotern eingesetzten Antriebe und Sensorsysteme werden später in Kapitel 4 vorgestellt und anhand der LEGO MINDSTORMS NXT-Komponenten erläutert. Der Begriff „Roboter" wird mittlerweile allgemein definiert [7]:

Roboter sind sensomotorische Maschinen zur Erweiterung der menschlichen Handlungsfähigkeit. Sie bestehen aus mechatronischen Komponenten, Sensoren und rechnerbasierten Kontroll- und Steuerungsfunktionen. Die Komplexität eines Roboters unterscheidet sich deutlich von anderen Maschinen durch die größere Anzahl von Freiheitsgraden und die Vielfalt und den Umfang seiner Verhaltensformen. — Thomas Christaller, 2001

2.1.1 Historischer Ursprung von Robotern

Die Geschichte der Roboter reicht zurück bis in die Antike. Bereits vor rund 3500 Jahren wurden erste Automaten als Orakel oder zur Unterhaltung entworfen. Die ältesten Automaten wurden in Ägypten gefunden und dienten meist dazu, die Machtposition der Priester zu stützen. Dazu verwendeten sie verborgene Mechanismen, mit denen beispielsweise die Tore eines Tempels oder die Arme einer Statue automatisch bewegt werden konnten [16]. Die Geburtsstunde der Roboter nach heutigen Maßstäben hingegen liegt Mitte der 50er Jahre des letzten Jahrhunderts, als das erste Patent auf einen frei-programmierbaren Manipulator angemeldet wurde. Seitdem haben sich Roboter rasant weiterentwickelt und Robotertechnik hält immer öfter Einzug in das Berufsleben und den Alltag als Staubsaugerroboter, Roboterhund oder Schweißroboter. Besonders die Mikroprozessortechnik, aber auch Mechatronik, Sensorik und Programmierung haben dafür gesorgt, dass Roboter robuster, zuverlässiger und präziser geworden sind und gleichzeitig komplexere Aufgaben erfüllen können als ihre Vorgänger. Einen Überblick über Grundkonzepte und Anwendungsgebiete von Robotern geben die Bücher *Roboter – Geschichte, Technik, Entwicklung* [16] und *Service – Roboter – Visionen* [25].

Der Begriff „Roboter" wurde geprägt, lange bevor es den ersten Roboter nach heutigen Maßstäben gab. 1921 beschrieb der tschechische Schriftsteller Karel Capek (1890-1938) in seinem Theaterstück „Rossum's Universal Robots" menschenähnliche Maschinen, die den Menschen die Arbeit erleichtern sollen [6]. „Roboter" leitet sich dabei von dem tschechischen Wort „robota" ab, was für Zwangs- oder Fronarbeit steht. Doch die Geschichte nimmt kein gutes Ende: Die von Wissenschaftler Rossum entwickelten Roboter gehorchen den Menschen nicht mehr, lehnen sich auf und vernichten die gesamte Menschheit.

Der Autor Isaac Asimov (1920-1992) nahm sich dieses Problems an und formulierte in seiner Kurzgeschichte „Runaround" von 1942 drei Robotergesetze [1], die besagen, dass ein Roboter keinen Menschen verletzen darf, dessen Befehlen gehorchen sowie sich selbst schützen muss. Durch Asimovs Erzählungen wurden Roboter weltweit populär und fanden Einzug in unzählige Bücher und Filme.

2.1.2 Anwendungen und Klassifikation von Robotersystemen

Aus heutiger Sicht unterscheidet man Roboter grob in drei Klassen, wie in Abb. 2.1 dargestellt. Diese Klassen basieren auf den Anwendungsfeldern und Einsatzmöglichkeiten der Roboter und unterscheiden sich in der Strukturiertheit der Umgebung sowie im Grad der Autonomie und Adaptivität des Roboters. Baut man beispielsweise einen fernsteuerbaren LEGO MINDSTORMS-Roboterarm, so gehört dieser einer anderen Klasse an als ein mobiler NXT-Roboter, der Gegenstände transportieren kann, Hindernisse erkennt und ihnen ausweicht.

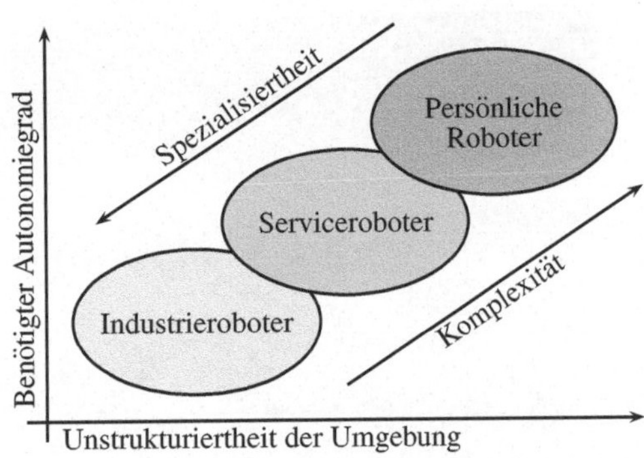

Abb. 2.1 Unterteilung der Roboter in drei unterschiedliche Klassen. Die Komplexität des Systems und der Programmierung steigt dabei mit der Unstrukturiertheit der Umwelt und der benötigten Selbstständigkeit zur Bewältigung der Aufgaben

Die ältesten Systeme sind →*Industrieroboter*, die bereits seit den frühen 60er Jahren ihren Dienst vor allem in der Automobilindustrie verrichten. Unter Industrierobotern versteht man in der Regel stationäre Roboterarme mit meist sechs frei beweglichen Achsen, die zur Handhabung und Bearbeitung von Objekten eingesetzt werden. Da diese Geräte einfache stereotype Aufgaben erfüllen, sind sie meist mit wenigen Sensoren zur Umwelterkennung ausgestattet. In der Regel ist geschultes Bedienpersonal notwendig, um Änderungen am Programmablauf vorzunehmen oder andere Befehle ausführen zu lassen. Weltweit arbeiten im industriellen Umfeld mehr als eine Million Roboter [17]. Der Großteil dieser Roboter wird in der Automobilindustrie zum Schweißen, Transportieren und Montieren eingesetzt (siehe Abb. 2.2a). Sie finden aber auch in der Elektronikindustrie, bei metallverarbeitenden Betrieben wie Schiffs- und Maschinenbau oder im Lebensmittelwesen beim Portionieren oder Palettieren Verwendung.

Ende der 60er Jahre wurde „Shakey" vorgestellt, einer der ersten mobilen Roboter weltweit, der mit Hilfe von Sensoren seine Umgebung wahrnehmen, in Räumen navigieren und sogar einfache Probleme selbstständig lösen konnte. Beispielsweise war es ihm möglich, einen Handlungsplan zu erstellen um Objekte, die anfänglich nicht erreichbar waren, zu verschieben. „Shakey" zählt dabei zur Klasse der →*Serviceroboter*. Diese erbringen Dienstleistungen für den Menschen und zeichnen sich durch eine höhere „Intelligenz" sowie eine damit einhergehende bessere Umwelterkennung im Vergleich zu Industrierobotern aus. Die Hauptunterschiede

(a) Industrieroboter in einer Fertigungsstraße (*Bilder: KUKA GmbH, 2010*)

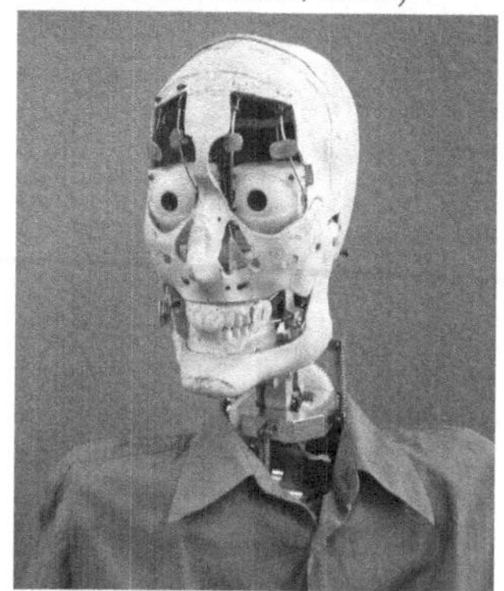

(b) Auch Mars Exploration Rover gehören zur   (c) Humanoider Roboter (*Bild:*
Klasse der Serviceroboter (*Bild: NASA, 2006*)   *TU Kaiserslautern, 2008*)

Abb. 2.2: Beispiele für die drei Roboterklassen: Die oberen beiden Abbildungen zeigen moderne Industrieroboter bei der Arbeit. Abbildung 2.2b zeigt einen Vertreter der Serviceroboter, wohingegen der humanoide Roboter ROMAN zu den persönlichen Roboter gezählt wird

liegen darin, dass sie meist mobil und häufig einfacher zu bedienen sind. Insbesondere müssen sie sich in unstrukturierter Umgebung zurechtfinden, was mehr Sensoren erfordert. Ein großer Markt für autonome mobile Roboter ist mittlerweile der Edutainment- und Entertainment-Bereich. Systeme wie Sonys Aibo oder LEGO MINDSTORMS dienen zum einen als Hightech-Spielzeug, zum anderen aber auch zum Erlernen von mechatronischen Systemen und der Programmierung. Desweiteren zählen auch Forschungsroboter wie Raumsonden, Mars Exploration Rover (Abb. 2.2b), Unterwasserroboter oder Kanalinspektionsroboter zu den Servicerobotern.

Die dritte Klasse sind die sogenannten →*persönlichen Roboter*, die eine Weiterentwicklung der Serviceroboter darstellen und für verschiedenste Anwendungen eingesetzt werden können. In vielen Kinofilmen kommen sie bereits zum Einsatz, auch wenn sie in der dargestellten Komplexität noch Zukunftsmusik sind. Forscher auf der ganzen Welt beschäftigen sich mit der Entwicklung von →*Humanoiden* oder →*Androiden* und der Verbesserung ihrer Fähigkeiten. Das Ziel liegt in einem

universellen „Maschinenmenschen", der für typische menschliche Alltagsaufgaben
eingesetzt werden soll (Abb. 2.2c). Der Grund für die Forschung in Richtung men-
schenähnlicher Roboter liegt darin, dass ein solches System am besten in einer Welt
des Menschen zurechtkommt, wenn es selbst menschliche Fähigkeiten besitzt. Es
wird aber noch viele Jahre dauern, bis humanoide Roboter wie im Film „I, Robot"
Wirklichkeit werden.

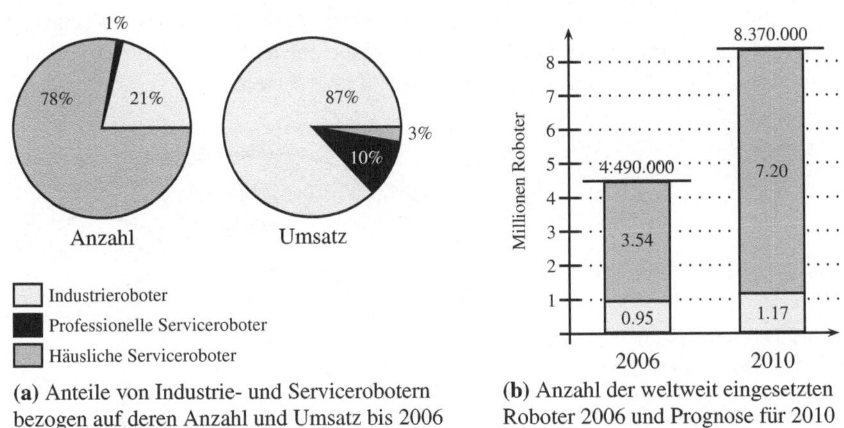

(a) Anteile von Industrie- und Servicerobotern
bezogen auf deren Anzahl und Umsatz bis 2006

(b) Anzahl der weltweit eingesetzten
Roboter 2006 und Prognose für 2010

Abb. 2.3: Statistiken zu Gesamtzahl, Anteilen und Wert der weltweiten Roboterpopulation [17]

Weltweit beläuft sich die Zahl verkaufter Roboter laut IFR (International Federation of Robotics) auf rund 4,5 Millionen Exemplare (Stand: 2006). Laut des Berichts
World Robotics [17] teilt sich diese Zahl in eine knappe Million Industrieroboter, die
zur Hälfte in Asien eingesetzt werden, und rund dreieinhalb Millionen Serviceroboter – wie in Abb. 2.3b gezeigt. Darunter befinden sich auch 2,3 Millionen Staubsaugerroboter, die in ebenso vielen Haushalten ihren Dienst verrichten und vom IFR
zu den häuslichen Servicerobotern gezählt werden. Für das Jahr 2010 prognostiziert
der Verband eine knappe Verdopplung der Roboterpopulation[4]. Insgesamt wird eine Zahl von 8,3 Millionen verkauften Robotern vorhergesagt. Gerade die „billigen"
Heimroboter sorgen für einen rapiden Anstieg bei der Gesamtzahl, auch wenn sie im
Gegensatz zu den teuren Industrie- oder professionellen Serviceroboter (bspw. für
Militär, Landwirtschaft oder Medizin) nur einen geringen Anteil am Gesamtumsatz
von 3% haben (siehe Abb. 2.3a).

---

[4] Der IFR summiert in seinen Statistiken die verkauften Exemplare auf. Außer Dienst gestellte
oder defekte Roboter gehen demnach auch in die Statistik ein, so dass der Wert nicht der realen in
Betrieb befindlichen Roboteranzahl entspricht.

2.1.3 Robotik – ein interdisziplinäres Forschungsgebiet

Robotik ist eine Wissenschaft, die sich mit dem Entwurf, dem Aufbau und der Programmierung von Robotern beschäftigt. Sie stellt einen interdisziplinären Forschungs- und Entwicklungsbereich dar und vereint Elemente verschiedener Ingenieurswissenschaften wie Informatik hinsichtlich der Roboterprogrammierung (siehe Abschnitt 2.2), Maschinenbau (Konstruktion) und Elektrotechnik (Elektronik). Wie in Abb. 2.4 dargestellt, werden aber auch die Biologie und die Psychologie benötigt, wenn Vorbilder aus der Natur als Vorlage für technische Systeme dienen oder um menschliche Emotionen auf Roboter zu übertragen.

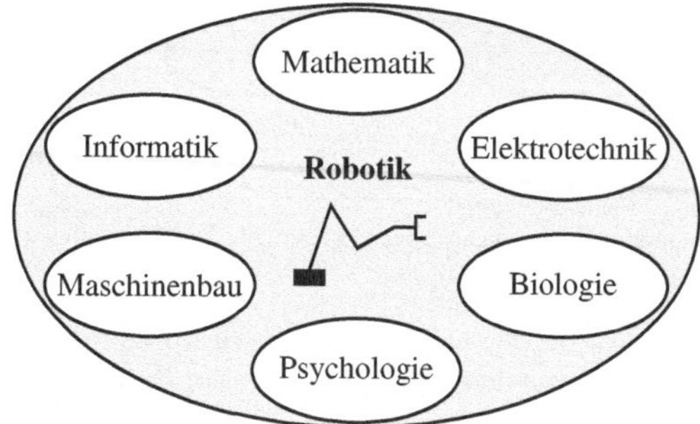

Abb. 2.4 Die Robotik als interdisziplinäres Forschungsgebiet vereint verschiedene Ingenieurs- und Naturwissenschaften

Bei der Entwicklung von Robotersystemen – sowohl im Großen als auch im Kleinen – müssen dabei verschiedene Probleme berücksichtigt werden, mit denen Programmierer sonst häufig nicht in Berührung kommen. Diese resultieren unter anderem aus den verwendeten Sensoren, die Daten aus der Umwelt aufnehmen, der Auswerteelektronik oder auch der Vernetzung. Jeder Sensor beispielsweise hat ein gewisses Sensorrauschen, also einen Bereich, in dem die Messwerte variieren. Wenn man sich einen Ultraschallsensor zur Entfernungsmessung anschaut, so hat dieser je nach Ausführung einen sensorbedingten Toleranzbereich von wenigen Millimetern bis hin zu einigen Zentimetern. Hinzu kommt die Tatsache, dass die Messsignale durch Schallreflektionen oder fremde Schallquellen stark verfälscht werden können. Im schlimmsten Fall wird der ausgesendete Schallimpuls durch eine weiche Oberfläche komplett absorbiert und das Echo kommt nicht zurück zum Sensor. In der Robotik muss man also mit ungenauen und unsicheren Informationen umgehen und diese zu zuverlässigeren Daten kombinieren. Weitere Unsicherheiten entstehen beispielsweise durch Übertragungsprobleme, wenn die meist digitalen Signale verzögert ankommen oder durch andere Komponenten wie Motoren, die starke magnetische oder elektrische Felder erzeugen, verfälscht werden.

2.1.4 Programmierung von Robotern

Neben der Konstruktion stellt die Programmierung einen Großteil der Arbeit bei der Entwicklung von Robotern dar. In der Industrie gibt es verschiedene Möglichkeiten, Roboterarme oder andere komplexe Maschinen zu programmieren. Grundsätzlich kann man zwei Arten unterscheiden: Offline- und Online-Verfahren. Unter **Online-Verfahren** fasst man Programmiermethoden zusammen, bei denen das gewünschte Programm direkt mit Hilfe des Robotersystems entwickelt wird:

- Beim sogenannten →*Teach-In* wird der Roboterarm mit speziellen Steuerungsgeräten (ähnlich wie Mouse oder Joystick) an die gewünschte Position mit der gewünschten Lage gefahren. An den Zielpunkten, aber auch an zurückgelegten Zwischenpunkten können mit Hilfe von Sensoren die jeweiligen Gelenkstellungen des Armes gemessen und gespeichert werden. Dieser Vorgang wird für einen kompletten Arbeitsschritt aufgenommen, so dass beispielsweise ein Schweißroboter in der Automobilindustrie alle Schweißpunkte an der Karosserie anfahren kann. Fährt der Roboter auf direktem Weg von einem Zielpunkt zum nächsten spricht man von einer Punkt-zu-Punkt-Steuerung, soll er hingegen der vorgegebenen →*Trajektorie* folgen, um zum Beispiel eine ganze Schweißnaht zu setzen, benötigt man eine Mehrpunktsteuerung.
- Anders verhält es sich beim →*Playback*-Verfahren. Hier wird der Roboter selbst oder ein entsprechendes Modell vom Menschen manuell geführt. Der Roboterarm wird dabei schwerkraftfrei betrieben, so dass er gerade so viel Kraft in den Motoren erzeugt, um sein Eigengewicht zu halten. Auf diese Weise kann ein mehrere hundert Kilogramm schwerer Arm manuell von einem Menschen bewegt werden. Eine weitere Möglichkeit stellen „Master-Slave-Systeme" dar, bei denen der Roboter (Slave) über ein kleineres, leichteres und von einem Operator bewegtes Modell (Master) gesteuert wird. Das Robotermodell verfügt dazu über die gleichen Bewegungsmöglichkeiten wie der großen Roboterarm. Dieses Playback-Verfahren wird hauptsächlich für Teleoperationen verwendet.

Das Problem bei der Programmierung mittels Online-Verfahren ist, dass Sensorwerte, die beispielsweise von Kameras oder Abstandsmessern geliefert werden, nicht berücksichtigt werden. Für Sortieraufgaben beispielsweise sind diese Verfahren nicht geeignet, da sich das zu sortierende Gut immer an unterschiedlichen Positionen befindet, was den Einsatz von Sensoren zur Erkennung der Positionen erforderlich macht. Demnach sind diese Methoden nur in einem eng vorgegebenen Rahmen einsetzbar, da sich die zu manipulierenden Objekte an exakt vordefinierten Positionen befinden müssen. Selbst kleine Abweichungen können vom Roboter nicht erkannt und ausgeglichen werden. Bei den Playback-Verfahren kommt noch hinzu, dass die direkte Zusammenarbeit von Mensch und Roboter unter Umständen gefährlich sein kann, wenn der Mensch direkt mit dem Roboter interagiert und es aufgrund von Systemfehlern zu unkontrollierten Bewegungen des Roboters kommt. Die sicheren „Master-Slave-Systeme" hingegen sind wegen er zusätzlichen Hardware teurer, weshalb sie kaum noch benutzt werden.

Viele Industrieroboter, vor allem aber sämtliche mobile Roboter, werden heutzutage über **Offline-Verfahren** programmiert. Dabei ist der Roboter während der Programmentwicklung deaktiviert, das Programm wird am $\rightarrow PC$ entworfen, auf den Roboter übertragen und dann ausgeführt:

- Beim *textuellen Programmieren* wird die Robotersteuerung über Programmiersprachen ähnlich wie Java oder C++ entwickelt. Kaum eine andere Programmiermethode ist derart umfangreich und ermöglicht es, sämtliche Funktionen des Roboters individuell zu nutzen. Dafür sind aber umfassende Programmierkenntnisse in den von Hersteller zu Hersteller meist unterschiedlichen Sprachen notwendig.
- $\rightarrow CAD$-*gestütztes Programmieren* erlaubt die Entwicklung der Steuerung mit Hilfe einer Simulation sowohl des Roboters als auch der umgebenden Arbeitszelle. Auf diese Weise kann der Roboter vorab programmiert, Bewegungsabläufe auf einfache Art optimiert und ihre zeitliche Dauer oder die Erreichbarkeit von Zielpunkten überprüft werden. Dabei werden sowohl die $\rightarrow Kinematik$ als auch die $\rightarrow Dynamik$ des Robotersystems modelliert und für den Benutzer grafisch dargestellt. Das Hauptmanko der CAD-Simulation besteht in der aufwändigen und komplexen Simulation, die im Fehlerfall dazu führen kann, dass durch falsche Bewegungen Schäden am echten Roboter entstehen.
- Die *visuelle* oder *grafische Programmierung* ist im industriellen Einsatz sehr weit verbreitet. Dabei wird der Roboter über grafische Symbole, Diagramme oder Ikonen programmiert, die verschiedene Funktionen repräsentieren oder ausführen. Der Bediener, der in diesem Fall kein ausgebildeter Programmierer sein muss, wählt die Programmelemente aus einem Vorrat an vorgefertigten Funktionen, die über Parameter individuell angepasst werden können. Im Gegensatz zur textuellen Programmierung muss der Bediener mit einem deutlich eingeschränkten Funktionsumfang auskommen, was aber bei den meisten Industriesystemen, die nur einen beschränkten Handlungsspielraum haben, absolut ausreichend ist.

Auch die in diesem Buch vorgestellten Programmierungen der LEGO Mindstorms-Roboter gehören zu den Offline-Verfahren. Bei NXT-G in Kapitel 5 handelt es sich um die zuletzt genannte visuelle Programmierung. Mit Hilfe von Programmierbausteinen können Programme für den NXT entworfen und dann auf diesen übertragen werden. In Kapitel 6 wird die textuelle Programmierung mittels Java vorgestellt. Hier stehen weit mehr Funktionen und Elemente der Programmierung zur Verfügung als bei NXT-G.

2.2 Beitrag der Informatik für die Robotik

Die Informatik befasst sich – im Kontext der Robotik betrachtet – nicht nur mit der Programmierung von Robotersystemen. Sie spielt vielmehr eine entscheidende Rolle beim gesamten Entwicklungs- und Konstruktionsprozess eines Roboters, von ersten Modellskizzen bis hin zu komplexen Simulationen und Steuerungsalgorithmen.

Informatikdisziplinen in der Robotik

In der Regel werden beim Entwurf eines Roboters zunächst erste Designs auf Papier skizziert oder bestimmte Funktionsweisen mit Hilfe von einfachen Modellen getestet. Diese werden dann als CAD-Modell am Computer entworfen. Diese Darstellung zählt zum großen Bereich der →*Visualisierung* und unterstützt die Roboterentwickler, indem das Modell virtuell bearbeitet und getestet werden kann. Die in den Robotersystemen integrierten Rechner- und Elektronikkomponenten wiederum zählen zum Informatik-Teilgebiet der →*eingebetteten Systeme* und werden zur Steuerung, Regelung oder Überwachung eingesetzt. Alle diese einzelnen Systeme müssen neben ihrer eigentlichen Funktion hinsichtlich →*Sicherheit* und →*Zuverlässigkeit* entworfen und getestet werden. Zusätzlich ist eine gewisse →*Fehlertoleranz* notwendig, um auftretende Störungen handhaben zu können und weder den Roboter selbst noch seine Umgebung zu gefährden. Bei vielen derartigen Rechnersystemen kommt erschwerend hinzu, dass sie mit anderen informationsverarbeitenden Komponenten in ein →*Kommunikationsnetzwerk* eingebunden sind. Sie stellen somit in ihrer Gesamtheit ein →*verteiltes System* mit unterschiedlichen Rechenknoten dar. Durch die Kommunikation der Einheiten untereinander kann es beispielsweise zu Problemen aufgrund von Signallaufzeiten kommen. Aber auch das Zusammenwirken der unterschiedlichen Komponenten muss berücksichtig werden, damit sich diese bei Fehlfunktionen nicht gegenseitig behindern. Die Software für besonders kritische Steuergeräte wie für das Ausweichen von Hindernissen bei mobilen Robotern muss darüber hinaus die Steuersignale (z.B. den Lenkwinkel oder die Bremskraft) innerhalb eines vorgegebenen Zeitintervalls berechnen. Diese Bedingung wird als →*Echtzeit*anforderung bezeichnet. Damit ein Roboter seine Umgebung überhaupt wahrnehmen kann, werden unter anderem Methoden der →*Bildverarbeitung* eingesetzt, um Hindernisse, Menschen oder markante Punkte erkennen und unterscheiden zu können. Darüber hinaus müssen insbesondere in der mobilen Robotik Algorithmen verwendet werden, die schnell und effizient arbeiten. Diese Optimierungen können mit Kenntnissen aus der →*Komplexitäts-* oder →*Algorithmentheorie* vorgenommen werden.

Zum einfachen und sicheren Testen von Algorithmen und Steuerprogrammen werden aufbauend auf der Visualisierung häufig →*Simulationen* eingesetzt, mit denen beispielsweise Dauer- oder Langstreckentests ohne den Einsatz der echten Hardware möglich sind. Diese zum Teil hochkomplexen Simulationen mit realistischen physikalischen Eigenschaften sind ohne eine entsprechende →*Modellierung* nicht möglich.

In der Robotik wird weltweit auch an der →*Mensch-Maschine-Interaktion* geforscht, um die Kommunikation mit technischen Systemen zu verbessern. So sollen Roboter in der Lage sein, menschliche Emotionen und den Gemütszustand wahrzunehmen, um dann entsprechend darauf zu reagieren. Dabei spielen auch Technologien aus dem Bereich der →*künstlichen Intelligenz* (KI) eine große Rolle, wenn Teile der Robotersteuerung basierend auf →*naturanalogen Verfahren* wie künstlichen neuronalen Netzen entwickelt werden. Forschungsrichtungen wie die →*Agentensysteme*, die es Robotern erlauben, untereinander zu kommunizieren, um so beispielsweise auf gefährliche Situationen aufmerksam machen zu können, oder gemeinsam eine Aufgabe zu lösen, sind weitere Beiträge der Informatik für die Roboterentwicklung.

Die Basis für die Programmierung der Roboter sowie der genutzten Rechner sind natürlich die grundlegenden informationstechnischen Disziplinen. Dazu gehören der *Chipentwurf* und die Entwicklung von →*Rechnerarchitekturen* genauso wie die darauf aufsetzende →*Systemsoftware*, zu der auch die Betriebssysteme gehören. Die Programmierung selbst ist ohne die informationstechnischen Grundlagen hinsichtlich der →*Programmiersprachen* und der verwendeten →*Datenstrukturen* nicht möglich. Darauf aufbauend greifen Methoden des →*Software Engineering*, um den Entwicklungsprozess der Softwarekomponenten strukturiert voranzutreiben; →*Informations*- und →*Datenbanksysteme* unterstützen den gesamten betrieblichen Ablauf und die Organisation der Daten. Am Beispiel dieser Anwendungsfelder wird deutlich, welche zentrale Rolle die Informatik bei der Entwicklung komplexer technischer Systeme spielt.

Stellenwert der Informatik

Die Gesellschaft für Informatik drückt allgemein den Stellenwert der Informatik wie folgt aus: *„Informatik – das ist die Faszination, sich die Welt der Information und des symbolisierten Wissens zu erschließen und dienstbar zu machen. Die Informatik ist wie die Mathematik eine auf alle anderen Wissensgebiete ausstrahlende Grundlagen- und Formalwissenschaft"* [14]. Die Entwicklung der Informationstechnik verändert dabei das menschliche Leben nachhaltig und eröffnet ständig neue Perspektiven im persönlichen und gesellschaftlichen Umfeld: Die Art des Lernens, Lehrens und Arbeitens verändert sich durch die neuen Techniken. Allgemein kann man „Informatik" wie folgt definieren [11]:

> *Informatik ist die Wissenschaft rund um die systematische Verarbeitung und Speicherung von Informationen.*   — Lexikon der Informatik

Unter der Informatik werden meist Anwendungsbereiche wie Datenbanken, Softwareentwicklung oder Computervisualisierung verstanden. Diese Bereiche zählen zur **praktischen Informatik**, die neben zwei weiteren Fachgebieten eine der drei Grundsäulen der Informatik (Abb. 2.5) bildet. Die **technische Informatik** befasst sich mit hardwareseitigen Grundlagen wie Rechnerarchitekturen oder verteilten und eingebetteten informationsverarbeitenden Systemen, wie sie beispielsweise in Autos oder natürlich Robotern verbaut sind. Die dritte Säule stellt die **theoretische Informatik** dar, die sich unter anderem mit der Lösbarkeit von Problemen, der algorithmischen Komplexität oder der Logik beschäftigt. Sie liefert die theoretischen und formalen Grundlagen für die anderen Teilbereiche. Das *Taschenbuch der Informatik* [23] gibt einen guten Überblick über die verschiedenen Teilgebiete, insbesondere aber auch über die verschiedenen Inhalte der Informatik. Im *Taschenbuch Programmiersprachen* [15] werden die wichtigsten Sprachen vorgestellt und Unterschiede zwischen ihnen beleuchtet.

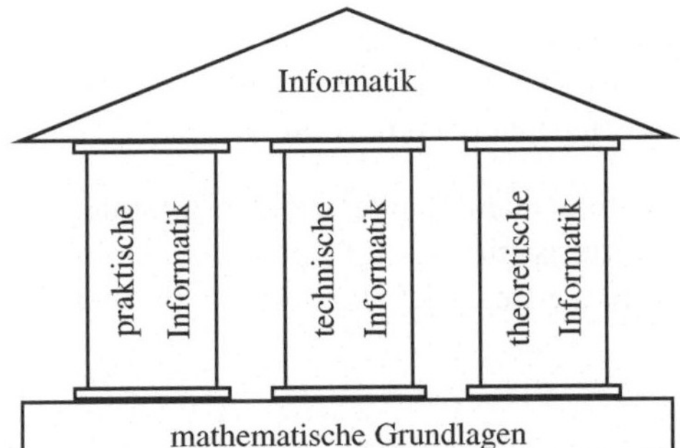

Abb. 2.5 Die drei Grundsäulen der Informatik setzen auf fundierte mathematische Grundlagen auf

Neben den drei Hauptsäulen gibt es noch verschiedene Mischformen aus anderen Gebieten wie der Medizin oder den Wirtschaftswissenschaften, die unter dem Begriff der **angewandten Informatik** zusammengefasst werden: Wirtschaftinformatik beispielsweise verbindet Informationstechnik mit Elementen aus der Betriebswirtschaftslehre wie Unternehmensführung, Logistik oder Rechtswissenschaften. In Studiengängen wie Techno-, Geo- oder Bioinformatik wird die Informatik mit Elektrotechnik, Geologie und Biologie kombiniert; Medieninformatik konzentriert sich auf die Informatik als Werkzeug für digitale und interaktive Medien.

Beruf und Ausbildung

Grundvoraussetzungen für ein informationstechnisches Studium oder eine Ausbildung sind ein Interesse an Naturwissenschaften und gute Mathematikkenntnisse. Darüber hinaus sollte man in der Lage sein, abstrakt zu denken und selbstständig zu arbeiten. Zu guter Letzt sind gute Englischkenntnisse von Vorteil, da die meiste Fachliteratur auf Englisch verfasst ist. Manche Hochschulen wie die RWTH Aachen[5] bieten die Möglichkeit, über Tests Eingangsanforderungen eines Studienfelds kennen zu lernen.

Informatiker selbst werden in allen Branchen eingesetzt, da unsere gesamte Gesellschaft „(...) *zunehmend von Informations- und Kommunikationssystemen geprägt ist und (...) auf dem Arbeitsmarkt verstärkt fundierte informatische Kompetenzen erwartet werden"* [13]. In der Industrie geht es hinsichtlich der Informatik häufig um Prozessautomatisierung und -optimierung wie auch um Unternehmensberatung oder Produktentwicklung. In Behörden, Banken und Versicherungen spielt die Handhabung der riesigen Datenbanksysteme eine große Rolle, aber auch bei der Risikobewertung von Versicherungsfällen werden informationstechnische Kompetenzen benötigt. Informatiker arbeiten natürlich auch in der Hard- und Softwareentwicklung, die von Microcontrollern bis hin zu Anwendungssoftware oder Computerspielen reicht. Die Jobaussichten sind trotz konjunktureller Schwankungen gleich-

---

[5] http://www.assess.rwth-aachen.de/

bleibend hoch, da der Bedarf der Industrie kaum durch die Absolventen gedeckt werden kann und in Zukunft wohl eher mehr als weniger informationstechnische Spezialisten benötigt werden.

Im folgenden Kapitel werden grundlegende Informatik-Kenntnisse vermittelt, die die Basis für jede informationstechnische Ausbildung darstellen. Dazu zählen sowohl die Rechnerkomponenten als auch Programmierelemente und -werkzeuge.

Kapitel 3
Grundlagen der Informatik

Programmentwicklung, Betriebssysteme, Rechnerstrukturen

Bevor man ein Programm – egal ob Robotersteuerung oder Anwendungssoftware – entwickeln kann, muss man sich mit den Programmierwerkzeugen vertraut machen. Dies umfasst sowohl die Programmierkonstrukte, um die beschriebenen Aufgaben algorithmisch umzusetzen, als auch den Computer mit den Entwicklungswerkzeugen, die zum Erstellen und zur Übersetzung der Programme in → *Maschinencode* erforderlich sind. Das Wissen um die Programmierkonzepte und -konstrukte ist dabei mit dem Konstruktionswissen zu vergleichen, das beim Bau der LEGO-Modelle benötigt wird. So wie man lernt, wie LEGO-Bauteile aufeinanderpassen und beispielsweise Zahnräder ineinandergreifen, so muss man auch die Programmierelemente kennen und verwenden lernen.

In diesem Kapitel werden diese informationstechnischen Grundlagen erläutert und Komponenten von modernen → *PCs* und wichtige Elemente der Programmierung vorgestellt. Dieses Verständnis bezüglich der Arbeitsweise eines Computers ist hilfreich, um Programme effizient entwerfen und umsetzen zu können. Die nachfolgenden Kapitel, die sowohl die grafische Umgebung NXT-G (Kap. 5) als auch die höhere Programmiersprache Java (Kap. 6) behandeln, bauen dabei auf den hier gelegten Grundlagen auf. Für weitere Informationen hinsichtlich des Basiswissens empfiehlt sich das *Taschenbuch der Informatik* [23].

3.1 Programmentwicklung

Grundsätzlich läuft die Entwicklung von Softwareprogrammen in mehreren Phasen ab, die in Abb. 3.1 illustriert sind. Ausgehend von der Problemstellung ist der erste Schritt die *Anforderungsphase*, in der das Problem analysiert wird. Dabei wird die Frage „Was muss das System leisten?" beantwortet. Das Ergebnis ist eine Anforderungsspezifikation, die Funktionen, Benutzerschnittstellen und Ähnliches beschreibt. Dabei werden häufig auch Randbedingungen wie die benötigte Hardware oder Umgebungsbedingungen festgelegt.

K. Berns, D. Schmidt, *Programmierung mit LEGO® MINDSTORMS® NXT*, eXamen.press,   17
DOI 10.1007/978-3-642-05470-9_3, © The LEGO Group 2010

In der *Entwurfsphase* wird ausgehend von der Anforderungsspezifikation bestimmt, wie das Softwaresystem aufgebaut sein muss, um die gestellten Aufgaben zu erfüllen. Die Fragestellung lautet hier: „Aus welchen Komponenten muss das System bestehen und wie sollen diese umgesetzt werden?" Dabei zerfällt das Gesamtproblem in verschiedene Komponenten, die über definierte Schnittstellen interagieren können. Dieser Vorgang wird auch als →*Modellierung* bezeichnet. Jeder Komponente wird eine Aufgabe zugeordnet und ihre innere Struktur zur Lösung dieser Aufgabe detailiert beschrieben.

Während der *Codierungsphase* wird die Frage „Wie muss das vollständige System aussehen?" geklärt. Dabei werden die entworfenen Softwarestrukturen in einer Programmiersprache umgesetzt. Der so formulierte Quelltext wird dann von einem →*Compiler* in →*Maschinensprache* übersetzt und auf dem Computer ausgeführt (vgl. Abschnitt 3.4.1).

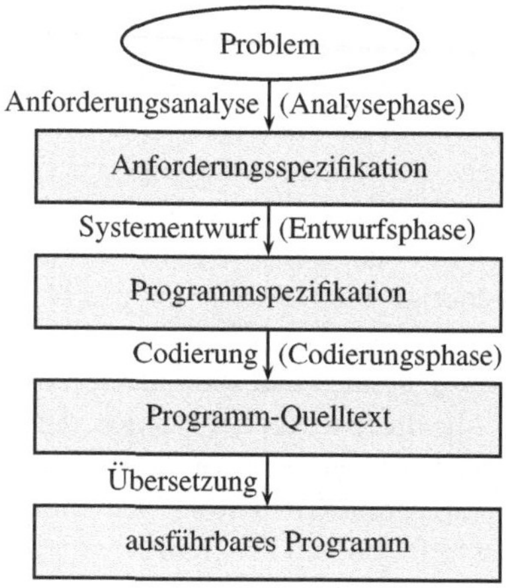

Abb. 3.1 Entwicklungsablauf vom Problem bis hin zur fertigen Software. Zunächst muss das Problem analysiert werden, bevor eine Softwarelösung entworfen und umgesetzt werden kann

Die Softwareentwicklung läuft allerdings meistens nicht linear ab. Stattdessen werden die Phasen der Analyse, des Entwurfes und der Codierung ständig wiederholt, wie im Schneckenmodell in Abb. 3.2 gezeigt. Das entstandene Programm wird während des Entwicklungsprozesses ständig hinsichtlich der gestellten Anforderungen analysiert und angepasst. Durch die steigende Komplexität des Gesamtsystems wächst auch der zeitliche Aufwand in der Analyse, der Entwurfsadaption und letztendlich auch in der Anpassung und Erweiterung des vorhandenen Programmes.

Der Schwerpunkt bei der Programmentwicklung liegt im Allgemeinen im Entwurf der Algorithmen und der Softwaresysteme. Kern ist demnach nicht die Codierung in eine Programmiersprache, sondern vielmehr das Auffinden einer geeigneten Lösung und deren Modellierung. Fehler bei der Anforderungs- oder Programmspezifikation treten unter Umständen erst viel später auf, weswegen diese sehr sorgfältig durchgeführt werden müssen. Hier zahlen sich eine gute Modellierung, aber auch gute Lesbarkeit und Dokumentation in allen Entwicklungsphasen aus.

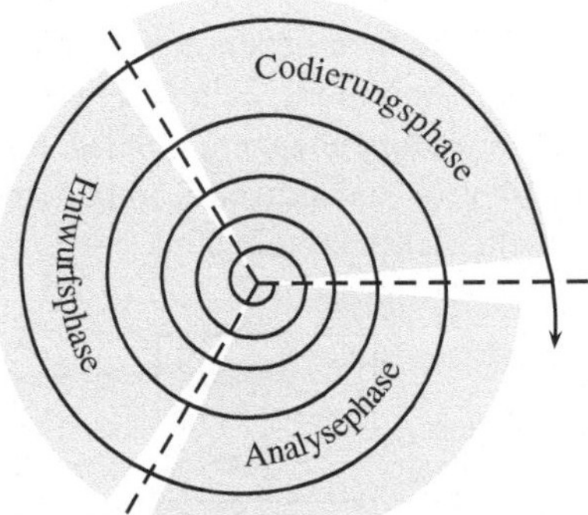

Abb. 3.2 Schneckenmodell der Softwareentwicklung: Die einzelnen Phasen werden zyklisch durchlaufen, der Arbeitsaufwand und die benötigte Zeit steigen an

Anhand eines Beispiels soll dieser Entwurfsprozess verdeutlicht werden: Angenommen, man möchte einen Hund programmiertechnisch umsetzen, was zugegebenermaßen eine seltsame Vorstellung ist. An diesem Beispiel wird allerdings deutlich, dass auch nicht-technische Objekte mit ihren Eigenschaften modelliert werden können und sich die Methoden der objektorientierten Programmierung an realen Objekten und deren Beschreibungen orientieren. Alternativ kann man sich auch einen LEGO-Roboterhund vorstellen, der gemäß der verschiedenen Entwicklungsphasen entworfen und kreiert wird. In der Analysephase werden zunächst die Eigenschaften und Aktionsmöglichkeiten festgelegt (z.B. Laufen, Bellen und Fressen). Daraufhin wird in der Entwurfsphase bestimmt, welche verschiedenen Programmteile benötigt werden. Am Beispiel des Laufens sind dies die Beine, die die Bewegung umsetzen, aber auch die Augen, mit denen der Hund seine Umgebung wahrnimmt und deren Umweltinformationen die Bewegung des Hundes beeinflussen. Diese so entworfenen Einzelkomponenten müssen dann in einer Programmiersprache umgesetzt werden, so dass sie dann übersetzt und ausgeführt werden können (beispielsweise auf dem integrierten →*Microcontroller* eines LEGO-Roboterhundes).

3.2 Modellierung und Abstraktion

Die Analyse des gestellten Problems und der Entwurf einer geeigneten Lösung stellen hohe Anforderungen an Softwareentwickler (vgl. Abschnitt 3.1). Insbesondere große Softwaresysteme mit vielen beteiligten Entwicklern müssen methodisch und ingenieursmäßig entworfen und umgesetzt werden. Dies macht die Verwendung von Softwaremodellen und -konzepten sowie von unterstützenden Entwicklungswerkzeugen unumgänglich.

Das fundamentale Prinzip heißt hier →*Abstraktion*: Dabei geht es um das Unterdrücken unwichtiger Details und um eine konzeptuelle Sicht auf relevante Aspekte des Softwaresystems. Dies können Aspekte wie Zuverlässigkeit, Schutz und Systemverhalten, aber auch Daten und Elemente sein. Um das Hunde-Beispiel zu er-

weitern, können neben diesem auch weitere Objekte wie der Besitzer beschrieben
werden. Abbildung 3.3a zeigt ein Datenmodell, das angibt, wie die einzelnen Objekte zusammenhängen. Im Gegensatz dazu beschreiben Schutzmodelle (Abb. 3.3b)
den Zugriff von aktiven Komponenten (Subjekte) auf Objekte und welche Operationen auf diesen erlaubt sind.

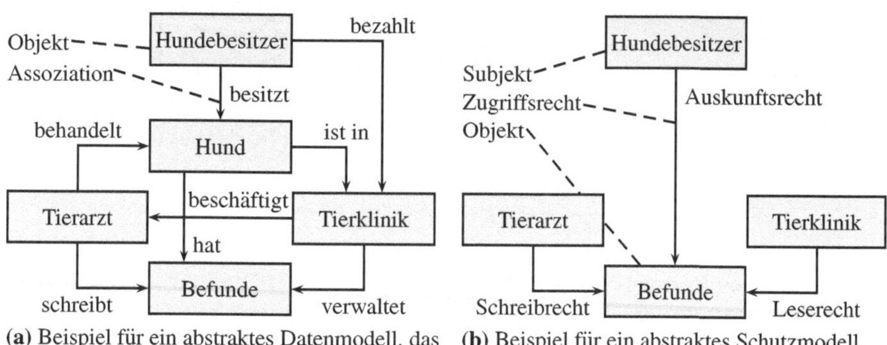

(a) Beispiel für ein abstraktes Datenmodell, das
die Beziehungen der Elemente angibt

(b) Beispiel für ein abstraktes Schutzmodell,
das Zugriffsrechte auf Objekte beschreibt

Abb. 3.3: Modelle können unterschiedliche Aspekte hervorheben und darstellen. Bei Schutzmodellen werden beispielsweise aktive und passive Komponenten identifiziert und Möglichkeiten des
Zugriffs beschrieben. Datenmodelle hingegen stellen Beziehungen der Objekte in den Vordergrund

Eine andere Form der Abstraktion stellen Verhaltensmodelle dar (Abb. 3.4). Diese erlauben es, Systemabläufe in einer abstrakten Form darzustellen ohne festzulegen, wie die einzelnen Ereignisse und Übergänge im Detail aussehen. Ausgehend
davon werden notwendige Eigenschaften und Bedingungen definiert, die beispielsweise basierend auf dem Befund einen der drei Übergänge „Befund gut", „Hund
krank" oder „Hund sehr krank" für zutreffend erklären.

Abb. 3.4 Beispiel für ein
Verhaltensmodell: Ausgehend
vom Befund der ärztlichen
Untersuchung des Hundes
kann der Ablauf unterschiedlich sein

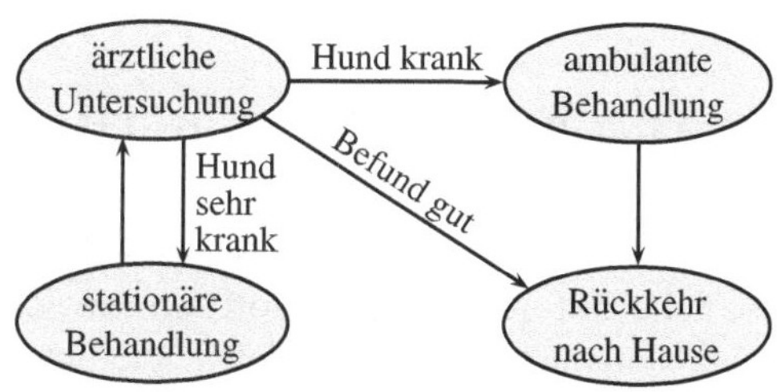

In der Informatik wird die Modellierung häufig mittels →*UML*-Diagrammen
durchgeführt (siehe dazu Abb. 3.5). Diese grafische Beschreibung definiert Objekte
mit Merkmalen und in welcher Beziehung diese zueinander stehen. Basierend auf
diesen Modellen kann dann beispielsweise die Codierung in Java-Klassen erfolgen

oder eine Dokumentation erstellt werden. Ein weiterer Vorteil dieser Modelle liegt in der guten Lesbarkeit. So können auch Software-Anwender einen Blick auf diese Modelle werfen und zum Beispiel fehlende Verbindungen oder Elemente ergänzen. Durch die umgangssprachliche Beschreibung bleibt das jeweilige Modell und sein Verhalten verständlich, Fehler können früh im Entwicklungsprozess entdeckt werden.

3.3 Elemente der Programmierung

Wie in den vorherigen Abschnitten gezeigt läuft der Prozess bei der Entwicklung von Programmen zunächst umgangssprachlich ab. Spätestens bei der Codierung muss diese natürliche Beschreibung algorithmisch umgesetzt werden. Programmiersprachen (siehe Abschnitt 3.4) unterstützen den Softwareentwickler beim systematischen Erstellen von Programmen, indem sie Instruktionen und Programmierkonstrukte zur Verfügung stellen, die später automatisch in →*Maschinenbefehle* übersetzt werden. Dieser Abschnitt stellt wichtige Programmierelemente höherer Programmiersprachen allgemein vor. Vertiefungen hinsichtlich der im Rahmen des Buchs vorgestellten Sprachen NXT-G und Java folgen in den Kapiteln 5 und 6.

3.3.1 Klassen

Grundlage für moderne Programme in objektorientierten Programmiersprachen sind Klassen. Eine Klasse (siehe Beispiel in Abb. 3.5) erlaubt es, eine Art Bauplan für Objekte dieser Art zu entwerfen und Eigenschaften (Attribute, siehe Abschnitt 3.3.2) und Verhaltensweisen (Methoden, siehe Abschnitt 3.3.3) festzulegen. Für eine bessere Wiederverwendbarkeit von Code können Klassen in hierarchischen Beziehungen zueinander stehen, was als Vererbung bezeichnet wird. Mit dieser können Attribute und Methoden abgeleitet und in →*Unterklassen* wiederverwendet, verändert oder erweitert werden.

Eine weitere Möglichkeit, Klassen zu strukturieren, sind Bibliotheken – auch Pakete genannt. In diesen werden thematisch zusammengehörige Klassen gesammelt. Dies hat den Vorteil, dass diese Klassen von anderen Programmierern einfacher genutzt werden können. Bibliotheken können dabei wieder andere Bibliotheken enthalten, so dass sich auch hier eine hierarchische Unterteilung ergibt.

Abbildung 3.5 zeigt ein Beispiel für die →*Modellierung* (vgl. Abschnitt 3.2) einer Klasse und das dahinter stehende Klassenkonzept: Die Klasse *Säugetier* beschreibt zunächst einige Attribute wie *Alter* und *Gewicht* sowie die beiden Methoden *Fressen* und *Bewegen*, die alle Säugetiere besitzen. Möchte man nun eine Klasse *Hund* anlegen, kann man die Klasse *Säugetier* als →*Oberklasse* verwenden, da jeder Hund ein Säugetier ist. Auf diese Weise besitzt ein Hund bereits alle Säugetier-Attribute und -Methoden, die noch durch eigene Eigenschaften erweitert werden

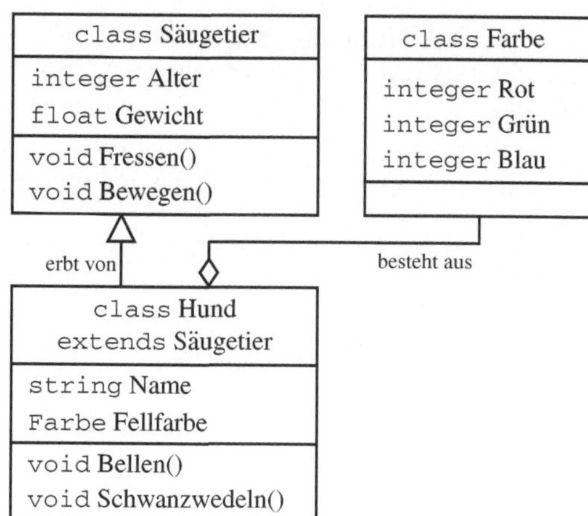

Abb. 3.5 Ein Beispiel für Vererbung und Klassenhierarchie: Hund ist eine Erweiterung der Klasse Säugetier und erbt deren Attribute und Methoden. Ein Hund hat also auch ein Alter und ein Gewicht. Eine Klasse kann wie im Falle der Farbe aber auch Attribut einer anderen Klasse sein

können. Im Falle des Hundes sind das beispielsweise der *Name* und die *Fellfarbe* sowie die Verhaltensweisen *Bellen()* und *Schwanzwedeln()*. Diese treffen nicht auf alle Säugetiere zu – nicht jedes Säugetier hat ein Fell und kann bellen – und finden deshalb in der →*Unterklasse Hund* Verwendung. Die Fellfarbe wiederum ist ein Objekt vom Typ *Farbe*, das wiederum als Klasse angelegt wurde. In diesem Fall enthält eine Farbe die drei Einzelanteile *Rot*, *Grün* und *Blau*, auch →*RGB* genannt. Ein ausführliches Beispiel in der Programmiersprache Java folgt in Kapitel 6.

Mit Hilfe von einer Paket-Hierarchie kann bei diesem Beispiel auch die Systematik der Biologie mit Klassen, Ordnungen und Gattungen umgesetzt werden. Jedes Tier wird demnach anhand seiner Art in ein entsprechendes Paket gesetzt. Arten, die zur selben Gattung gehören, werden wiederum im passenden Gattungs-Paket vereint. Diese Struktur kann bis zu einem allumfassenden Paket weitergeführt werden.

3.3.2 Datenstrukturen

Zur Speicherung und Verarbeitung von Daten durch Programme sind Datenstrukturen notwendig, die diese Informationen aufnehmen können. Jeder Datensatz ist dabei von einem bestimmten Typ, der angibt, in welcher Form die Information vorliegt. Dies kann beispielsweise eine Zahl, eine Farbe oder ein ganzer Text sein. Die Daten werden in Form von Variablen oder Konstanten gespeichert und stehen als Parameter für Programierbefehle zur Verfügung. Attribute einer Klasse müssen ebenfalls von einem bestimmten Typ sein und in der Klasse angelegt werden (vgl. Abb. 3.5).

Datentypen

Bei Programmiersprachen beschreiben Datentypen bestimmte Objekte mit festgelegten Wertebereichen und Operationen. Man unterscheidet hauptsächlich elementare Datentypen, die nur einen einzigen Wert des jeweiligen Wertebereichs enthalten, und zusammengesetzte Datentypen, die aus mehreren Grundelementen des gleichen Typs bestehen.

Die elementaren Typen kann man grob in vier Klassen unterteilen. Eine genaue Auflistung der verschiedenen Datentypen und des jeweiligen Wertebereichs für die grafische Programmierumgebung NXT-G befindet sich in Kapitel 5.1.5. Die Datentypen für die Programmiersprache Java folgen in Tabelle 6.1.

boolean Der boolesche Datentyp beschreibt einen Wahrheitswert, der sich durch an/aus, wahr/falsch oder bei →*Bits* durch 1 und 0 beschreiben lässt. Ein `bool` ist somit auch der kleinste Typ, da ein Bit die kleinste Einheit darstellt. Durch die in Abschnitt 3.3.5 vorgestellten logischen Operationen wie UND bzw. ODER können Abfragen und bedingte Verzweigungen umgesetzt werden (siehe auch Abschnitt 3.3.6).

integer Ein Integer ist ein ganzzahliger Typ, der je nach Ausprägung auch auf die natürlichen Zahlen beschränkt sein kann. Der Wertebereich variiert je nach Anzahl der verwendeten Bits: Gebräuchlich sind 16 (`short`), 32 (`int`) und 64 Bit (`long`). Operationen auf Integers sind neben den arithmetischen Befehlen +, - und * auch Vergleiche ($<$, $>$, =) sowie die ganzzahlige Division / und die Modulo-Operation %, die den Rest einer ganzzahligen Division liefert.

float Floats sind sogenannte Gleitkommazahlen, die sich aus einem Vorzeichen, einer Mantisse, einer Basis und einem Exponenten zusammensetzen. Wie der Name schon sagt, wird die Kommastelle dieser Zahl verschoben, und zwar so, dass die Ziffern ausschließlich hinter dem Komma stehen. Basis und Exponent bilden einen Multiplikator, der anzeigt, wo sich das Komma befindet. Auf diese Weise werden Rechenoperationen im Computer einfacher. Ein Beispiel für diese Darstellungsform gibt Abb. 3.6, wobei in Computern aufgrund des Binärsystems fast ausschließlich die Basis 2 verwendet wird. Auch hier existieren Varianten mit 32 (`float`) und 64 Bit (`double`). Manche Sprachen unterstützen auch noch längere Gleitkommazahlen. Operationen sind +, -, *, /, $<$, $>$ und =.

character Ein einzelnes Zeichen ist die kleinste Text-Einheit, die im Computer zur Verfügung steht. Dieses ist in einem bestimmten Zeichensatz kodiert, der angibt, welche Bitfolge für welches Symbol steht. Ein bekannter Zeichensatz ist beispielsweise →*ASCII* (7 Bit), bei dem insgesamt 128 verschiedene Zeichen zur Verfügung stehen. Die meisten Programmiersprachen verwenden 8 Bit (`char`) für ein Zeichen. Mögliche Operationen sind die Vergleichoperationen $<$, $>$ und =. Da die Zeichen als Bitfolge vorliegen und somit auch als Zahl interpretiert werden können, entsteht eine logische Ordnung der Zeichen (a $<$ b $<$ c ...). Aus diesem Grund gibt es in den meisten Programmiersprachen auch eine Umwandlungs-Operation, die ein Zeichen in die entsprechende Integer-Zahl konvertiert.

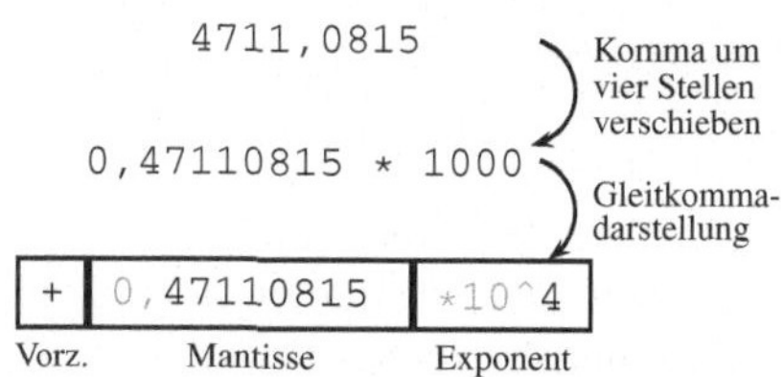

Abb. 3.6 Beispiel für eine Gleitkommadarstellung. Nur die schwarzen Zeichen müssen letztendlich vom Computer gespeichert werden

Neben den elementaren Datentypen existieren auch zusammengesetzte, die eine Kombination aus Grundtypen oder anderen zusammengesetzten Typen bilden:

array   In einem Feld oder Tabelle kann eine beliebige Anzahl an Variablen des gleichen Datentyps gespeichert werden. Bei der Deklaration muss die (größtmögliche) Anzahl mit angegeben werden, wobei auch mehrdimensionale Arrays möglich sind. `int Lottozahlen[52][7]` beschreibt beispielsweise ein zweidimensionales Array, das die Lottozahlen einer Ziehung plus Zusatzzahl für ein Jahr speichern kann. Die Zuweisung und Verwendung erfolgt dann mit zusätzlicher Angabe der Position innerhalb des Arrays, wobei darauf zu achten ist, dass ein Array immer bei Element 0 beginnt. `Lottozahlen[14][2] = 42` weist demnach der dritten Zahl der 15. Woche „42" zu.

list   Listen oder sogenannte Queues speichern Daten eines Typs in einer variablen Anzahl. Hier können Elemente während des Programmablaufs hinzugefügt, bearbeitet oder wieder gelöscht werden. `queue Werte<int>` legt eine Liste mit Integer-Werten an. `Werte.push(42)` hängt ein Element mit dem Wert „42" an die Liste an. Im Gegensatz zu Arrays gibt es häufig auch komplexe Operationen, so dass Listen sortiert oder durchsucht werden können.

string   Ein String ist ein spezielles Feld vom Typ *char*, das eine variable Länge haben kann. Strings repräsentieren in vielen Programmiersprachen Zeichenketten und Texte und bieten Möglichkeiten zur Manipulation und Zeichenersetzung. `string Name = "Bob"` legt zum Beispiel eine Variable „Name" an und weist ihr die Zeichenfolge „Bob" zu. In vielen Programmiersprachen belegt diese Zeichenkette vier Zeichen, da hinter „Bob" noch ein Terminierungssymbol eingefügt wird, das angibt, wann der String zu Ende ist.

class   Eine Klasse beschreibt ein komplexes Objekt, das Elemente verschiedener Typen enthalten kann (siehe Abschnitt 3.3.1).

Variablen und Konstanten

Variablen sind im weitesten Sinne Behälter für Daten. Jede Variable wird von einem Namen bezeichnet und besitzt eine Speicheradresse. Der Speicher, auf den die Adresse weist, ist dabei genau so groß wie zum Ablegen des jeweiligen Datentyps notwendig ist. Eine Variable vom Typ *double* belegt demnach genau 64 Bit im Speicher des Rechners. Bei den meisten Programmiersprachen müssen Variablen vor ihrer Benutzung angelegt – deklariert – werden. Auf diese Weise wird entsprechender Speicher reserviert und zur Verwendung freigegeben: `int Alter` legt beispielsweise eine Variable mit Namen „Alter" und vom Typ *int* an. Durch eine Definition wie `int Alter = 0` wird der Variablen ein Wert zugewiesen, der im späteren Verlauf mittels `Alter = 4` geändert werden kann.

Konstanten verhalten sich bei der Deklaration und Definition ähnlich. Im Gegensatz zu Variablen können diese später aber nicht mehr verändert werden. Jede (spätere) Zuweisung führt zu einer Fehlermeldung des Compilers. In vielen Sprachen werden Konstanten durch eines der Schlüsselwörter *const* oder *final* gekennzeichnet, so dass beispielsweise das Anlegen der Zahl Pi `final float Pi = 3.1415` lauten kann. Ist eine Variable oder Konstante Teil einer Klasse, so spricht man auch von einem (Klassen-)Attribut.

3.3.3 Methoden und Funktionen

Methoden sind – wie im vorangegangenen Abschnitt erwähnt – die Verhaltensweisen von Klassen. Sie enthalten Berechnungen und Aktionen, die von der jeweiligen Klasse ausgeführt werden können. Anstatt in einem Programm jeden Befehl einzeln auszuführen, können so häufig verwendete Befehlsketten zu einer Methode zusammengefasst werden. Auf diese Weise gewinnt man eine bessere Übersicht und muss die Befehlskette nur einmal ändern, wenn dies erforderlich ist. Ein Beispiel für eine Methode ist das *Bellen()* aus Abb. 3.5. Wird diese Methode verwendet, werden die in ihr enthaltenen Befehle nacheinander ausgeführt.

Methoden besitzen häufig Parameter, die beim Aufruf mit angegeben werden und sie universeller machen. Das Bellen kann man beispielsweise so erweitern, dass die Anzahl der zu gebenden Laute und die Lautstärke in →*Dezibel* mit angegeben werden. Die Methodenbeschreibung für das Bellen könnte also so aussehen: `void Bellen(int Anzahl, float Lautstärke)`. Das Schlüsselwort `void`, das auch schon in der ursprünglichen Variante auftrat, gibt an, dass diese Methode keinen Rückgabewert besitzt. Die Werte `int Anzahl` und `float Lautstärke` in den Klammern geben an, dass der Methode eine ganzzahlige Anzahl und eine Lautstärke als Gleitkommazahl übergeben werden. Der Aufruf der Methode könnte `Hund.Bellen(3,30.5)` lauten, so dass der Hund dreimal mit 30,5 Dezibel bellt.

Der fehlende Rückgabewert unterscheidet Methoden prinzipiell von Funktionen, die basierend auf Eingabedaten Berechnungen durchführen und einen Rückgabewert liefern. Ein Beispiel für eine Funktion ist `float Sinus(int Winkel)`, die intern den angegebenen ganzzahligen *Winkel* in Bogenmaß umrechnet und als Ergebnis den Sinus dieses Winkels als Gleitkommazahl (erkennbar am Schlüsselwort `float` vor dem Funktionsnamen) zurückgibt. Innerhalb der Funktion gibt das Schlüsselwort `return` an, welcher der berechneten Werte bei Beenden der Funktion zurückgegeben wird. Der Aufruf dieser Funktion könnte `float Sinuswert`

= Sinus(45) lauten, so dass das Ergebnis der Funktion einem float mit dem Namen „Sinuswert" zugewiesen wird.

In objektorientierten Programmiersprachen wie Java wird strukturell nicht zwischen Funktionen und Methoden unterschieden.

3.3.4 Programme

Ein Programm ist zunächst eine von einem Computer ausgeführte Folge von Befehlen, die eine bestimmte Funktion erfüllen. Dies kann eine komplexe Datenbankverwaltung, ein Internet-Browser oder einfach nur die Ausgabe des Textes „Hallo Welt!" sein. Wie im vorangegangenen Abschnitt 3.4 erläutert, liegt das kompilierte Programm in Maschinen- oder in einer Zwischensprache vor, die erst noch interpretiert werden muss (vgl. Abb. 3.12).Diese Befehle werden dann vom Prozessor ausgeführt.

In der Regel besteht ein Programm aus mindestens einer Klasse. Genau eine dieser Klassen muss dabei eine spezielle Methode enthalten, die den Einstiegspunkt in das Programm bildet und bei Programmstart ausgeführt wird. Diese main()-Methode kann daraufhin weitere Klassen oder Variablen anlegen, Methoden aufrufen, Eingaben anfordern oder Ausgaben produzieren. In komplexen Programmen wird auf diese Weise eine Art Kettenreaktion gestartet, die auch das Einbinden bereits vorhandener Programmbibliotheken und -klassen umfassen kann.

3.3.5 Logik und Funktionen

Die aus der Mathematik bekannten Funktionen wie Sinus und Kosinus (Trigonometrie) oder die Wurzelfunktion stehen auch in der Informatik zur Verfügung. Diese können verwendet werden, um Eingabedaten zu verarbeiten und Berechnungen vorzunehmen. Darüber hinaus bietet die Informatik mit der Logik ein weiteres Werkzeug, Bedingungen algorithmisch zu beschreiben und Aussagen über deren Wahrheitsgehalt zu treffen. Im Buch *Ideen der Informatik – Grundlegende Modelle und Konzepte der Theoretischen Informatik* [24] werden verschiedene Aspekte der Logik sowie Boolesche Schaltungen vorgestellt.

Die Boolesche Logik, benannt nach dem Mathematiker George Boole (1815-1864), bildet eine Kombination von $\neg$*algebraischen* Methoden und der von Aristoteles (384-322 v. Chr.) begründeten $\neg$*Aussagenlogik*, mit der es möglich ist, formale Schlüsse zu ziehen und logische Aussagen zu treffen. Basis sind logische (boolesche) Werte, die „wahr" oder „falsch" sein können. Durch Verknüpfungen können verschiedene Aussagen kombiniert und ein Wahrheitswert für den gesamten Ausdruck bestimmt werden. Tabelle 3.1 gibt eine Übersicht über logische Verknüpfungen. NOT ($\neg$), AND ($\wedge$) und OR ($\vee$) stellen dabei die Grundoperationen dar, aus denen die anderen Verknüpfungen durch Kombination generiert werden können. Die Antivalenz (XOR, $\oplus$) beispielsweise lässt sich umgangssprachlich so ausdrücken, dass A oder B wahr sein müssen, aber nicht beide zusammen. Als logischer Ausdruck dargestellt bedeutet dies:

$$A \oplus B := (A \vee B) \wedge (\neg (A \wedge B)) \tag{3.1}$$

Tabelle 3.1: Wichtige logische Verknüpfungen in der Übersicht. Die letzten beiden Spalten geben die jeweiligen Ergebnisse in Form einer Wahrheitstafel an

Kürzel	Bezeichnung	Beschreibung	Verknüpfung	Ergebnis
NOT	Negation	Logisches „Nicht" als	$\neg\,0$	1
$\neg$		Umkehrung der Eingabe	$\neg\,1$	0
AND	Konjunktion	Logisches „Und", bei dem	$0 \wedge 0$	0
$\wedge$		beide Bedingungen (Eingaben)	$0 \wedge 1$	0
		erfüllt (wahr) sein müssen,	$1 \wedge 0$	0
		damit das Ergebnis wahr ist	$1 \wedge 1$	1
OR	Disjunktion	Beim logischen „Oder" muss	$0 \vee 0$	0
$\vee$		mindestens eine der beiden	$0 \vee 1$	1
		Bedingungen erfüllt sein,	$1 \vee 0$	1
		damit das Ergebnis wahr ist	$1 \vee 1$	1
XOR	Antivalenz	Genau eine der beiden	$0 \oplus 0$	0
$\oplus$		Bedingungen muss erfüllt	$0 \oplus 1$	1
		sein, also ein logisches	$1 \oplus 0$	1
		„Entweder Oder"	$1 \oplus 1$	0
NOR	Nihilition	Eine „weder noch"-	$0 \downarrow 0$	1
$\downarrow$		Beziehung, bei der keine	$0 \downarrow 1$	0
		Bedingung wahr sein darf,	$1 \downarrow 0$	0
		um erfüllt zu sein	$1 \downarrow 1$	0
NAND	Unverträglichkeit	Es dürfen nicht beide	$0 \uparrow 0$	1
$\uparrow$		Bedingungen gleichzeitig	$0 \uparrow 1$	1
		erfüllt sein	$1 \uparrow 0$	1
			$1 \uparrow 1$	0
EQ	Äquivalenz	Ist erfüllt, wenn beide	$0 \equiv 0$	1
$\equiv$		Bedingungen logisch gleich	$0 \equiv 1$	0
		sind, also den gleichen	$1 \equiv 0$	0
		boolschen Wert repräsentieren	$1 \equiv 1$	1
IMPL	Implikation	Ist eine logische „wenn-	$0 \rightarrow 0$	1
$\rightarrow$		dann"-Folgerung. Dabei kann	$0 \rightarrow 1$	1
		aus etwas Falschem auch etwas	$1 \rightarrow 0$	0
		Wahres gefolgert werden	$1 \rightarrow 1$	1

Wie an diesem Beispiel deutlich wird, ist das Ergebnis einer logischen Verknüpfung wieder ein logischer Wert „wahr" oder „falsch" und kann weiteren Verknüpfungen als Eingabe-Bedingung dienen. Tabelle 3.2 zeigt in Form einer Wahrheitstafel, dass Gleichung 3.1 zu dem gewünschten Ergebnis führt, indem die einzelnen logischen Verknüpfungen Stück für Stück durch die entsprechende Lösung ersetzt werden. Durch die beiden Eingaben A und B und die möglichen Werte „0" und „1" für jede der Eingaben entstehen insgesamt vier verschiedene Kombinationen, die überprüft werden müssen.

Tabelle 3.2: Wahrheitstafel für XOR gemäß Gleichung 3.1. Dabei werden die links eingesetzten Werte für A und B in die Formel übernommen und dann sukzessive zusammengefasst

Eingabe		logische Kombination $(A \vee B) \wedge (\neg (A \wedge B))$	Ersetzen der inneren Verknüpfungen	Negieren des hinteren Wahrheitswertes	Ergebnis $A \oplus B$
A	B				
0	0	$(0 \vee 0) \wedge (\neg (0 \wedge 0))$	$(0) \wedge (\neg (0))$	$(0) \wedge (1)$	0
0	1	$(0 \vee 1) \wedge (\neg (0 \wedge 1))$	$(1) \wedge (\neg (0))$	$(1) \wedge (1)$	1
1	0	$(1 \vee 0) \wedge (\neg (1 \wedge 0))$	$(1) \wedge (\neg (0))$	$(1) \wedge (1)$	1
1	1	$(1 \vee 1) \wedge (\neg (1 \wedge 1))$	$(1) \wedge (\neg (1))$	$(1) \wedge (0)$	0

Aufgabe 1: Antivalenz

Es gibt auch alternative Definitionen zu der in Formel 3.1 vorgestellten Antivalenz wie beispielsweise „A aber nicht B oder B und nicht A". Wie kann dies mittels logischer Verknüpfungen beschrieben werden? Das Ergebnis kann mit Hilfe von einer Wahrheitstafel überprüft werden.

Die angegebene Formulierung kann mehr oder weniger direkt in die Logikschreibweise $A \oplus B := (A \wedge \neg B) \vee (B \wedge \neg A)$ übersetzt werden.

Aufgabe 2: Weitere logische Verknüpfungen

Wie können, ähnlich Formel 3.1, die vorgestellten Verknüpfungen NOR, NAND, EQ und IMPL durch die grundlegenden logischen Verknüpfungen NOT, AND und OR ausgedrückt werden? Auch hier können Wahrheitstafeln zur Überprüfung aufgestellt werden.

Die vier angegebenen logischen Verknüpfungen können wie folgt ausgedrückt werden: Die Nihilition (NOR) als $A \downarrow B := \neg (A \vee B)$, die Unverträglichkeit (NAND) als $A \uparrow B := \neg (A \wedge B)$, Äquivalent (EQ) wird zu $A \equiv B := (A \wedge B) \vee (\neg (A \vee B))$ und die Implikation (IMPL) zu $A \rightarrow B := \neg A \vee B$

3.3.6 Bedingte Anweisungen und Verzweigungen

Zu den Kontrollstrukturen, die Einfluss auf den Programmablauf nehmen, gehören bedingte Anweisungen und Programmverzweigungen, die man als `if`-Befehle bezeichnet. Mit ihnen kann man Programmabschnitte festlegen, die nur unter bestimmten Bedingungen ausgeführt werden und somit auf Eingaben oder interne Zustände des Programms reagieren. Diese Bedingungen können wiederum komplexe logische Verknüpfungen sein, die zu einem Wahrheitswert führen. Man kann drei Arten von Verzweigungen unterscheiden:

Bedingte Anweisung (`if`) Vor Ausführung des Programmabschnitts wird zunächst die Bedingung überprüft (Abb. 3.7a). Liefert diese den Wert „wahr", so werden die Anweisungen ausgeführt. Andernfalls werden sie übersprungen und es wird mit den darauf folgenden Befehlen fortgefahren.

Einfache Verzweigung (`if-else`) Bei einer Verzweigung wird abhängig von der Bedingung einer der beiden Programmabschnitte ausgeführt, wie in Abb. 3.7b gezeigt.

Mehrfache Verzweigung (`switch-case`) Mehrfache Verzweigungen können entweder durch eine Verschachtelung von mehreren einfachen Verzweigungen oder durch einen Schalter wie in Abb. 3.7c umgesetzt werden. Bei diesem wird eine Variable auf verschiedene Werte geprüft und bei Übereinstimmung der entsprechende Programmabschnitt ausgeführt. Sollte kein Wert zutreffen, so kann für diesen Fall ein Standard-Programmteil (`default`) festgelegt werden.

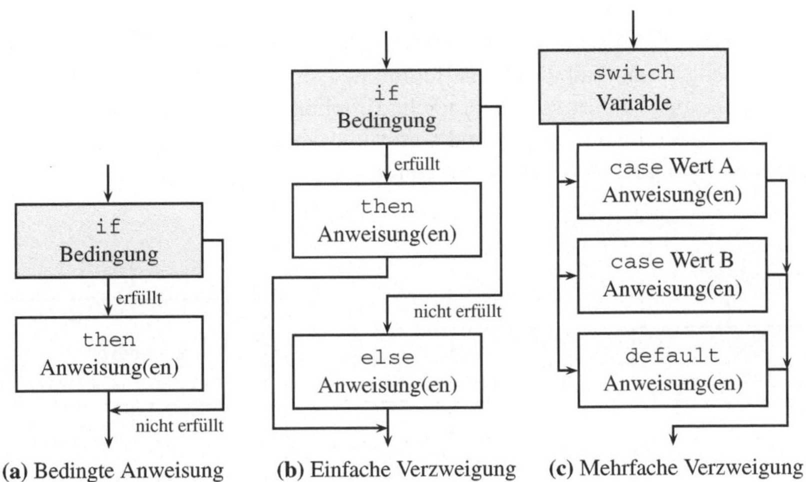

(a) Bedingte Anweisung (b) Einfache Verzweigung (c) Mehrfache Verzweigung

Abb. 3.7: Die drei Konstrukte zum Verzweigen des Programmflusses im Überblick: Durch Auswertung von Bedingungen können unterschiedliche Programmteile ausgeführt werden

Umgangssprachlich handelt es sich bei Verzweigungen um „Wenn-Dann-Befehle". In der Robotik kann man so beispielsweise auf Sensorwerte reagieren: „`if` Entfernung zum Hindernis kleiner als 1 Meter `then` anhalten `else` weiterfahren".

3.3.7 Schleifen und Wiederholungen

Die zweite Kontrollstruktur in der Informatik sind Schleifen. Diese wiederholen bestimmte Programmteile – den sogenannten Schleifenrumpf – so lange, bis ein Abbruchkriterium eintritt, also beispielsweise ein boolscher Ausdruck „falsch" liefert oder ein Zähler eine bestimmte Grenze erreicht hat. Tritt dieses Kriterium nie ein, so spricht man von Endlosschleifen. Typischerweise unterscheidet man drei Arten von Schleifen:

Vorprüfende Schleife (`while-do`) Die Abbruchbedingung wird geprüft, bevor die Schleife ausgeführt wird. Ein Beispiel für eine vorprüfende Schleife ist in Abb. 3.8a gegeben. Dabei ist darauf zu achten, dass das Kriterium für das Beenden der Schleife innerhalb des Schleifenrumpfes gesetzt wird, andernfalls kann es zu einer Endlosschleife führen.

Nachprüfende Schleife (`do-while`) Im Gegensatz dazu führen nachprüfende Schleifen den Programmcode mindestens einmal aus (Abb. 3.8b). Die Abbruchbedingung wird also am Ende nach einmaligem Schleifendurchlauf überprüft.

Zählschleife (`for`) Diese stellt eine spezielle Form vorprüfender Schleifen dar und verwendet einen Zähler, der in jedem Schleifendurchlauf aktualisiert und überprüft wird (Abb. 3.8c). Hat der Zähler den Endwert erreicht, wird die Schleife verlassen. Dieser wird in eine Variable gesetzt (hier mit dem Namen „Zähler"), um bei Bedarf innerhalb des Schleifenrumpfs verwendet werden zu können. Die Aktualisierung – meistens eine einfache Erhöhung um eins – erfolgt jeweils am Ende des Schleifendurchlaufs und somit vor der erneuten Prüfung, ob die Abbruchbedingung (Endwert) erreicht wurde.

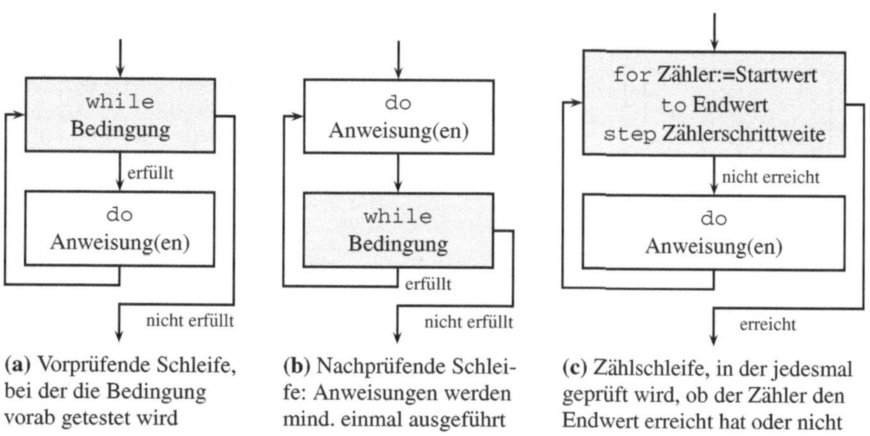

(a) Vorprüfende Schleife, bei der die Bedingung vorab getestet wird

(b) Nachprüfende Schleife: Anweisungen werden mind. einmal ausgeführt

(c) Zählschleife, in der jedesmal geprüft wird, ob der Zähler den Endwert erreicht hat oder nicht

Abb. 3.8: Schleifen-Konstrukte für das mehrfache Ausführen von Programmteilen. Eine Endlosschleife kann durch eine immer wahre Bedingung oder eine fehlende Aktualisierung des Zählers umgesetzt werden

Schleifen eignen sich zur Beschreibung von sich wiederholenden Aufgaben. Ein Beispiel hierfür wäre ein Reinigungsroboter, der saugen soll, bis der Staubsaugerbeutel voll ist: „`while` Staubsaugerbeutel nicht voll `do` sauge eine Minute".

3.3.8 Beobachter

Ein weiteres wichtiges Konzept bei der Programmierung sind sogenannte Beobachter (→*Observer*) oder auch →*Listener*. Bei diesen handelt es sich um Prozesse oder Programmteile, die auf Ereignisse bei anderen Programmelementen warten und auf diese reagieren. Dabei können diese Prozesse oder Programmteile entweder aktiv bei dem beobachteten Element nachfragen, ob eine Änderung in den Daten vorliegt, oder von diesem automatisch benachrichtigt werden.

Beim klassischen Observer-Konzept unterscheidet man das zu beobachtende Subjekt und die Beobachter selbst. Das Subjekt bietet eine Schnittstelle zum An- und Abmelden von beliebig vielen Beobachtern, kennt diese aber nicht. Es kann sich bei einem Subjekt beispielsweise um eine Datenbank handeln, in der statistische Daten abgelegt sind. Wenn sich diese Daten und somit der Zustand des Subjektes ändern, benachrichtigt es seine Beobachter. Die unterschiedlichen Beobachter wiederum führen dann ihre jeweils eigene Aktualisierungsroutine aus. Im Beispiel einer Datenbank können diese Beobachter wie in Abb. 3.9 Visualisierungsprogramme sein, die verschiedene Diagramme erzeugen. Möglich sind auch Programme zur Auswertung und Analyse der Informationen, die ihre Ergebnisse als Text ausgeben oder in eine andere Datenbank speichern, die wiederum beobachtet werden kann.

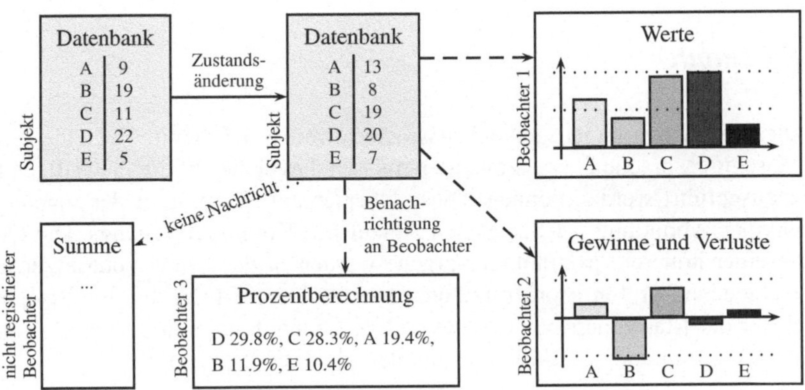

Abb. 3.9: Beispiel für das Observer-Konzept: Änderungen in einer Datenbank werden an alle angemeldeten Beobachter signalisiert, so dass diese individuell darauf reagieren und beispielsweise Diagramme anzeigen oder Berechnungen durchführen. Nicht registrierte Beobachter erhalten keine Nachricht und können daher auch nicht auf Änderungen reagieren

Der Vorteil dieses Konzepts liegt unter anderem darin, dass die Subjekte und die beobachtenden Elemente unabhängig voneinander existieren. Auf diese Weise können sie getrennt voneinander bearbeitet, erstellt und definiert werden. Bei Änderungen des Objektzustandes und Benachrichtigung aller angemeldeter Beobachter muss sich der Sender nicht um die jeweiligen Beobachter kümmern. Jeder Beobachter entscheidet für sich, ob und wie er die geänderten Daten weiterverarbeitet.

3.4 Programmiersprachen und Compiler

Basis für Betriebssysteme, Treiber und Programme sind $\rightarrow$*Maschinenbefehle*, die der jeweilige Prozessor ausführen kann. Einzig und allein diese $\rightarrow$*binären* und für den Menschen kaum lesbaren Kommandos können vom Computer verstanden und ausgeführt werden. Jeder $\rightarrow$*Microcontroller* hat dabei eigene Maschinenbefehle, je nachdem ob dieser beispielsweise von Intel, AMD oder Motorola entworfen wurde. Dieser Befehlssatz besteht aus einer relativ kleinen Sammlung kurzer Befehle wie beispielsweise arithmetische und logische Befehle, Vergleich- und Speicherkommandos oder auch Sprungbefehle, die zum Beispiel bei Verzweigungen oder beim Aufruf von Methoden verwendet werden.

Für Softwareentwickler ist es zu aufwändig, selbst einfache Programme in Maschinencode umzusetzen. Deshalb werden höhere Sprachen bei der Programmierung von Software eingesetzt. In diesen Programmiersprachen können zunächst für den menschen verständliche Instruktionen verwendet werden, die ein Übersetzungsprogramm später in Maschinencode umwandelt. Die bekanntesten höheren Programmiersprachen sind C++ und Java, es gibt aber noch eine Fülle anderer Sprachen wie Delphi, Pascal oder Python. Einen Überblick über Programmiersprachen findet man beispielsweise im *Taschenbuch Programmiersprachen* [15].

3.4.1 Compiler

Alle diese Sprachen haben gemein, dass die jeweiligen Programmbefehle erst in eine Maschinensprache übersetzt werden müssen, bevor sie auf dem jeweiligen Prozessor ausgeführt werden können. Diese Übersetzung übernimmt der sogenannte $\rightarrow$*Compiler*. Abbildung 3.10 zeigt den Ablauf des Kompiliervorgangs. Die Quelldateien einer höheren Programmiersprache werden in der Analysephase zunächst in verschiedenen Stufen geprüft und ausgewertet. Darauf folgt die Synthesephase, in welcher der Maschinencode erzeugt und gegebenenfalls optimiert wird. Zuletzt wird der Code mit anderen Bibliotheken oder Objekten kombiniert:

Lexikalische Analyse Der Quelltext wird vom *Scanner* in zusammengehörende Elemente – sogenannte Token – unterteilt. Dabei werden bestimmte Schlüsselwörter, aber auch Operatoren, Zahlen oder Kommentare identifiziert.

Syntaktische Analyse Der *Parser* prüft, ob der eingelesene Quelltext der Grammatik der verwendeten Programmiersprache entspricht. Auf diese Weise können $\rightarrow$*Syntax*fehler wie fehlerhafte Klammersetzung oder falsche Zeichen entdeckt werden.

Semantische Analyse Im letzten Analyseschritt wird die $\rightarrow$*Semantik* des Quelltextes überprüft. Dabei testet der Compiler beispielsweise, ob alle verwendeten Variablen korrekt angelegt wurden oder alle Operationen mit gültigen Datentypen durchgeführt werden.

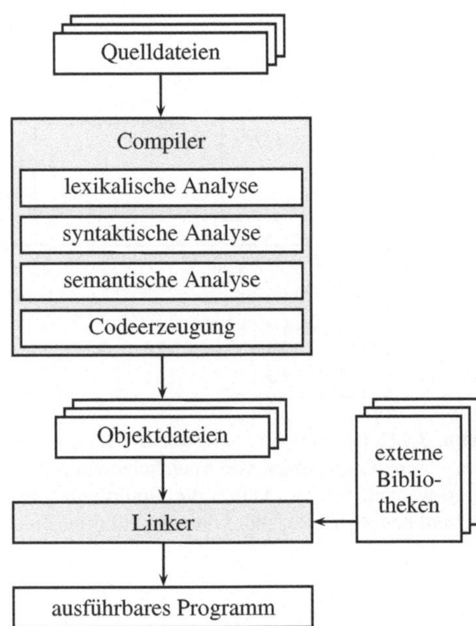

Abb. 3.10 Vereinfachte Darstellung des Kompiliervorgangs. Die Quelldateien werden vom Compiler zunächst in eine Zwischensprache oder direkt in Maschinensprache übersetzt. Der Code in Zwischensprache kann weiter optimiert und übersetzt werden. Der Linker fügt diese und externe Bibliotheken zu dem ausführbaren Programm zusammen

Zwischencodeerzeugung Moderne Compiler erzeugen häufig einen maschinennahen Zwischencode, der später optimiert wird. Dieser Zwischenschritt wird insbesondere von Compilern durchgeführt, die mehrere Quellsprachen unterstützen und diese vor der Optimierung in ein gemeinsames Format bringen.

Optimierung Durch Optimierungen können Compiler die Laufzeit oder den Speicherbedarf eines Programmes verbessern, indem beispielsweise Maschinenbefehle eingespart oder nicht benötigte Variablen entfernt werden.

Codeerzeugung In diesem Schritt wird der Maschinencode aus dem Zwischenbzw. dem ursprünglichen Code generiert. Das Ergebnis kann in diesem Fall entweder ein ausführbares Programm oder eine Objektdatei sein.

Linker Wurde in der Synthesephase eine Objektdatei erstellt, so wird diese durch den →*Linker* mit Bibliotheken und anderen Objektdateien kombiniert. Auf diese Weise wird entweder ein ausführbares Programm oder auch eine neue Bibliothek erstellt.

Das Programm wird vom Compiler komplett in Maschinencode übersetzt und kann dann auf dem jeweiligen Rechnersystem ausgeführt werden (Abb. 3.12, links). Eine Portierung des generierten Codes auf ein anderes Betriebssystem ist nicht möglich. Die einzelnen Schritte in der Synthesephase sind in Abb. 3.11 anhand eines Beispiels illustriert. In diesem Beispiel sollen die beiden Zahlvariablen a und b vertauscht und eine der beiden noch um einen Wert erhöht werden.

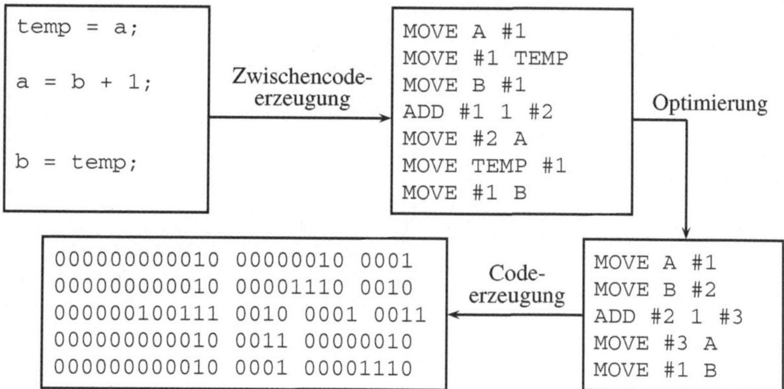

Abb. 3.11: Beispiel für den Ablauf der Synthesephase: Die Variablenzuweisungen müssen in Verschiebe-Operationen von Speicherzellen in Register (durch # gekennzeichnet) und umgekehrt umgewandelt werden. Durch die Optimierung werden zwei Befehle eingespart, dafür steigt die Anzahl benötigter Register von zwei auf drei. Zuletzt wird der binäre Maschinencode generiert

3.4.2 Interpreter

Neben Compilern gibt es noch eine zweite Möglichkeit, Quellcode einer höheren Programmiersprache auf einer Maschine auszuführen: →Interpreter. Diese kompilieren nicht den gesamten Quelltext, sondern führen die einzelnen Anweisungen nacheinander aus, indem diese direkt in Maschinencode übersetzt werden. Beispiele für reine Interpreter sind sogenannte Batch-Programme (.bat) unter Microsoft Windows bzw. Shell-Skripte in Linux. Sollte ein Befehl ungültig oder fehlerhaft sein, so wird der Programmablauf unterbrochen und eine Fehlermeldung ausgegeben. Eine Syntaxanalyse oder die Optimierung des Maschinencodes wie bei Compilern ist bei interpretierten Programmen nicht möglich.

Java und auch andere Programmiersprachen verwenden hybride Verfahren, die eine Mischung aus Compiler und Interpreter darstellen. Bei Java wird der Quelltext in die Zwischensprache „Bytecodc" übersetzt, die dann vom Interpreter auf dem jeweiligcn System ausgeführt wird. Ein Nachteil von Interpretern ist, dass die Umwandlung in Maschinencode zur Laufzeit, also während des Abarbeitens der Befehle erfolgt (vgl. Abb. 3.12, rechts). Dies hat zur Folge, dass interpretierte Programme im Vergleich zu kompilierten bis zur Hälfte langsamer sind. Auf der anderen Seite ist das Auffinden von Fehlern beim Einsatz von Interpretern einfacher, da die Fehlerstelle exakt angezeigt werden kann. Der wohl größte Vorteil liegt in der universellen Handhabung, so dass Java-Programme auf unterschiedlichen Betriebssystemen zum Einsatz kommen können, für die Bytecode-Interpreter existieren.

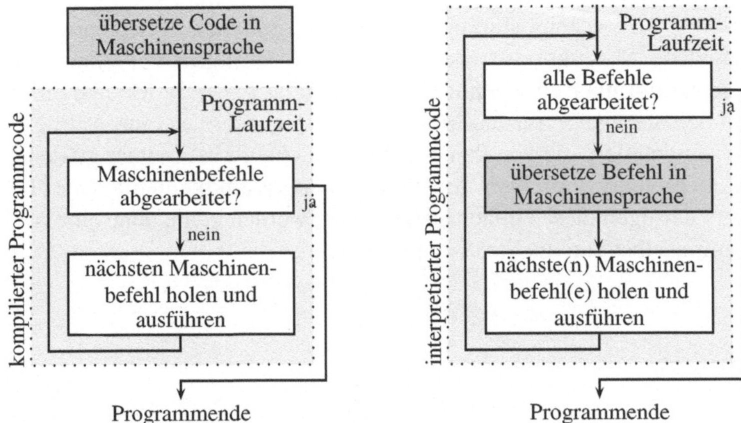

Abb. 3.12: Bei der Ausführung kompilierter Programme (links) werden alle Befehle im Vorfeld übersetzt, beim Interpreter (rechts) geschieht dies erst zur Laufzeit

3.5 Aufbau und Funktion von Betriebssystemen

Betriebssysteme stellen die Schnittstelle zwischen Hard- und Software dar und sind somit für die Ausführung des Maschinencodes auf dem Rechner verantwortlich. Unter dem Begriff →*Betriebssystem* versteht man Software, die sämtliche Hardware wie Speicher oder Ein/Ausgabegeräte verwaltet und das Ausführen von Anwenderprogrammen ermöglicht. Sie bestehen aus dem für die Verwaltung der Hardware zuständigen Systemkern sowie weiteren grundlegenden Komponenten. Ein wichtiges Element ist der sogenannte Boot-Loader, der vom →*BIOS* des Rechners ausgeführt wird und das Betriebssystem startet. Dabei werden auch wichtige Gerätetreiber geladen, um angeschlossene Komponenten wie die Festplatte verwenden zu können. Die Systemdienste und Programmbibliotheken unterstützen Anwendungsprogramme und verwalten die Systemresourcen des Rechners.

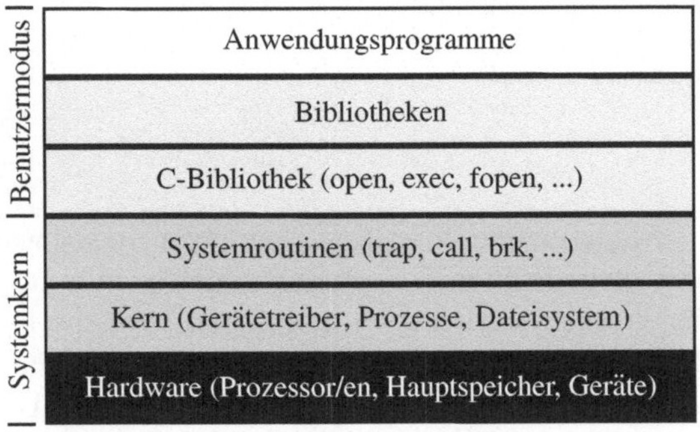

Abb. 3.13 Schichtenmodell moderner Betriebssysteme: Grundsätzlich werden dabei die Ebenen für die Benutzerprogramme und der Systemkern unterschieden

Wie in Abb. 3.13 gezeigt sind moderne Betriebssysteme in Schichten unterteilt, die verschiedene Abstraktionsebenen darstellen. Der Zugriff von einer Ebene auf eine andere erfolgt über eine definierte Schnittstelle ($\rightarrow$*API*). Möchte ein E-Mail-Programm beispielsweise auf ein Modem zugreifen, muss es eine Anfrage an das Betriebssystem stellen, die von den höheren Schichten bis hinunter zu den Gerätetreibern weitergeleitet wird. Dem Anwendungsprogramm bleibt die reale Hardware verborgen, weswegen diese einfach ausgetauscht werden kann, ohne eine Änderung am Programm selbst vorzunehmen zu müssen.

3.5.1 Prozesse

Zu den Hauptaufgaben von Betriebssystemen gehört die Zuteilung der Ressourcen, damit Prozesse ausgeführt werden können. Unter einem Prozess versteht man ein dynamisches Objekt, das sequentielle Tätigkeiten durchführt. Dies kann ein Anwendungsprogramm, aber auch ein Systemdienst sein. Zur Ausführung benötigt der Prozess Ressourcen wie CPU, Arbeitsspeicher oder Geräte, die vom Betriebssystem verwaltet und zugeteilt werden. Abbildung 3.14 zeigt die drei möglichen Zustände eines Prozesses und die Zustandsübergänge. Ist der Prozess im Zustand *bereit*, so kann er Instruktionen ausführen und wartet auf die Zuteilung der CPU durch den sogenannten $\rightarrow$*Dispatcher*. Dieser verfolgt bestimmte Zuteilungsstrategien, die einen großen Einfluss auf das Systemverhalten haben, da viele Prozesse um Zuteilung der begrenzten Ressourcen bitten. Im Zustand *rechnend* hat der Prozess Zugriff auf die benötigten Ressourcen und führt Befehle aus. Befindet es sich im Zustand *blockiert*, so wartet er auf das Erfülltsein einer Bedingung wie beispielsweise das Ende einer Lese/Schreib-Operation und kann die CPU nicht nutzen.

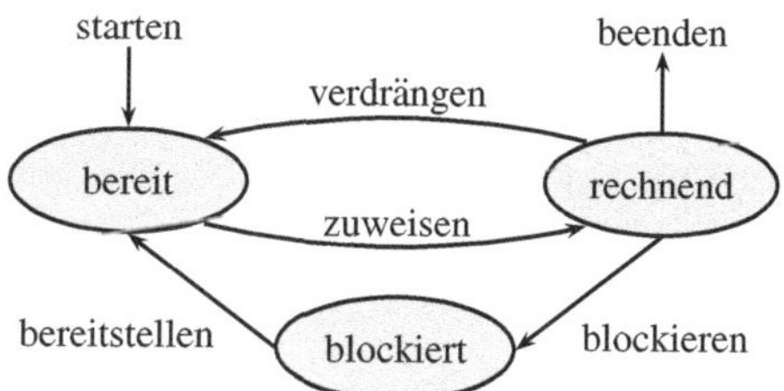

Abb. 3.14 Zustandsübergänge von Prozessen: In einem Einprozessorsystem ist höchstens ein Prozess im Zustand *rechnend*

Moderne Betriebssysteme betreiben ein sogenanntes $\rightarrow$*Multitasking*. Dabei werden mehrere Prozesse scheinbar gleichzeitig ausgeführt, indem ständig zwischen ihnen umgeschaltet wird und sie so abwechselnd aktiviert sind (vgl. Abb. 3.14). Heutzutage werden meist Zeitscheibenverfahren angewendet, die den Prozessen abhängig vom jeweiligen Berechnungsaufwand einen bestimmtem Prozentsatz einer definierten Zeiteinheit zusichern. Die ersten Betriebssysteme hatten diesen Mechanismus noch nicht und konnten daher immer nur ein Programm ausführen.

3.5.2 Betriebssysteme

Das wohl bekannteste und am weitesten verbreitete Betriebssystem ist →*Microsoft Windows* mit einem weltweiten Marktanteil von knapp 90%. Es ist Mitte der 90er Jahre aus dem textbasierten Vorgänger →*MS-DOS* hervorgegangen und hat seitdem den Weg in viele Haushalte gefunden. Verbreitet sind nach wie vor das 2001 erschienene Windows XP, Windows Vista sowie das aktuelle Windows 7.

→*Linux*-Betriebssysteme hingegen wurden viele Jahre hauptsächlich von IT-Spezialisten verwendet. Durch eine verbesserte Bedienbarkeit und eine hohe Sicherheit gegen →*Computerviren* und andere Schadprogramme sind diese mittlerweile auch für Heimanwender interessant geworden. Die bekanntesten Vertreter[6] sind kostenlose Varianten wie Ubuntu, OpenSuse und Debian. Linux-Neulinge bekommen mit Live-CDs wie beispielsweise Knoppix die Möglichkeit, diese Betriebssysteme ohne Installation direkt von CD oder USB-Stick zu starten und so auszuprobieren.

Ein weiteres bekanntes Betriebssystem ist →*Mac OS X* von Apple. Dieses wurde ausschließlich für Apple-Computer entwickelt und darf laut Apple auch nur auf solchen Rechnern eingesetzt werden. Die Verbreitung dieses Betriebssystems geht also einher mit dem Verkauf der Mac-Computer, weswegen Mac OS X nicht so weit verbreitet ist wie die anderen Varianten. Hinsichtlich der Benutzerfreundlichkeit übernimmt Mac OS seit Jahren eine Vorreiterrolle, so dass das Betriebssystem auch bei Computer-Einsteigern sehr beliebt ist.

3.6 Computer und Elektronik

Das letzte noch fehlende Glied in der Kette von der Programmentwicklung bis hin zur -ausführung ist der Computer. Computer stellen in der Informatik das Werkzeug dar, mit dem Programme entwickelt und ausgeführt werden. Die meisten entsprechen dabei in ihrem Aufbau dem Prinzip, das der Mathematiker John von Neumann (1903-1957) entworfen hat (Abb. 3.15): Demnach besteht ein Computer aus einer Rechen- und einer Steuereinheit, die Befehle an andere Komponenten senden und die Berechnungen durchführen. Hinzu kommt ein Speicher, um Zwischenergebnisse und das Programm selbst zu halten, sowie ein Ein- und Ausgabewerk zur Kommunikation mit dem Benutzer oder externen Speichern. Die einzelnen Elemente sind mit einem gemeinsamen →*Bussystem* für die Kommunikation verbunden.

Dieses Prinzip konnte in den späten 40er Jahren erstmals real umgesetzt werden, allerdings zu einer Zeit, in der die Computertechnik noch in den Kinderschuhen steckte und Rechner ganze Hallen einnahmen. Die Programmierung erfolgte damals über Lochkarten oder über ein Umstecken von Recheneinheiten. Computer wie wir sie heute kennen gibt es erst seit den 80er Jahren: 1981 präsentierte der Großrechner-Hersteller IBM mit dem IBM-PC 5150 den ersten Heimcomputer und läutete damit den Übergang von der Industrie- zur Informationsgesellschaft ein.

---

[6] `http://www.linux.com/directory/Distributions`

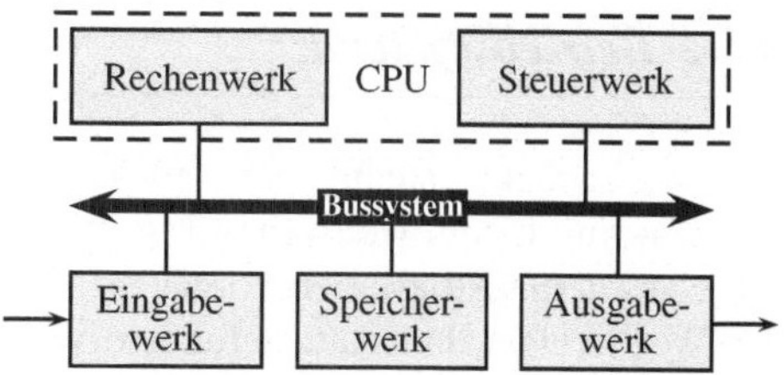

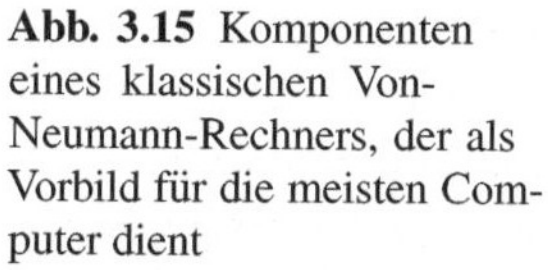

Abb. 3.15 Komponenten eines klassischen Von-Neumann-Rechners, der als Vorbild für die meisten Computer dient

Die Weiterentwicklung der Elektronik und neuer Fertigungsverfahren haben zu einer Miniaturisierung der Hardware-Bauteile geführt, wodurch selbst Kleinstgeräte wie Mobiltelefone sehr leistungsstark geworden sind. Tabelle 3.3 gibt eine Übersicht über einige Leistungsdaten des ersten PCs und aktueller Geräte.

Tabelle 3.3: Kenndaten des „Ur-PCs" von 1981 verglichen mit einem aktuellen IBM-PC sowie dem iPhone-Handy von Apple.

	IBM PC 5150	IBM ThinkCentre M57	Apple iPhone 3GS
Erstverkaufsjahr	1981	2009	2009
Erstverkaufspreis	5000 EUR	900 EUR	1000 EUR
→*Wortbreite*	16 bit	64 bit	32 bit
Prozessorbezeichnung	Intel 8088	Intel Core 2 Quad Q9300	Samsung S5PC100 ARM Cortex-A8
→*Taktfrequenz*	4,77 MHz	4x2,5 GHz	833 MHz
→*Arbeitsspeicher*	64 kB	2 GB	256 MB
Festspeicher	160 kB (Diskette)	> 500 GB (Festplatte)	32 GB (→*Flashspeicher*)
Grafikauflösung	80x25 (Textzeichen)	> 1600x1200 (→*Pixel*)	320x480 (Pixel)
Farbanzahl	monochrom	16,7 Mio.	16,7 Mio.
Systemgewicht	ca. 15kg	ca. 10kg	135g

Doch wie ist ein Computer aufgebaut? Basis für jeden PC ist das →*Mainboard*, das als Grundplatine alle Komponenten miteinander verbindet. Darauf fest integriert sind die zur Kommunikation notwendigen Bussysteme, Anschlüsse für Zusatzgeräte und Einsteckkarten sowie der →*Chipsatz* bestehend aus →*North-* und →*Southbridge*. Abbildung 3.16 zeigt den Aufbau eines modernen Computers:

CPU Die →*CPU* ist die zentrale Recheneinheit eines Computers oder eines →*eingebetteten Systems*. Der Prozessortakt (vgl. Tabelle 3.3) gibt bei einem Prozessor an, wie viele Operationen (Rechenschritte) pro Sekunde ausgeführt werden können. Der Prozessor ist über den Front Side Bus (→*FSB*) mit dem restlichen System verbunden.

Cache Der Flaschenhals eines Computers ist die Datenübertragung von einem langsamen externen Speicher (z.B. Festplatte) zur CPU. Aus diesem Grund werden hierarchische →*Caches* verwendet, die Daten für einen schnellen Zugriff bereithalten und unter Umständen auch schon vorzeitig laden können. In der CPU beispielsweise ist bereits ein sogenannter Level-1-Cache (typ. 128kB) integriert,

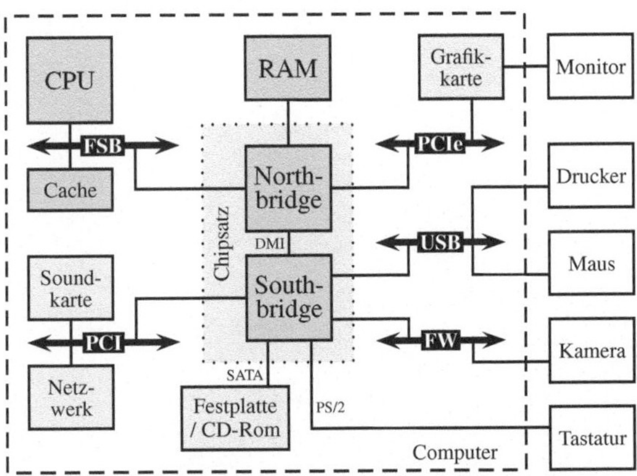

Abb. 3.16 Moderne Architektur eines Computers: Die einzelnen Komponenten sind über verschiedene Bussysteme oder Schnittstellen miteinander verbunden. Die dunkelgrauen Blöcke zeigen die wichtigsten Teile, die auf dem Mainboard integriert sind

der Befehle und Berechnungsergebnisse zwischenpuffert. Der sogenannte Level-2-Cache (typ. 4MB) dient als weiterer Zwischenspeicher für Daten und Befehle und ist wie die CPU an den Front Side Bus angeschlossen. Benötigt die CPU bestimmte Daten, wird zunächst im Level-1-Cache gesucht, ob diese Daten dort bereits vorliegen. Ist dies nicht der Fall, wird im Level-2-Cache, im $\rightarrow$*RAM* und letztendlich auf der Festplatte gesucht. Beim Laden dieser Daten werden diese in sämtliche Zwischenspeicher übertragen, um bei einem erneuten Zugriff nicht auf die langsameren Hintergrundmedien zurückgreifen zu müssen.

RAM Im $\rightarrow$*Hauptspeicher* werden große Datenmengen bis zu mehreren Gigabyte zum schnellen Zugriff bereitgehalten. Das Betriebssystem, Hintergrunddienste und Anwendungsprogamme werden im RAM bereitgestellt, um die Festplattenzugriffe im laufenden Betrieb zu minimieren.

Northbridge Als eine der wichtigsten Komponenten in einem modernen PC ist die Northbridge für die Steuerung des Datentransfers zwischen Prozessor, RAM-Speicher und dem restlichen System zuständig. Auch die Grafikkarte ist über den $\rightarrow$*PCI*-Express-Bus (PCIe) mit der Northbridge verbunden. Seit Ende der 2000er Jahre wurden Funktionen in den Prozessor selbst integriert, so dass sich die Northbridge als separater Chip auf dem Rückzug befindet.

Southbridge Über die $\rightarrow$*DMI*-Schnittstelle wird die South- mit der Northbridge verbunden. Die Aufgabe der Southbridge liegt in der Anbindung interner Geräte wie Sound- oder Netzwerk-Einsteckkarten über den PCI-Bus oder von Peripheriegeräten über $\rightarrow$*Firewire*- und $\rightarrow$*USB*-Bus. Auch Festplatten oder CD-Laufwerke werden mittels $\rightarrow$*SATA*- oder $\rightarrow$*IDE*-Schnittstellen an die Southbridge angeschlossen. Im Gegensatz zur Northbridge ist ihre Taktrate geringer, da weniger Daten übertragen werden müssen.

Aus welchen elektronischen Komponenten die LEGO MINDSTORMS-Roboter bestehen und wie leistungsfähig diese Elemente sind, wird im nachfolgenden Kapitel erläutert. Dort werden LEGO-Komponenten wie der NXT-Microcontroller, die verwendeten Sensoren und die Elektromotoren ausführlich vorgestellt und die Funktionsweisen beschrieben.

Kapitel 4
Das LEGO MINDSTORMS-System

Sensoren, Motoren, Experimente

Nach dem großen Erfolg des „Robotic Invention Systems" der LEGO GmbH wurde 2006 der Nachfolger „LEGO MINDSTORMS NXT" präsentiert. Dieser Grundbaukasten bietet neben einem neuen ARM-→*Prozessor* auch eine Vielzahl von überarbeiteten Sensoren und Aktuatoren, so dass viele interessante LEGO-Modelle gebaut werden können (Abb. 4.1). In der aktuellen Version „LEGO MINDSTORMS NXT 2.0" – erschienen im September 2009 – wurden einige Änderungen an der Ausstattung vorgenommen, die im Rahmen dieses Buchs vorgestellten Aufgaben können mit beiden Sets gelöst werden.

Abb. 4.1 Das NXT 2.0-Set besteht aus insgesamt 619 LEGO-Teilen, einem programmierbaren NXT-Baustein, drei Servomotoren mit integriertem Rotationssensor, zwei Tastsensoren, einem Entfernungs- und einem Farbsensor sowie Anschlusskabeln, Bauanleitungen und der Programmiersoftware NXT-G *(Bild: mit freundlicher Genehmigung der LEGO GmbH)*

Kernstück des Systems bildet der „intelligente" NXT-Baustein nebst zugehöriger Sensorik und Aktuatorik, die über einfache Kabelverbindungen angeschlossen werden können und Daten zum NXT senden oder Befehle empfangen können. Das Programm wird am PC erstellt und auf den NXT-Roboter übertragen. Neu ist die Möglichkeit, Bilder und Töne mit Hilfe der mitgelieferten Software aufzunehmen,

K. Berns, D. Schmidt, *Programmierung mit LEGO® MINDSTORMS® NXT*, eXamen.press, 41
DOI 10.1007/978-3-642-05470-9_4, © The LEGO Group 2010

zu bearbeiten und diese dann auf den NXT zu übertragen. Auch die Steuerung mittels Bluetooth wurde überarbeitet. Über Zusatzkomponenten (siehe Bezugsquellen in Anhang A.4) können die LEGO-Sets erweitert werden.

Einige der wichtigsten Elemente werden im folgenden Abschnitt vorgestellt. Die Sensor- und Aktuatorbeschreibungen in diesem Kapitel werden von passenden Experimenten begleitet, deren Ergebnisse im Anhang A.1 diskutiert werden. Um die Experimente durchführen zu können, sind einige grundlegende Fähigkeiten notwendig, auf die im Folgenden ebenfalls eingegangen wird.

4.1 Microcontroller

Kernstück des LEGO-Systems ist der zentrale NXT aus Abb. 4.2. Dieser stellt sozusagen das „Gehirn" des Roboters dar. Dazu ist das →*Microcontroller*board mit einem ARM-Prozessor ausgestattet, der das Hauptprogramm ausführt. Zur Seite steht ihm noch ein Co-Prozessor, der beispielsweise Messwerte der Sensoren auswertet und diese dann dem Haupt-Prozessor zur Verfügung stellt.

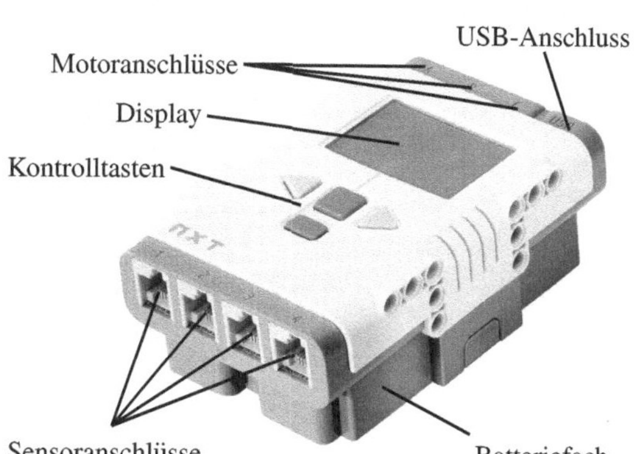

Abb. 4.2 NXT mit Display, Anschlüssen und Tasten
(*Bild: mit freundlicher Genehmigung der LEGO GmbH*)

Die Kerndaten der beiden Prozessoren sind in Tabelle 4.1 aufgeführt. Weitere Komponenten sind eine →*USB* 2.0 Schnittstelle für die Kommunikation mit dem Computer, eine →*Bluetooth*-Schnittstelle für eine drahtlose Verbindung sowie mehrere Knöpfe für Einstellungen. Als Ausgabe stehen ein Lautsprecher mit spezieller Ausgabeelektronik, die die 8-→*Bit* Repräsentation der Töne umwandelt, und ein →*LCD*-Bildschirm mit einer Auflösung von 100 x 64 →*Pixeln* zur Verfügung. Die Stromversorgung erfolgt über sechs AA-Batterien mit je 1,5V oder über entsprechende Akkus. Um die Zusatzelektronik anschließen zu können, verfügt der NXT-Baustein über drei Ausgabe- und vier Eingabeschnittstellen – sogenannte →*Ports* –, die für die Motoren und Sensoren verwendet werden. Die Anschlüsse können mit Hilfe spezieller Bauteile (sogenannte →*Multiplexer*) erweitert werden, so dass man zusätzliche Sensoren und Motoren anschließen kann (siehe Abschnitt 4.3.10).

Tabelle 4.1: Kerndaten der beiden verwendeten Prozessoren des NXT-Bausteins

	Prozessor	Co-Prozessor
→Wortbreite	32 bit	8 bit
Prozessorbezeichnung	AT91SAM7S256	ATMEGA48
→Taktfrequenz	48 MHz	4 MHz
→Arbeitsspeicher	64 kB	512 Byte
Festspeicher	256 kB (→Flashspeicher)	4 kB (Flashspeicher)

Vergleicht man die Kerndaten des NXT-Prozessors aus Tabelle 4.1 mit denen eines herkömmlichen Computers (Tabelle 3.3) wird deutlich, dass der NXT bei weitem nicht so leistungsstark ist. Der Hauptgrund dafür liegt in der notwendigen Mobilität: Ein kleiner und vor allem kostengünstiger Microcontroller benötigt weit weniger Energie und Platz als ein leistungsstarker Rechner. Mit wachsender Prozessorleistung nimmt der Stromverbrauch dramatisch zu, was zu einer kürzeren Akkulaufzeit führt. Darüber hinaus sind die Programme auf dem NXT verglichen mit denen eines →PCs sehr viel kleiner – haben also deutlich weniger Zeilen →Code. Der NXT benötigt deshalb auch nicht so viel Rechenleistung und Speicherplatz zur Abarbeitung der Befehle.

4.1.1 Sensor/Aktuator-Schnittstelle

Sowohl zur Stromversorgung der Motoren und Sensoren als auch zur Kommunikation benötigt das System eine gemeinsame Schnittstelle. Beim NXT wird ein sechsadriges Kabel verwendet, bei dem zwei Adern für eine Spannungsversorgung von $4,3V$ sorgen (→VDD und →GND) und die restlichen vier für die Datenübertragung genutzt werden (siehe Tabelle 4.2). Die LEGO-Motoren werden über die ersten beiden Leitungen per →Pulsweitenmodulation gesteuert (siehe dazu Abschnitt 4.2.1), wohingegen diese Leitungen bei den Sensoren als →Analog-Eingänge verwendet werden. Mit diesen ist es möglich, die analogen Messsignale mit dem NXT aufzunehmen. Die mittleren beiden Leitungen dienen der Spannungsversorgung, die letzten beiden beinhalten die →Digitale →I^2C-Schnittstelle (sprich: „I Quadrat C") zur Übertragung der Sensordaten.

I^2C steht für „Inter-Integrated Circuit" und verbindet Komponenten mit geringer →Übertragungsrate mit Microcontrollern wie dem NXT-Prozessor. Das I^2C-→Bussystem ist im Vergleich zu anderen Kommunikationstypen wie USB oder →Firewire relativ langsam, dafür ist es äußerst kostengünstig und ideal für Anwendungen, in denen kein großer Datentransfer erforderlich ist. Es handelt sich bei I^2C um einen →Master-Slave-Bus, bei dem der NXT als Master und die angeschlossenen Sensoren und Motoren als Slaves fungieren. Das bedeutet, dass der NXT alleinige Kontrolle über die Kommunikation hat und periodisch nachfragt, ob bei einem der Slaves neue Informationen anliegen, die übertragen werden sollen. Insgesamt besitzt der NXT drei Motor- (A,B,C) und vier Sensoranschlüsse (1,2,3,4).

Tabelle 4.2: Belegung der Ein- und Ausgangsports des NXTs

Leitung	Funktion	Ausgang (Motor)	Eingang (Sensor)
1	Analoge Datenleitung	$PWM\,0$	$ANALOG$
2	Analoge Datenleitung	$PWM\,1$	GND
3	Masseleitung	GND	GND
4	Versorgungsspannung	VDD	VDD
5	Digitale Datenleitung	$I^2C\,0$	$I^2C\,0$
6	Digitale Datenleitung	$I^2C\,1$	$I^2C\,1$

Der Sensoreingang 4 bietet darüber hinaus noch die Möglichkeit einer Hochgeschwindigkeitsverbindung, da hier noch ein $\rightarrow$*RS-485*-Controller integriert ist. Mit der RS-485-Schnittstelle sind deutlich längere Übertragungsstrecken bei höherer Datenrate und -sicherheit möglich, wodurch der NXT auch zukünftige Sensorik bedienen kann.

4.1.2 Vorgefertigte Programme

Für einfache Sensortests stehen auf dem NXT einige vorgefertigte Demoprogramme zur Verfügung. Mit diesen kann man beispielsweise Sensoren überprüfen oder Motoren ausprobieren. Wer noch nie mit dem NXT gearbeitet hat, sollte zunächst einen Blick in die LEGO MINDSTORMS-Bedienungsanleitung [19] werfen und sich mit einigen grundlegenden Begriffen und Elementen vertraut machen. Im Menü des NXT finden sich drei Punkte, die zum direkten Testen der Sensor- und Motor-Funktionen verwendet werden können:

 „View" dient zum Anzeigen von Messwerten auf dem NXT-Bildschirm. Dazu muss der Sensor an einen beliebigen Port angeschlossen und dieser dann im Menü ausgewählt werden.

 Unter dem Punkt „Try Me" findet man kleine vorgefertigte Programme, mit denen Sensoren und Motoren ausprobiert werden können. Dazu müssen diese wie in [19] beschrieben angeschlossen werden.

 „NXT Program" ist eine einfache Programmierumgebung, die es erlaubt, bis zu fünf vordefinierte Befehle aneinanderzureihen und auszuführen. So können auch ohne Computer erste Demos zusammengestellt werden.

In den folgenden Abschnitten werden verschiedene Versuche angeboten, die zum Teil auch mit Hilfe dieser vorgefertigten Programme und somit ohne $\rightarrow$*PC* durchgeführt werden können. Diese Experimente dienen dazu, sich mit der mitgelieferten Sensor- und Motortechnologie näher vertraut zu machen und deren Charakteristiken näher kennen zu lernen. Zu sämtlichen Experimenten finden sich Hinweise oder Erläuterungen in Anhang A.1.

4.2 Aktuatorik

Unter dem Begriff der Aktuatorik versteht man technische Elemente, die eine Manipulation der Umwelt bzw. ein Bewegen des Roboters ermöglichen. Darunter fallen alle Arten von Dreh- und Linearmotoren, aber auch Pumpen, die beispielsweise einen hydraulischen Zylinder bewegen, oder Lautsprecher zur Beschallung der Umgebung.

4.2.1 Elektromotor

Elektromotoren sind die für kleine und mittlere Robotersysteme am häufigsten vorkommenden Antriebe. Dabei handelt es sich um elektromechanischen Wandler, die elektrische Energie in mechanische Energie transformieren. Dazu wird eine Spannung U auf einen sogenannten Anker angelegt, der wie eine Spule funktioniert. Diese Spannung bewirkt ein Magnetfeld, das mit dem umgebenden permanenten Magnetfeld interagiert und den Anker in Bewegung setzt (siehe Abb. 4.3a). Je stärker dabei die angelegte Spannung ist, umso schneller dreht sich der Motor und umso geringer ist das Drehmoment, wie in Abb. 4.4b dargestellt. Die Vorteile gegenüber Verbrennungsmotoren oder hydraulisch bzw. pneumatischen Antrieben liegen in der Kompaktheit und der einfachen Handhabung. So können Elektromotoren häufig vollständig in das mechanische System – wie beispielsweise einen Roboterarm – integriert werden. Flüssigkeitsbetriebene hydraulische Systeme haben den Nachteil, dass sie zusätzlich noch einen Kompressor sowie einen Vorratsbehälter benötigen, was das Gesamtgewicht des Systems und den benötigten Bauraum vergrößert.

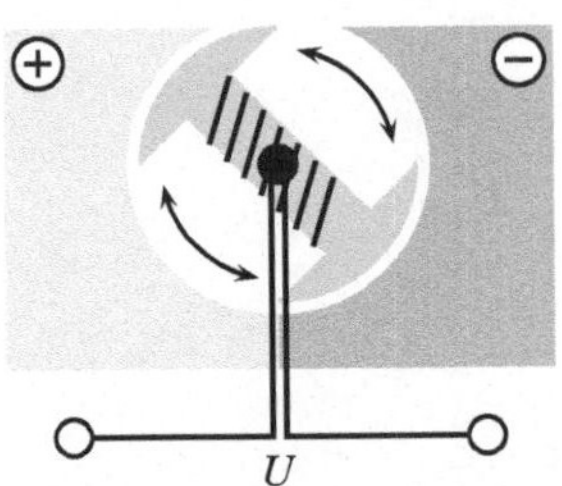

(a) Funktionsweise eines einfachen Elektromotors

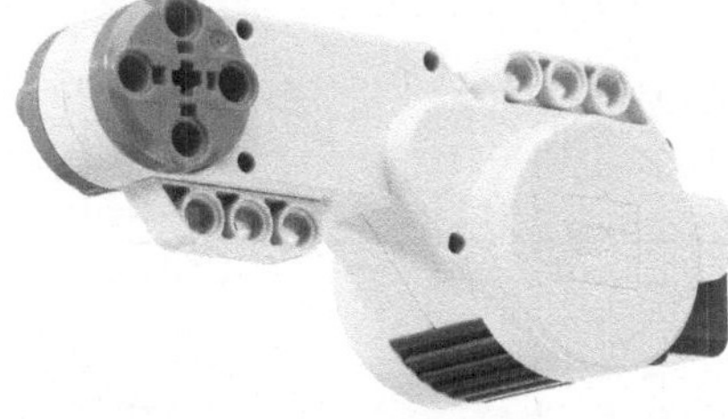

(b) NXT-Antriebseinheit mit integriertem Elektromotor, Getriebe und Rotationssensor

Abb. 4.3: Prinzip von Elektromotoren: Durch Anlegen einer Spannung U dreht sich der in Permanentmagnete gelagerte Anker, da die Spule ein Magnetfeld erzeugt. Diese Drehung wird über eine Achse nach außen geführt. Je größer die Gleichspannung, umso schneller dreht sich der Motor *(Abb. 4.3b mit freundlicher Genehmigung der LEGO GmbH)*

Bei den „intelligenten LEGO-Servomotoren" handelt es sich um eine Kombination aus Elektromotor, $\rightarrow$*Getriebe* und Rotationssensor. Diese kombinierten Antriebseinheiten (Abb. 4.3b) besitzen ein maximales $\rightarrow$*Drehmoment* von 56mNm bei einem Strom von 700mA. Um den Motor zu bewegen, wird dieser über die in Abschnitt 4.1.1 vorgestellte Schnittstelle mittels $\rightarrow$*PWM* angesteuert (siehe Abb. 4.4a). Dabei werden Stromimpulse einer fest definierten Frequenz generiert, wobei die Länge der Plateaus das Drehmoment und damit auch die Geschwindigkeit bestimmt. Die Stromspannung wechselt dabei immer zwischen der Versorgungsspannung V_{DD} („high") und der Masse („low"). Die Ausgangsleistung in p Prozent am Motor entspricht dann dem arithmetischen Mittelwert nach Formel 4.1 aus der festen PWM-Frequenz $f_{pwm} = 1/\lambda_{pwm}$ und der Dauer t_1 des „high"-Wertes (Pulsweite). Je höher dabei die Frequenz ist desto flüssiger bewegt sich der Motor, da dieser aufgrund der eigenen Trägheit nicht so schnell anlaufen und abbremsen kann wie per PWM vorgegeben. Bei den NXT-Motoren liegt die PWM-Frequenz bei $f_{pwm} = 200Hz$, was einer maximalen Pulsweite von $\lambda_{pwm} = 5ms$ entspricht.

$$p = t_1 \cdot f_{pwm} = t_1 / \lambda_{pwm} \tag{4.1}$$

Im Gegensatz zu den Vorgängermotoren sind in den NXT-Motoren Rotationssensoren – sogenannte $\rightarrow$*Encoder* – integriert, mit denen die Drehung des Motors gemessen werden kann. Wie in Abb. 4.5 dargestellt wird eine auf der Motorwelle integrierte Encoderscheibe, die ein äquidistantes wechselndes Hell-Dunkel-Muster trägt, von zwei oder mehr Lichtsensoren abgetastet, die die Lichtintensität messen (siehe auch Abschnitt 4.3.3). Aus der Reihenfolge und Geschwindigkeit der Hell-Dunkel-Übergänge können Drehrichtung und -geschwindigkeit bestimmt werden. Die Genauigkeit des Encoders ist dabei von der Rasterbreite abhängig. Die integrierten Rotationssensoren bieten die Möglichkeit, die NXT-Motoren auf ein Grad genau anzusteuern.

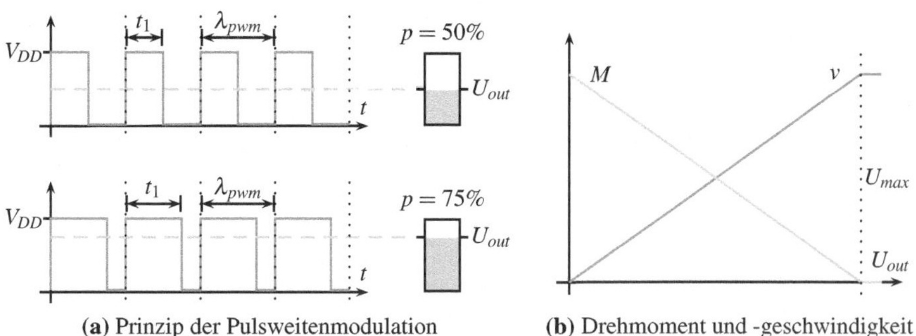

(a) Prinzip der Pulsweitenmodulation   (b) Drehmoment und -geschwindigkeit

Abb. 4.4: Bei pulsweitenmodulierten Signalen (a) entscheiden die maximale λ_{pwm} und die angelegte Pulsweite t_1 (mit $0 \leq t_1 \leq \lambda_{pwm}$) über die resultierende (mittlere) Ausgangsleistung U_{out} (hier: 50% und 75%). Die Drehgeschwindigkeit v steigt proportional zu der Ausgangsleistung, wohingegen das Drehmoment M immer kleiner wird (b)

Zu einem Motor gehört auch ein entsprechender $\rightarrow$*Regler*, der den Motor derart ansteuert, dass dieser die Sollvorgaben aus dem Steuerprogramm erfüllt. Im Falle der NXT-Motoren kann eine gewünschte Umdrehungsanzahl mit zugehöriger Leistung vorgegeben werden, bei $\rightarrow$*LeJOS* kann man alternativ auch eine Drehgeschwindigkeit einstellen. Sobald das Steuerprogramm den jeweiligen Befehl abgearbeitet, d.h. die Sollvorgaben erreicht hat, wird die Regelung beendet, was dazu führen kann, dass die vorher eingestellte Position aufgrund der wirkenden Kräfte wie Gravitation wieder verlassen wird. Eine kontinuierliche $\rightarrow$*Regelung* im klassischen Sinn findet also nicht statt.

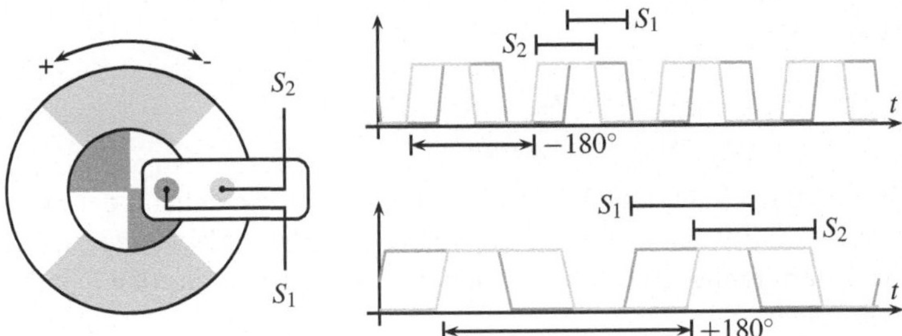

Abb. 4.5: Funktionsweise eines optischen Rotationssensors (Encoder): Je nach Reihenfolge und Frequenz der Hell-Dunkel-Wechsel der beiden Lichtsensoren S_1 und S_2 kann auf Drehrichtung und -geschwindigkeit des Motors geschlossen werden. Rechts oben dreht die Encoder-Scheibe mit dem Uhrzeigersinn, darunter gegen den Uhrzeigersinn mit halber Geschwindigkeit

---

Aufgabe 3: Berechnung der Pulsweitenmodulation

Ein Motor mit einem maximalen Drehmoment von $M_{max} = 0.5Nm$ soll eine Leistung von $M = 0.2Nm$ bringen. Die $\rightarrow$*PWM*-Frequenz liegt bei $f_{pwm} = 5kHz$. Wie lange muss die PWM-Flanke t_1 anliegen? Zunächst müssen p und λ_{pwm} berechnet werden.

Für die „Wellenlänge" gilt:

$$\lambda_{pwm} = 1/f_{pwm} = 1/5000[s] = 0.2[ms]$$

Die Leistungsprozente p errechnen sich gemäß:

$$p = M/M_{max} = 0.2/0.5 = 0.4$$

Der Motor muss also 40% seiner maximalen Leistung erbringen.

Für die Flanke gilt nun nach Formel 4.1:

$$t_1 = p \cdot \lambda_{pwm} = 0.4 \cdot 0.2[ms] = 0.08[ms]$$

Sie muss demnach für 0.08 Millisekunden bzw. 0.00008 Sekunden anliegen.

Aufgabe 4: Berechnung der Motorleistung

Welche Leistung in Newton-Meter bringt der in Aufgabe 3 verwendete Motor bei einer Pulsweite von $t_1 = 0.002ms$?

Mit $t_1 = 0.002ms$ und dem bereits vorher errechneten λ_{pwm} ergibt sich der Faktor $p = 0.002/0.2 = 0.01$ und damit genau ein Prozent der maximalen Leistung:

$$M = p \cdot M_{max} = 0.01 \cdot 0.5[Nm] = 0.005[Nm]$$

4.2.2 Getriebe

Ein Getriebe ist eine Kombination aus mindestens zwei ineinander greifenden Zahnrädern oder riemengetriebenen Rädern. Getriebe haben einen großen Anteil an den vielfältigen Einsatzmöglichkeiten von Motoren, da mit ihnen Motoren übersetzt werden können, um so entweder eine höhere oder eine geringere Drehzahl am Ausgang – also hinter dem Getriebe – zu erreichen. Die Übersetzung i gibt nach Formel 4.2 das Verhältnis der Drehzahlen n sowie der Drehmomente M an. Je größer die Übersetzung i desto höher die Drehzahl und umso geringer das Drehmoment am Ausgang (Abtrieb). Ist die Übersetzung kleiner als 1, so spricht man auch von einer Untersetzung.

$$i = \frac{n_{Abtrieb}}{n_{Antrieb}} = \frac{M_{Antrieb}}{M_{Abtrieb}} \tag{4.2}$$

Die Übersetzung i kann man bei einem Zahnradgetriebe anhand der unterschiedlichen Anzahl von Zähnen Z der beiden Räder ermitteln. Verwendet das Getriebe Riemen zur Übertragung, so berechnet sich die Übersetzung aus den Durchmessern d der beiden Räder:

$$i = \frac{Z_{Antrieb}}{Z_{Abtrieb}}, \quad i = \frac{d_{Antrieb}}{d_{Abtrieb}} \tag{4.3}$$

Aufgabe 5: Motor und Getriebe

Auf einer Motorwelle befindet sich ein Zahnrad mit 16 Zähnen, das wiederum in ein größeres Zahnrad mit 40 Zähnen greift. Wie groß ist die Übersetzung? Wie viele Umdrehungen muss der Motor demnach machen, um das große Zahnrad zehnmal zu drehen?

Aus den Vorgaben erhält man $n_{Abtrieb} = 10$, $Z_{Antrieb} = 16$ und $Z_{Abtrieb} = 40$.
Für die Übersetzung von Zahnrädern gilt nach Formel 4.3:

$$i = \frac{Z_{Antrieb}}{Z_{Abtrieb}} = \frac{16}{40} = 0.4$$

Löst man Formel 4.2 nach der Eingangsdrehzahl auf, so erhält man:

$$n_{Antrieb} = \frac{n_{Abtrieb}}{i} = \frac{10}{0.4} = 25$$

Der Motor muss sich für zehn Umdrehungen des hinteren Zahnrads 25 mal drehen.

Experiment 1: Motor und Getriebe im Zusammenspiel

Um die Motoren zu testen, müssen zunächst zwei NXT-Motoren an die Ports B und C angeschlossen und ein „NXT Program" zusammengestellt werden, das aus den fünf Befehlen „Forward – Empty – Forward – Empty – Loop" besteht. Wie lange benötigt der Motor für zehn Umdrehungen?

Als Nächstes muss auf der Motorachse ein Zahnrad mit 16 Zähnen montiert werden, das in ein 40er Zahnrad greift (dazu können die Konstruktionslöcher am Motorgehäuse genutzt werden). Wie lange dauert es nun, bis sich das große Zahnrad zehnmal dreht? Wie oft hat sich in dieser Zeit das kleinere Zahnrad gedreht, und entspricht das Ergebnis Aufgabe 5?

Aufgabe 6: Fahren

An einem Motor mit einem Untersetzungsgetriebe von $i = 0.4$ wird ein Rad mit einem Durchmesser von $d = 5.6cm$ montiert. Wie oft muss sich der Motor drehen, damit das Rad $s = 100cm$ vorwärts fährt?

Für den Radumfang gilt:

$$U = d \cdot \pi = 17.6cm$$

Für das Zurücklegen der Gesamtstrecke s benötigt das Rad T_R Umdrehungen:

$$T_R = s/U = 100/17.6 = 5.7$$

Mit der Untersetzung i berechnen sich die benötigten Motorumdrehungen T_M wie folgt:

$$T_M = T_R/i = 5.7/0.4 = 14.25$$

Der Motor muss sich also 14 1/4 mal drehen, damit das Rad einen Meter zurücklegt.

Experiment 2: Fahren einer definierten Strecke

Das Ergebnis aus Aufgabe 6 soll nun experimentell bestätigt werden. Dazu muss ein entsprechendes Getriebe nebst Rad an einen NXT-Motor angeschlossen und die Werte des Rotationssensors per „View" angezeigt werden. Stimmt die ermittelte Umdrehungszahl (bzw. Gradzahl) bei einer Strecke von $100cm$ mit dem vorherigen Ergebnis überein?

4.3 Sensorik

Im folgenden Abschnitt werden die im Basisset enthaltenen, aber auch einige zusätzliche Sensoren vorgestellt und deren Messprinzipien erläutert. Tabelle 4.3 zeigt eine Klassifizierung der beschriebenen Sensoren. Unterschiede liegen im Typ der Messgröße und der Art der Messung. Während einige Sensoren Daten aus der Umgebung empfangen (passiv), müssen andere Energie in Form beispielsweise von Licht oder Schallwellen aussenden und die Reflexion auswerten. Für ein tieferes Verständnis bezüglich der physikalischen Messprinzipien empfehlen sich Bücher aus der Schulphysik wie beispielsweise *Physik Oberstufe – Gesamtband* [8] oder *Physik 12/13 – Gymnasium Sek II* [9].

Tabelle 4.3: Die im Rahmen des Buchs vorgestellten NXT-Sensoren, die zum Teil in den verschiedenen LEGO-Sets enthalten sind

Sensor	Messgröße	Typ	NXT 1.0	Education Set	NXT 2.0
Taster	Berührung	passiv	ja (1x)	ja (2x)	ja (2x)
Ultraschallsensor	Entfernung	aktiv (Schall)	ja (1x)	ja (1x)	ja (1x)
Lichtsensor	Helligkeit	pas./akt. (Licht)	ja (1x)	ja (1x)	nein
Geräuschsensor	Lautstärke	passiv	ja (1x)	ja (1x)	nein
Farbsensor	Farbe/Helligkeit	pas./akt. (Licht)	nein	nein	ja (1x)
Beschleunigungssensor	Beschleunigung	passiv	nein	nein	nein
Kompass	Magnetfeldrichtung	passiv	nein	nein	nein
Kreiselsensor	Lage	passiv	nein	nein	nein
RFID-Sensor	(Daten)	aktiv (Funk)	nein	nein	nein

4.3.1 Tastsensor

Taster gehören zu den weltweit am häufigsten eingesetzten Sensoren. Im häuslichen Umfeld findet man sie beispielsweise in Form von Lichtschaltern oder als Knöpfe einer Fernbedienung. Das Messprinzip ist dabei immer das gleiche: Durch das Drücken des Tastelements wird ein Stromkreis unterbrochen oder geschlossen. Diese Änderung im Stromfluss wird dann ausgewertet (siehe Abb. 4.6a und 4.6b).

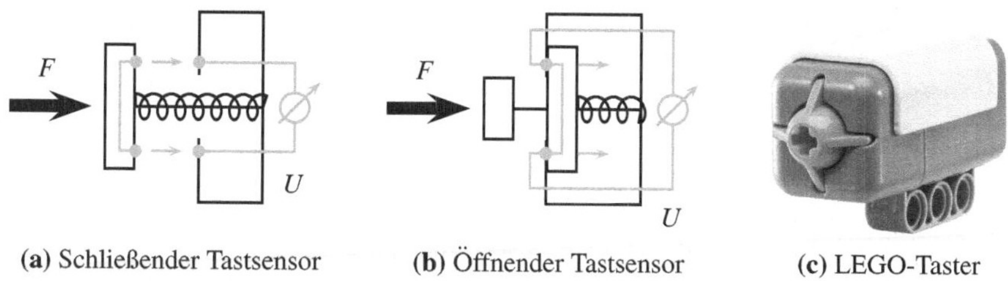

(a) Schließender Tastsensor   (b) Öffnender Tastsensor   (c) LEGO-Taster

Abb. 4.6: Bei einem schließenden Tastsensor (a) wird der Stromkreis durch Wirken der Kraft F geschlossen, beim öffnenden Schalter (b) wird der Kreis unterbrochen *(Abb. 4.6c mit freundlicher Genehmigung der LEGO GmbH)*

Bei den NXT-Sensoren (Abb. 4.6c) handelt es sich um schließende Taster. Diese detektieren eine „1", wenn sie betätigt werden – der Stromkreis also geschlossen ist – und eine „0", wenn sie freigegeben werden. Der gemessene Strom beträgt dabei $2.2mA$ im gedrückten und $0.0mA$ im freigegebenen Zustand.

In der Robotik werden Taster häufig in Form von Tastfeldern oder sogenannten →*Bumpern* eingesetzt. Bei diesen handelt es sich um Sicherheitssensoren, mit denen Berührungen (sogenannte Kollisionen) festgestellt werden können. Tastsensoren eignen sich nicht zur Kollisionsvermeidung, da sie per Definition ein Hindernis berühren müssen. Für sicherheitskritische Anwendungen (z.B. für eine Kollisionserkennung) eignen sich öffnende Schalter besser als schließende. Sollte durch Korrosion oder andere Einflüsse die Stromleitung zur Messung des Schalterzustands unterbrochen werden, löst ein schließender Schalter nicht mehr aus, sobald er gedrückt wird. Die Kollision bzw. Berührung wird also nicht erkannt. Handelt es sich allerdings um einen öffnenden Schalter, so löst dieser aus, sobald die Stromleitung unterbrochen wird. Auf diese Weise kann der Defekt erkannt werden und es kommt zu keinen Schäden an Roboter oder Umwelt.

Experiment 3: Öffnender Tastsensor

Das Verhalten eines öffnenden Tasters kann mit Hilfe eines „NXT-Program" abgebildet werden. Dazu wird ein Motor an B und ein Tastsensor an Port 1 angeschlossen und folgendes Program erstellt: „Forward – Touch – Forward – Touch – Loop". Wie verhält sich der Motor bei gedrücktem beziehungsweise losgelassenem Schalter? Was passiert, wenn ein Sensordefekt durch Ziehen des Sensorkabels simuliert wird?

4.3.2 Ultraschallsensor

Ähnlich wie Fledermäuse können sich auch die NXT-Roboter mit Hilfe von Ultraschall orientieren. Dabei senden sie für den Menschen unhörbare Töne, also Schallwellen mit Frequenzen von über $20kHz$ aus und messen die Zeitdauer bis zum Eintreffen des Echos. Die Entfernung zum nächsten Hindernis berechnet sich nach Formel 4.4 aus der gemessenen Zeit Δt zwischen Aussenden und Empfangen der Schallwellen und der Schallgeschwindigkeit v_{luft} im jeweiligen Medium (hier: Luft). Da der Schall zum Objekt und wieder zum Empfänger zurücklaufen muss, legt er die doppelte Entfernung zurück, so dass zur Bestimmung des realen Objektabstands s die vom Schall zurückgelegte Gesamtstrecke halbiert werden muss (siehe Abb. 4.7a):

$$s = \frac{1}{2} \cdot \Delta t \cdot v_{luft} \tag{4.4}$$

Die Schallgeschwindigkeit v_{luft} in der Luft variiert abhängig von der Temperatur T_{luft} gemäß Formel 4.5. Bei Luft mit einer Temperatur von $20°C$ ist die Schallgeschwindigkeit $343.3m/s$.

$$v_{luft} = 331.4\frac{m}{s} \cdot \sqrt{\left(T_{luft} + 273°C\right)/273°C} \tag{4.5}$$

Ultraschallsensoren haben darüber hinaus die Eigenschaft, einen sogenannten Schallkegel auszustrahlen, der sich weit auffächern kann. Häufig haben diese Sensoren Öffnungswinkel von $60°$, so dass sich die genaue Position eines Hindernisses nicht bestimmen lässt. Es kann sich überall innerhalb des Schallkegels befinden. Die Hindernisse 2 und 4 in Abb. 4.8 können überall auf der Linie A bzw. B liegen, wohingegen die Hindernisse 1 und 3 außerhalb des Kegels bzw. im Schallschatten sind und somit nicht erkannt werden können. Der breite Schallkegel bietet allerdings den Vorteil einer guten Raumabdeckung, so dass wenige Sensoren ausreichen, um rundum messen zu können.

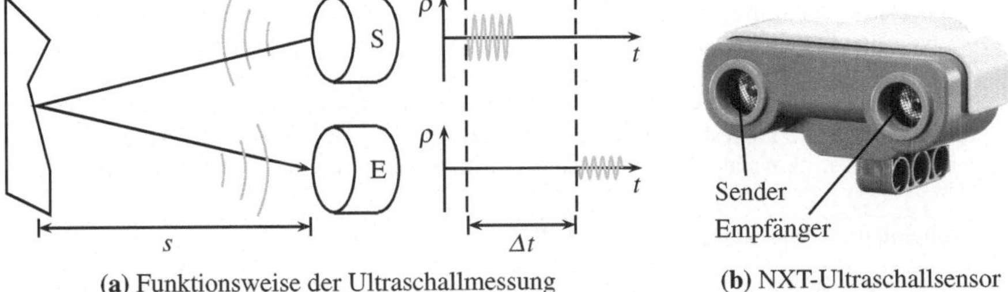

(a) Funktionsweise der Ultraschallmessung   (b) NXT-Ultraschallsensor

Abb. 4.7: Durch Anregung einer Membran werden vom Sender (S) Schallwellen von wenigen Millisekunden erzeugt, die reflektiert am Empfänger (E) eintreffen. Aus dem gemessenen Zeitversatz Δt kann die Entfernung s berechnet werden (a). Sender und Empfänger sind beim LEGO-Sensor (b) getrennt verbaut *(Abb. 4.7b mit freundlicher Genehmigung der LEGO GmbH)*

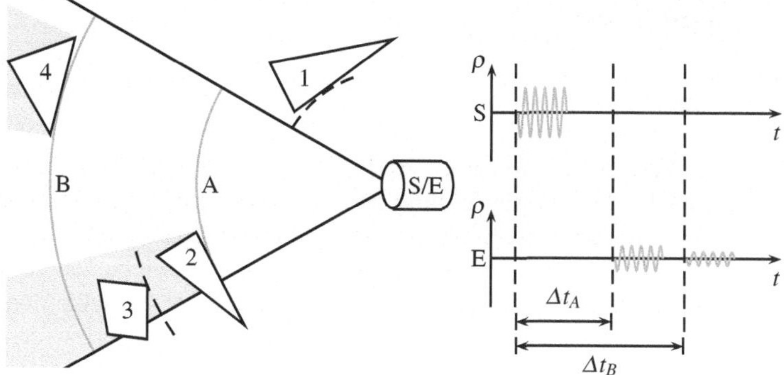

Abb. 4.8: Die Schallkeule von 60° führt zu einer schlechten Ortsauflösung, weswegen die genauen Positionen der Hindernisse 2 und 4 nicht bestimmt werden können. 1 und 3 werden gar nicht wahrgenommen, da sie im Schallschatten bzw. außerhalb des Kegels liegen

Aber wie zuverlässig ist eigentlich ein Ultraschallsensor? Zunächst einmal können Temperaturschwankungen für Verfälschungen der Messwerte sorgen. Ein größeres Problem stellen Gegenstände dar, die Schall absorbieren (z.B. Stoffe, Polster) oder so ablenken, dass das Echo nicht zum Empfänger zurückgeworfen wird. Dies stellt vor allem bei schrägen Flächen ein Problem dar. Auch können Echos zwischen Objekten hin- und herreflektiert werden, so dass der gemessene Laufweg nicht der realen Objektentfernung entspricht. Des Weiteren können andere Schallquellen in die Empfänger einstreuen und ein Objekt „erkennen lassen", das nicht existiert.

Die verwendeten NXT-Ultraschallsensoren besitzen je einen Lautsprecher (Sender) und ein Mikrofon (Empfänger), wie in Abb. 4.7b gezeigt. Die Reichweite liegt bei $255cm$ mit einer Genauigkeit von $\pm 3cm$. Dabei arbeiten die Sensoren mit einer festen Frequenz von $40kHz$ und einer Sendedauer von $0.3ms$ (entspricht 12 Schwingungen). Der maximale Öffnungswinkel beträgt 60°, wobei Versuche gezeigt haben [12], dass der effektiv nutzbare Winkel bei $\pm 15°$ liegt.

Experiment 4: Maximale Reichweite und kleinste messbare Entfernung

Um diese beiden Werte experimentell zu bestimmen, muss zunächst der Ultraschallsensor an einen beliebigen Sensorport angeschlossen und der NXT gestartet werden. Im Menü ist nun der Punkt „View" und dann „Ultrasonic cm" auszuwählen. Nach Angabe des verwendeten Sensorports zeigt das Display die vom Sensor gemessene Entfernung an. Welche ist die kürzeste bzw. längste Entfernung, die gemessen werden kann? Wie verhält sich der maximale Wert bei „weichen" Hindernissen wie beispielsweise Sofas?

Experiment 5: Was kann die Ultraschallmessungen stören oder beeinflussen?

Nun soll das Reflexionsverhalten von Schall getestet werden. Dazu muss eine glatte Fläche (z.B. ein großes Buch) in einer abgemessenen Entfernung von beispielsweise $20cm$ so vor den Sensor gestellt werden, dass der Schall direkt zurückgeworfen wird. Wird das Buch langsam seitlich gedreht, wird der Schall ab einem bestimmten Winkel nicht mehr (oder nur selten) zum Sender zurückgeworfen. Ab wann tritt dieser Effekt auf und wie verhalten sich die Messwerte?

Aufgabe 7: Ultraschallmessung

Ein Ultraschallsensor mit einem Öffnungswinkel von $\pm 30°$ erkennt ein Hindernis in einer Entfernung von $s = 2.55m$. Wie lange war das Schallsignal bei einer Lufttemperatur von $30°C$ unterwegs? Wie lang ist der Kreisbogen des Schallkegels in dieser Entfernung?

Zunächst gilt für die Schallgeschwindigkeit (Gleichung 4.5):

$$v_{luft_{30°C}} = 331.4 \cdot \sqrt{(30+273)/273} = 349.1 m/s$$

Durch Umformung der Gleichung 4.4 nach der Laufzeit erhält man:

$$\Delta t = 2 \cdot s / v_{luft_{30°C}} = 2 \cdot 2.55/349.1 = 0.0146s$$

Der Gesamtumfang eines Kreises mit einem Radius von $r = 255cm$ beträgt

$$U = 2 \cdot r \cdot \pi = 16.0m$$

Die Länge des gesuchten Kreisbogens (Öffnungswinkel 60°) entspricht einem Sechstel des gesamten Kreisumfangs (360°). Demnach ist der Kreisbogen $U/6 = 2.67m$ lang, auf dem sich das Hindernis befinden kann.

4.3.3 Lichtsensor

Zur Messung von Helligkeitswerten kann beispielsweise eine $\rightarrow$*Fotodiode* verwendet werden. Diese bedient sich des fotoelektrischen Effekts, der mit Hilfe eines verschieden geladenen Materials Lichtintensität in eine elektrische Spannung umwandelt. Dabei werden Elektronen durch die Bestrahlung mit Licht (Photonen) gelöst. Am sogenannten p-n-Übergang, an dem die verschieden geladenen Atomschichten zusammentreffen, entsteht so eine Ladungsverschiebung, die gemessen werden kann (Abb. 4.9a). Auch Solarzellen verwenden dieses Prinzip.

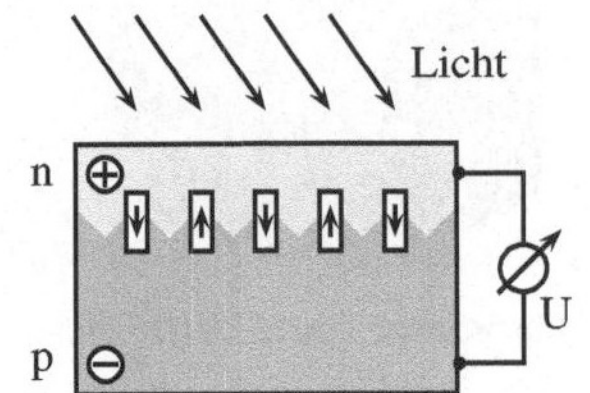

(a) Funktionsprinzip einer Fotodiode

(b) NXT-Lichtsensor

Abb. 4.9: Bei einer Fotodiode sorgt einfallendes Licht für Ladungsverschiebungen am sogenannten n-p-Übergang (a). Der LEGO MINDSTORMS-Sensor (b) verfügt über eine integrierte $\rightarrow$*LED* zur Beleuchtung *(Abb. 4.9b mit freundlicher Genehmigung der LEGO GmbH)*

Der NXT-Lichtsensor (Abb. 4.9b) funktioniert nach dem beschriebenen Prinzip mit einer Fotodiode, wobei er zusätzlich noch über eine integrierte $\rightarrow$*LED* verfügt, um den Untergrund bei schwachem Umgebungslicht beleuchten zu können. Abhängig vom Abstand und der Untergrundfarbe liefert der Sensor Messwerte in Form von Helligkeitsprozenten, wobei 100% einer Totalreflexion entsprechen (z.B. mittels Spiegel). Der Sensor kann im *Ambient-Light-* oder im *Reflected-Light-*

Modus betrieben werden. Beim ersten wird lediglich das Umgebungslicht empfangen, wohingegen im zweiten Modus der Untergrund mit der roten LED angestrahlt und die Reflexion gemessen wird. Es ist dabei zu berücksichtigen, dass in diesem Modus besonders Farben mit hohem Rotanteil stark reflektiert werden.

Experiment 6: Helligkeiten verschiedener Farben

Nun soll ein Lichtsensor an den NXT angeschlossen und der gemessene Wert über „View→Reflected Light" angezeigt werden. Welche Farben erscheinen dunkel, welche hell, wenn der Sensor nah an die Fläche gehalten wird? Wie ändern sich die Werte in verschiedenen Abständen und im „Ambient-Light"-Modus?

4.3.4 Farbsensor

Mit Einführung des neuen NXT 2.0-Sets wurde auch ein neuer Farbsensor vorgestellt (Abb. 4.10a). Dieser Sensor stellt eine Erweiterung des einfachen LEGO-Lichtsensors dar und erlaubt es, unterschiedliche Farben zu erkennen. Dazu wird die zu untersuchende Oberfläche mittels drei verschiedenfarbiger LEDs angeleuchtet und die Intensität des reflektierten Lichts über eine Fotodiode gemessen. Aus den drei einzelnen Farbinformationen wird dann die Farbe des Untergrunds bestimmt. Einen ähnlichen Farbsensor gibt es auch von der Firma HiTechnic (Abb. 4.10b), mit dem man die Basis-Sets erweitern kann. Die Unterschiede der beiden Sensoren werden von Philippe Hurbain auf seiner Internetseite[7] erläutert.

(a) NXT-Farbsensor   (b) Farbsensor (*Bild: HiTechnic*)

Abb. 4.10: Farbsensoren aus dem neuen NXT 2.0-Set (a) und von HiTechnic (b), die aber nach dem gleichen Messprinzip arbeiten *(Abb. 4.10a mit freundlicher Genehmigung der LEGO GmbH)*

Experiment 7: Farberkennung

Der LEGO-Farbsensor kann ab NXT-Firmware 1.28 mittels „View→Color" ausprobiert werden (HiTechnic-Sensor: „View→Ultrasonic cm"). Welche Farben werden erkannt (z.B. auf dem beiliegenden Spielplan von NXT 2.0)? Welche Messergebnisse liefert der Sensor bei Mischfarben wie Orange oder Lila?

---

[7] http://philohome.com/colcomp/cc.htm

4.3.5 *Geräuschsensor*

Bei einem Geräuschsensor handelt es sich um ein Mikrofon, das um einige elektronische Bauteile erweitert ist. Das Mikrofon selbst wandelt Schallwellen in elektrische Impulse um (Abb. 4.11a), indem durch den Schalldruck beispielsweise ein Magnet in Schwingung gerät, dessen Magnetfeldänderungen über eine Spule in elektrische Spannung gewandelt werden (siehe z.B. *Physik Oberstufe – Gesamtband* [8]). Intensität und Frequenz der Spannung entsprechen dann der Lautstärke und Tonhöhe des Eingangssignals. Kondensator- oder sogenannte Elektretmikrofone arbeiten über leitende oder elektrisch geladene Membranen, deren Bewegungen ebenfalls messbar sind. Die Zusatzelektronik ist notwendig, um die eingehenden Daten auf Lautstärke (bzw. Schalldruckpegel, gemessen in →*Dezibel*) oder Frequenzen hin zu analysieren. So kann man beispielsweise Hintergrundgeräusche herausfiltern und nur auf bestimmte Töne, beispielsweise ein Vogelzwitschern, reagieren.

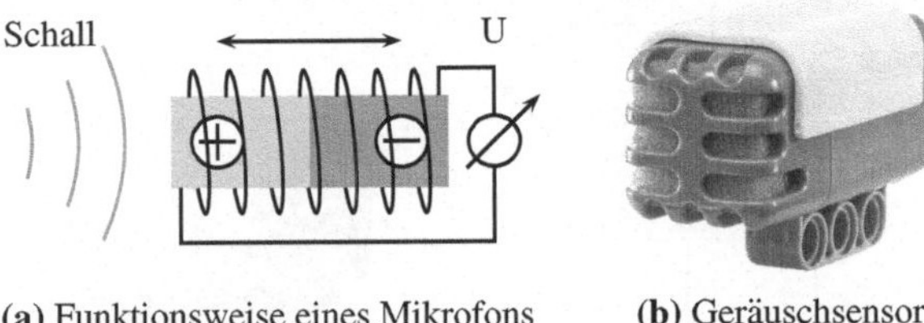

(a) Funktionsweise eines Mikrofons   (b) Geräuschsensor

Abb. 4.11: In einem dynamischen Mikrofon wird ein Magnet durch Schalldruck zum Schwingen gebracht, wodurch ein Strom induziert wird (a), was der verwendete NXT-Sensor (b) messen kann (*Abb. 4.11b mit freundlicher Genehmigung der LEGO GmbH*)

Die NXT-Mikrofone reagieren auf Schalldruck im Dezibelbereich von $55dB$ bis $90dB$ (Abb. 4.11b). Das Messsignal wird dabei so normiert, dass ein Wert zwischen 0% und 100% ausgegeben wird. Die Dezibel-Skala ist logarithmisch aufgebaut, so dass eine Verdopplung der Amplitude zu einer Erhöhung um $3dB$ führt. Darüber hinaus beherrscht der LEGO-Sensor noch eine angepasste Dezibelmessung (dBA), bei der verschiedene Tonfrequenzen unterschiedlich bewertet werden. Auf diese Weise kann die Messung an das menschliche Hörempfinden angepasst und z.B. mittlere Frequenzen stärker berücksichtigt werden. Der Sensor arbeitet in einem Frequenzbereich von $20Hz$ bis $18.000Hz$, wodurch er nicht durch Ultraschallimpulse gestört wird (vgl. Abschnitt 4.3.2).

Experiment 8: Empfangsbereich des Geräuschsensors

Um den Messbereich des Sensors zu testen, muss dieser angeschlossen und der Messwert per „View" und „Sound dB" angezeigt werden. Was misst der Sensor bei den umgebenden Hintergrundgeräuschen? Wie reagiert er auf Sprache, Pfeifen und Klatschen? Wie verhalten sich die Messwerte, wenn sich der Sensor von einer gleichmäßig lauten Schallquelle (z.B. ein Radio) entfernt?

4.3.6 Beschleunigungssensor

Beschleunigungssensoren gehören zu den sogenannten „internen Sensoren", da diese im Systeminneren verbaut werden können und keine Daten aus der Umwelt aufnehmen. Eine kompakte Variante dieser Sensoren nutzt den →*Piezo-Effekt*: Dazu wird eine kleine Masse m an einer Piezo-Keramik befestigt, wie in Abb. 4.12a gezeigt. Kommt es nun zu einer Beschleunigung des Körpers, sorgt die Massenträgheit dafür, dass die Piezo-Aufhängung gedehnt oder gestaucht wird. Dadurch entsteht eine elektrische Spannung U, die gemessen werden kann. Aus der Masse m, dem Abstand l, einer Proportionalitätskonstante q und der gemessenen Spannung U kann dann mit Formel 4.6 die Beschleunigung a berechnet werden.

$$U \cdot q = m \cdot l \cdot a \quad \Rightarrow \quad a = \frac{U \cdot q}{m \cdot l} \tag{4.6}$$

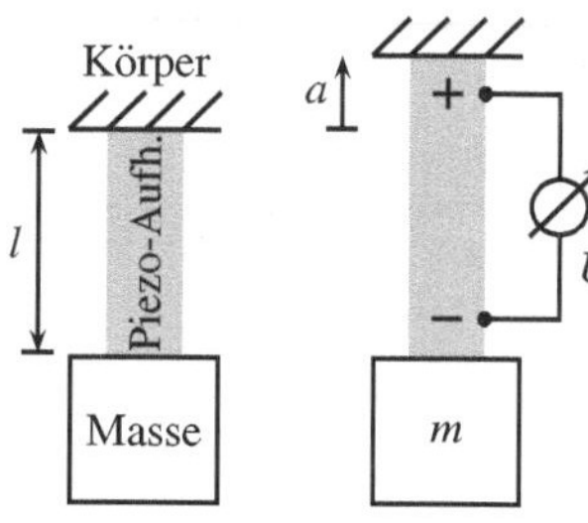

(a) Funktionsprinzip mit dem beschleunigten Körper (rechts)

(b) Beschleunigungssensor (*Bild: HiTechnic*)

Abb. 4.12: Funktionsweise eines Beschleunigungssensors: Wird der Körper mit einer Beschleunigung a bewegt, so wird die Piezo-Aufhängung der Länge l aufgrund der angehängten Masse m gedehnt oder gestaucht und eine messbare Spannung U entsteht

Der NXT-Beschleunigungssensor (Abb. 4.12b) der Firma HiTechnic arbeitet in einem Bereich von $\pm 19.62 \frac{m}{s^2}$. Dieser Arbeitsbereich erlaubt es, Beschleunigungen in Höhe der doppelten Erdbeschleunigung g zu messen. Die Auflösung (Beschleunigungsabstufung) beträgt dabei $0,005g$ beziehungsweise $0,049 \frac{m}{s^2}$. Bei dem HiTechnic-Bauteil handelt es sich um einen dreiachsigen Sensor, der Beschleunigungen in alle drei Raumrichtungen messen kann. Auf den Sensor selbst wirkt dabei natürlich ständig die Erdbeschleunigung g, so dass die Lage des Sensors bestimmt werden kann, wenn sich dieser in Ruhe befindet. In diesem Fall entspricht die euklidische Summe der drei messbaren Einzelbeschleunigungen in x-, y- und z-Richtung nach Formel 4.7 genau der Erdbeschleunigung von $1g$ bzw. $9.81 \frac{m}{s^2}$. Über die Verteilung der Erdbeschleunigung g auf die drei Einzelbeschleunigungen a_x, a_y und a_z kann über trigonometrische Berechnungen die Lage des Sensors im Raum bestimmt werden.

$$\sqrt{a_x^2 + a_y^2 + a_z^2} = 9.81 \frac{m}{s^2} = 1g \tag{4.7}$$

Experiment 9: Möglichkeiten der Beschleunigungsmessung

Mit dem Programm „View" und „Ultrasonic cm" kann die Lage in eine Richtung angezeigt werden. Hält man den Sensor exakt gerade, liefert der Sensor '??????', ansonsten
bewegt sich der Wert zwischen 0 und 255. Die Rotation um welche Achse wird angezeigt,
d.h. welche Drehung verursacht kontinuierliche Wertänderungen?

4.3.7 Kompass-Sensor

Ein Kompass-Sensor ist das elektronische Gegenstück zu einem handelsüblichen
Kompass, nur dass dieser die Richtungsinformationen in digitaler Form liefert. Kompasse orientieren sich dabei am Magnetfeld der Erde und richten ihre hochempfind-
liche Nadel immer Richtung Norden aus. Elektronische Kompasse bedienen sich
des magnetoresistiven Effekts (Abb. 4.13a): Dieser nutzt aus, dass sich bei einigen
Materialien je nach Verlauf von magnetischen Feldern der elektrische Widerstand
verändert. Diese Änderung drückt sich in Spannungsschwankungen aus, die gemessen werden können. Aus der Schulphysik ist meist der Hall-Effekt bekannt, bei dem
sich ein elektrisches Feld in einem stromdurchflossenen Leiter aufbaut, wenn sich
dieser in einem Magnetfeld befindet (siehe z.B. *Physik 12/13 – Gymnasium Sek II*
[9]).

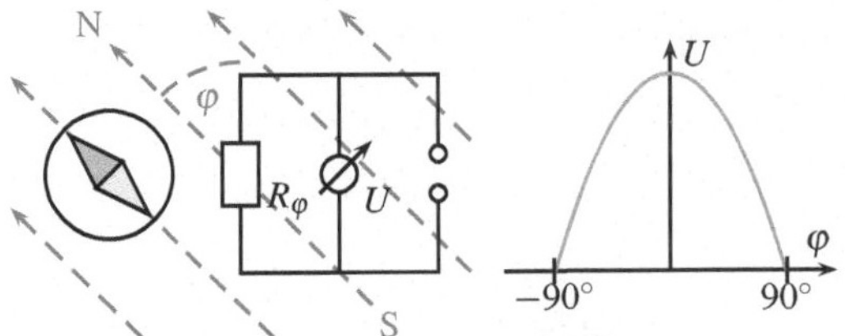

(a) Messaufbau und resultierender Spannungsverlauf   **(b)** Kompass (*Bild: HiTechnic*)

Abb. 4.13: Der eingesetzte magnetoresistive Widerstand R_φ ändert seinen Wert abhängig vom Winkel der Magnetfeldlinien und somit auch die gemessene Spannung (a). Je größer der Verdrehwinkel
φ zum Bauteil ist, desto größer wird der Widerstand und umso geringer die gemessene Spannung
U. Dieses Messprinzip nutzt der Kompasssensor von HiTechnic aus (b), um seine Ausrichtung zu
bestimmen

Mit Hilfe des zusätzlich erhältlichen HiTechnic-Sensors (siehe Abb. 4.13b) kennt
ein NXT-Roboter also immer seine Orientierung und kann sich so beispielsweise besser in einem Labyrinth zurechtfinden. Die Winkelauflösung dieses Sensors
liegt bei 1° und liefert demnach Messwerte von 0° − 359°. Um lokale Störungen
durch Motoren oder NXT auszugleichen, kann der Kompass-Sensor →*kalibriert*
werden. Dazu muss der NXT so programmiert werden, dass sich der Sensor im
Kalibrier-Modus befindet und sich der LEGO-Roboter mindestens einmal um sich
selbst dreht.

Experiment 10: Empfindlichkeit des Kompasses

Der NXT-Kompass kann mit Hilfe des „View"-Programms getestet werden. Dazu muss er an einen beliebigen Sensorport angeschlossen und „Ultrasonic cm" als Sensor ausgewählt werden. Das Display gibt nun die Orientierung in 2°-Schritten an, ein Wert von $45cm$ entspricht demnach 90°. Was liefert die Anzeige, wenn der Sensor Richtung Norden ausgerichtet wird? Wie verhält sich der Messwert, wenn der Sensor gedreht wird? Inwiefern kann der Sensor durch Metallgegenstände, Magnete oder den NXT selbst beeinflusst werden?

4.3.8 Kreiselsensor

Ein Kreiselsensor oder →*Gyroskop* ist ein rotierender Kreisel, der beispielsweise in einer →*Kardanischen* Aufhängung gelagert ist und aufgrund der Drehimpulserhaltung seine Orientierung im Raum beibehält. Dieser Effekt sorgt unter anderem dafür, dass sich Fahrräder ab einer bestimmten Geschwindigkeit stabilisieren und während der Fahrt nicht umkippen. Wenn eine äußere Kraft die Drehachse des Kreisels zu drehen versucht, entsteht ein →*Drehmoment*, das gemessen werden kann. Bei einer kardanischen Lagerung können die Auslenkungen in die drei Raumrichtungen über →*Encoder* bestimmt werden, die an den Achsen montiert sind. Ein Problem bei Kreiselsensoren stellen kleine Unwuchten des Kreisels dar, die dafür sorgen, dass sich die Kreiselachse langsam quer stellt. Dieses Problem nennt man Kreiseldrift und sorgt auf Dauer für immer schlechter werdende Messergebnisse.

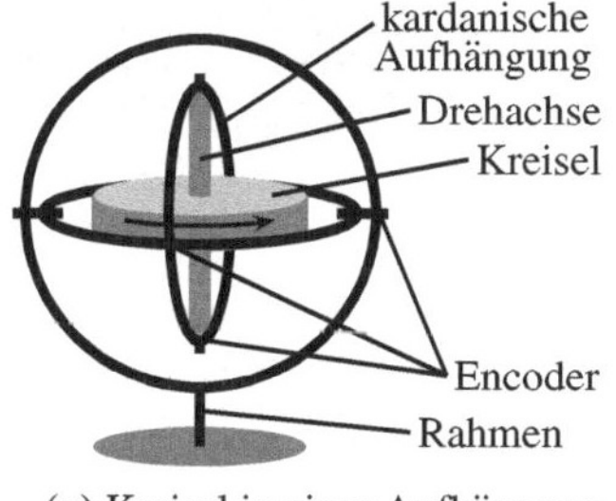

(a) Kreisel in einer Aufhängung   (b) Gyro-Sensor (*Bild: HiTechnic*)

Abb. 4.14: Der rotierende Kreisel behält seine Orientierung in einer kardanischen Lagerung bei (a). Über Encoder können die Winkel der drei Drehachsen gemessen werden, wie bei dem Kreiselsensor von HiTechnic (b)

Der HiTechnic-Sensor erlaubt es, Drehbewegungen des NXT-Fahrzeugs bis zu einer Rotationsgeschwindigkeit von ±360° pro Sekunde festzustellen. Der Messwert repräsentiert die Drehgeschwindigkeit in Grad pro Sekunde. Im laufenden Betrieb kann es durch die oben genannte Kreiseldrift dazu kommen, dass der Sensor auch in Ruhe eine Geschwindigkeit feststellt. Um immer schlechter werdende Messwerte zu vermeiden, muss man den Sensor regelmäßig neu →*kalibrieren*. Dazu muss ein sogenannter „Ausrichtungsmesswert" in Ruhe gespeichert und von den zukünftigen Messwerten subtrahiert werden. Diese Kalibrierung muss man regelmäßig durchführen, um konstant gute Ergebnisse zu erhalten.

Experiment 11: Empfindlichkeit des Gyroskops

Der Lagesensor kann mit Hilfe von „View" und dem Programm „Ambient light" getestet werden. Schließt man ihn an den NXT an, so zeigt das Display einen Wert um 40% an, wenn der Sensor in Ruhe ist. Was liefert der Sensor, wenn er horizontal gedreht wird? Kann der Sensor gedreht werden, ohne dass sich der angezeigte Wert verändert?

4.3.9 RFID-Sensor

Eine in den letzten Jahren immer weiter verbreitete Technik ist →*RFID*. Dabei handelt es sich um eine Kombination aus aktiven Sendern und (passiven) Marken (engl.: RFID-Tag). Ein Sender schickt elektromagnetische Wellen einer bestimmten Frequenz aus, die von den Marken aufgenommen werden und dort einen Strom induzieren. Dieser wiederum bewirkt eine Änderung des elektromagnetischen Feldes, was wiederum von dem Sender gemessen und ausgewertet wird. Auf diese Weise können kleine integrierte Microchips beschrieben und ausgelesen werden. Anwendung finden RFIDs beispielsweise beim Diebstahlschutz in Kaufhäusern.

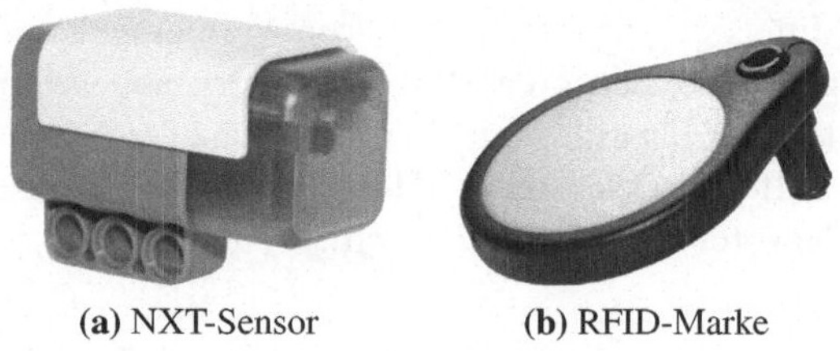

(a) NXT-Sensor   (b) RFID-Marke

Abb. 4.15: RFID-Sensor (a) und entsprechende Marke (b) der Firma Codatex (*Bilder: Codatex Hainzlmaier GmbH*)

Bei den LEGO-Sensoren (Abb. 4.15a) handelt es sich um Bausteine der Firma Codatex[8]. Marken (Abb. 4.15b) und Antennen arbeiten in einem Frequenzbereich von $125kHz$ und können 5 →*Byte* speichern. Der Sensor selbst kann in zwei verschiedenen Betriebsarten verwendet werden: Mit dem sogenannten „Single Read" wird eine in Reichweite befindliche Marke genau einmal ausgelesen. Sollen die Marken ständig ausgewertet werden, kann man mit „Continuous Read" bis zu 10 Auslesungen pro Sekunde erreichen. Die maximale Reichweite bei den im Set enthaltenen RFID-Marken beträgt laut Herstellerangaben $3cm$.

---

[8] http://www.codatex.com/

> **Experiment 12: Reichweite und Störeinflüsse für RFIDs**
>
> Der RFID-Sensor kann nicht über die NXT-internen Programme ausgewertet werden, daher benötigt man NXT-G zum Auslesen (siehe Kapitel 5.2). Allerdings zeigt der Sensor durch eine kleine LED an, ob sich eine Marke in Reichweite befindet, sodass für dieses Experiment kein eigenes Programm erforderlich wird. Bis zu welcher Entfernung wird die Marke erkannt? Wie verändert sich das Messverhalten, wenn die Marke mit Alufolie abgedeckt wird? Was passiert, wenn sich Bildschirme, Leuchtstoffröhren oder Motoren in der Nähe des RFID-Sensors befinden?

4.3.10 Weitere Sensoren

Mittlerweile gibt es eine Vielzahl zusätzlicher Sensoren und Zubehör von verschiedenen Drittanbietern, die zur Erkennung von Farben, Entfernungen oder zum Anschließen von weiteren Sensoren verwendet werden können. Eine Liste von Bezugsquellen und Herstellern befindet sich in Anhang A.4.

Der Entfernungssensor von HiTechnic[9] ist in der Lage, Objektdistanzen von bis zu 30*cm* sicher zu erkennen. Dazu sendet der Sensor →*Infrarotes* Licht aus und misst über die Intensität mittels Fotodiode, wie weit ein Hindernis entfernt ist. Auf diese Weise ist er unabhängig von externen Lichtquellen. (*Bild: HiTechnic*)

Mittels des Sensoradapters von Vernier[10] können über 30 verschiedene Sensoren des Herstellers angeschlossen und über den NXT ausgewertet werden. Dazu gehören beispielsweise (Luft-)Drucksensoren, PH-, Magnetfeld-, Temperatur- oder UV-Sensoren. (*Bild: Vernier Software & Technology*)

Eine zusätzliche Erweiterungsmöglichkeit ergibt sich durch sogenannte Sensor→*Multiplexer* (Firma HiTechnic), die es erlauben, mehr als die ursprünglichen vier Sensoren zu verwenden. Auf diese Weise können beispielsweise vier Tastsensoren an einem einzigen Port verwendet werden. (*Bild: HiTechnic*)

Die Firma Mindsensors[11] hat sich auf die Kombination von herkömmlichen Komponenten wie Infrarotsensoren von Sharp oder Playstation-Controllern mit LEGO MINDSTORMS spezialisiert. Genau wie HiTechnic bietet auch sie „leere" Platinen an, auf denen eigene Sensoren und elektronische Schaltungen umgesetzt werden können.

---

[9] http://www.hitechnic.com/

[10] http://www.vernier.com/nxt/

[11] http://www.mindsensors.com/

4.3.11 Sensorauswertung

Neben dem Empfangen und Umwandeln von physikalischen in elektronische Größen spielen die Sensorauswertung und -verarbeitung eine entscheidende Rolle. Bei fast allen Sensoren müssen Anpassungen der Sensorwerte vorgenommen werden, um Störungen herauszufiltern, Werte zu verstärken oder nur bestimmte Empfangsbereiche auszuwerten.

Klassische Verfahren zur Filterung von Störungen arbeiten auf Mittelwerten. Dabei werden entweder die letzten n Messungen des Sensorwertes s gemittelt

$$s_{gemittelt} = \frac{1}{n} \cdot \sum_{i=1}^{n} s_i = \frac{s_1 + s_2 + \ldots + s_n}{n} \qquad (4.8)$$

oder der neue Wert s geht nur zu einem bestimmten Prozentsatz $p \in [0,1]$ in den Ausgangswert ein:

$$s_{filter} = (1-p) \cdot s_{filter_{alt}} + p \cdot s \qquad (4.9)$$

Eine weitere Möglichkeit stellt der Median-Filter dar, der zu den sogenannten Rangordnungsfiltern gehört. Dabei wird der gefilterte Wert aus den letzten n Messungen bestimmt, indem diese der Größe nach sortiert werden, und der mittlere Wert ausgewählt wird. Wenn n eine gerade Anzahl ist, so wird der Mittelwert der beiden mittleren Sensorwerte berechnet:

$$s_{median} = \begin{cases} s_j & n\ ungerade,\ j = (n+1)/2 \\ \frac{s_j + s_{j+1}}{2} & n\ gerade,\ j = n/2 \end{cases} \qquad (4.10)$$
$$mit\ Sortierung\ s_1 \leq \ldots \leq s_j \leq \ldots \leq s_n$$

Alle drei Verfahren sorgen dafür, dass die Werte geglättet werden, das bedeutet, einzelne „Ausreißer" wirken sich kaum auf den Ausgangswert aus. Dafür reagiert der Filter träge bei Wertänderungen, je nach Anzahl n der gemittelten Daten bzw. nach der Größe des Anteils p (siehe Abb. 4.16). Man muss bei der Wahl von n also immer einen Kompromiss aus guter Glättung (großes n) und schneller Reaktion (kleines n) eingehen.

In der Elektrotechnik werden häufig Filter verwendet, die in Schaltungen realisiert sind. Beispiele dafür sind sogenannte Tief- oder Hochpassfilter, die bestimmte Frequenzen unterdrücken können. Bei einem Tiefpassfilter können niederfrequente Signale fast ungeschwächt passieren, wohingegen hochfrequente Signale herausgefiltert werden. Eine der häufigsten Anwendungen für Filter ist die Rauschunterdrückung. So sollen beispielsweise bei Audiosignalen (Schallwellen) bestimmte Frequenzen (Störungen) herausgefiltert werden (Dolby B/C bei Kassettenrecordern, Radio). Aber auch im Auto kommen bei Einparkhilfen oder Navigationssystemen Filter zum Einsatz, die dafür sorgen, dass die gemessenen Entfernungswerte oder die →GPS-Position nicht „springen".

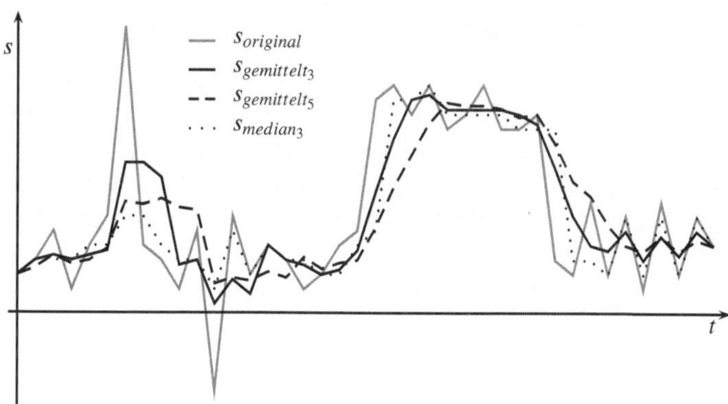

Abb. 4.16: Verhalten der verschiedenen Filter mit grau hinterlegten Originalwerten. Bei den beiden Mittelwertfiltern fällt auf, dass die Werte bei dem zweiten mit $n = 5$ (gestrichelte Linie) glatter sind als im ersten Fall ($n = 3$, durchgezogene Linie). Dafür folgt er den Originalwerten natürlich nicht mehr so schnell. Zum Vergleich noch das Verhalten des Medianfilters mit $n = 3$ (gepunktete Linie), der dem Original gut folgt, gegen Ende der Grafik allerdings stark mitschwingt (oszilliert)

Aufgabe 8: Filterverhalten

Ein Ultraschallsensor liefert folgende Entfernungswerte in Zentimeter. Dabei befindet er sich zunächst etwa $50cm$ vor einem Hindernis und bewegt sich dann etwa $30cm$ rückwärts. Was liefern die unterschiedlichen vorgestellten Filter bei einer Filterlänge $n = 3$ bzw. einem Aktualisierungsfaktor von $p = 0.4$? Die Werte sollen dabei auf eine Nachkommastelle gerundet werden.

Zeitschritt i	0	1	2	3	4	5	6	7	8	9	10	11
Entfernung $s(i)$	50	47	54	51	55	60	58	65	67	80	82	79
Filter $s_{gemittelt}$	51	51										
Filter s_{median}	51	50										
Filter s_{filter}	51	51										

Für die einzelnen Filterwerte ergeben sich nach den oben angegebenen Formeln (siehe auch Abschnitt A.1) folgende Werte:

Zeitschritt i	0	1	2	3	4	5	6	7	8	9	10	11
Entfernung $s(i)$	50	47	54	51	55	60	58	65	67	80	82	79
Filter $s_{gemittelt}$	51.0	51.0	50.3	50.7	53.3	55.3	57.7	61.0	63.3	70.7	76.3	80.3
Filter s_{median}	51.0	50.0	50.0	51.0	54.0	55.0	58.0	60.0	65.0	67.0	80.0	80.0
Filter s_{filter}	51.0	51.0	52.2	51.7	53.0	55.8	56.7	60.0	62.8	69.7	74.6	76.4

Im folgenden Kapitel werden die grafische Programmierumgebung NXT-G sowie die verschiedenen Programmierelemente vorgestellt. Ein ausführliches Anwendungsbeispiel sowie weiterführende Aufgaben erlauben darüber hinaus eine Vertiefung des Erlernten.

Kapitel 5
Entwicklung von LEGO-NXT-Programmen

Grafische Programmierung mit NXT-G

Mit Hilfe der grafischen LEGO-Programmierumgebung NXT-G – die in diesem Kapitel vorgestellt wird – können Einsteiger schnell an die bereits behandelten Konzepte der Programmierung herangeführt werden. Im ersten Abschnitt 5.1 werden die algorithmischen und informationstechnischen Grundlagen erläutert, die dann im darauffolgenden Abschnitt 5.3 anhand eines Anwendungsbeispiels praktisch umgesetzt werden können. Im letzten Abschnitt 5.4 sind weitere interessante Aufgaben beschrieben, die mit Hilfe der grafischen Programmierung implementier- und lösbar sind.

5.1 Grafische Programmierung mit NXT-G

Wie in Kapitel 2.1.4 erläutert gibt es verschiedene Arten, Roboter zu programmieren. NXT-G bietet eine gut verständliche *grafische Programmierumgebung*, mit der man durch vorgefertigte Elemente in der Lage ist, Programme für den NXT zu entwerfen. Das LEGO-Programm stellt eine Vielzahl vordefinierter Programmblöcke zur Verfügung, aus denen Steuerungsprogramme – ähnlich wie LEGO-Modelle – zusammengebaut werden können. Diese Blöcke umfassen neben grundlegenden Elementen der Programmierung wie Schleifen und Verzweigungen auch Funktionen zum Auslesen der Sensoren oder Ansteuern der Motoren. In diesem Kapitel werden diese allgemein in Kapitel 3.3 diskutierten Elemente der Programmierung konkret eingeführt und im Rahmen von verschiedenen Aufgaben und Problemstellungen angewendet.

Für die grundlegenden Funktionen sowie Informationen bezüglich der Installation von NXT-G bietet die Bedienungsanleitung [19] von LEGO MINDSTORMS NXT einen guten Einstieg. Trotzdem sollen im folgenden Abschnitt die wichtigsten Funktionen kurz erläutert werden.

K. Berns, D. Schmidt, *Programmierung mit LEGO® MINDSTORMS® NXT*, eXamen.press,   63
DOI 10.1007/978-3-642-05470-9_5, © The LEGO Group 2010

5.1.1 Die Programmierumgebung

Die NXT-G-Oberfläche gliedert sich in verschiedene Teile (siehe Abb. 5.1), die im
Detail auch in [19] erläutert werden. Oben befindet sich die Menü- und Werkzeugleiste (1), über die verschiedene Programmfunktionen ausgeführt und Einstellungen
vorgenommen werden können. Darunter fallen Funktionen wie Öffnen, Speichern
und Kopieren, aber auch Werkzeuge zum Aktualisieren der →Firmware oder zum
Wechseln des Benutzers.

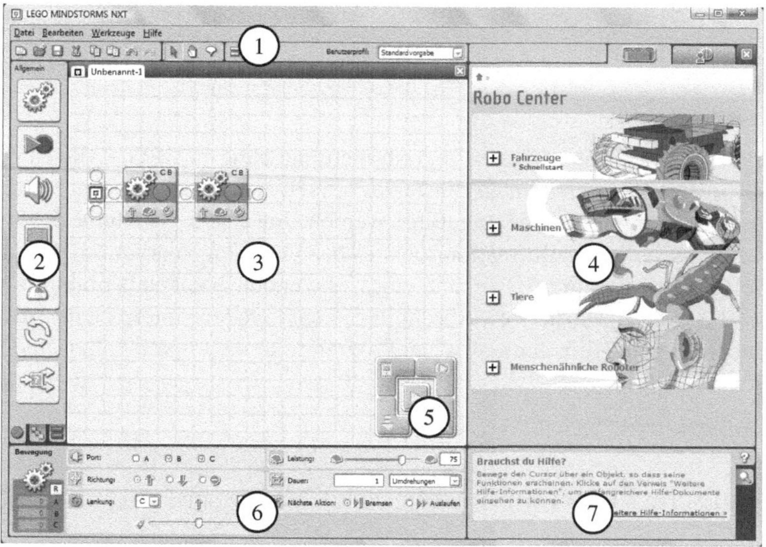

Abb. 5.1: Oberfläche der NXT-G-Software mit Menüleiste (1), Programmierpalette (2), Arbeitsfläche (3), Robo-Center (4), Controller (5), Parameterfenster (6) und Hilfe (7)

Links stehen in der sogenannten Programmierpalette (2) die einzelnen Programmblöcke zur Auswahl, die dann mit Hilfe der Maus auf die Arbeitsfläche (3)
gezogen und aneinandergereiht werden. Diese kann vergrößert werden, indem das
sogenannte Robo-Center (4) ausgeblendet wird, das Zugriff auf weitere Bauanleitungen bietet. Der sogenannte Controller (5) befindet sich in der rechten, unteren
Ecke des Arbeitsfläche (siehe Abschnitt 5.1.2).

Wählt man ein Programmelement aus, erscheint ein Fenster (6), in dem man
weitere Einstellungen an diesem Block vornehmen kann. Auf diese Weise wird beispielsweise die Motorgeschwindigkeit oder der Sensorempfangsbereich angepasst.
Sie unterscheidet sich bei jedem Block und bietet außerdem die Funktion, bei an-
geschlossenem NXT die aktuellen Sensorwerte auslesen und anzeigen zu lassen.
Unten rechts befindet sich je nach Wahl der Ansicht entweder eine Hilfe (7) zum aktuell ausgewählten Block oder ein Übersichtsfenster über das gesamte Programm.

5.1.2 Kompilieren und Starten

Zum Kompilieren, Übertragen und Ausführen der Programme dient der Controller aus Abb. 5.2. Je nach Schaltfläche wird das Programm oder eine Auswahl des Programms mittels →*Compiler* in eine Maschinensprache übersetzt, bevor es per →*USB* oder →*Bluetooth* auf den NXT übertragen und dann optional gestartet wird. Außerdem bietet der Controller die Möglichkeit, die aktuelle Programmausführung zu stoppen oder das NXT-Fenster zu öffnen. Dieses bietet nützliche Funktionen wie die Erkennung von mehreren NXTs, das Abrufen des Batteriestandes und der Firmware-Version sowie die Speicherverwaltung des NXT.

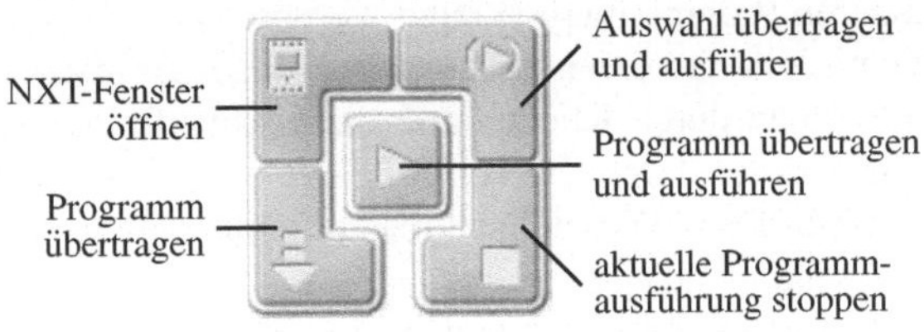

Abb. 5.2 Der Controller zum Übersetzen und Ausführen des Programms auf dem NXT.

5.1.3 Bearbeiten des Programms

Die Programmblöcke lassen sich nach dem bekannten →*Drag & Drop*-Prinzip aus der Programmierpalette auf die Arbeitsfläche ziehen und dort ablegen. Die Programmierpalette stellt alle möglichen Blöcke zum Entwerfen von Programmen zur Verfügung: Für eine bessere Übersicht wurden die am häufigsten benötigten Elemente wie Bewegungsblöcke oder Schleifen zu einer *allgemeinen Palette* zusammengefasst. Hinzu kommt die *vollständige Palette*, zu der auch komplexe Funktionen wie Konvertierungen, Variablen oder Dateizugriffe gehören. Die *eigene Palette* enthält selbst definierte Blöcke. Jeder Programmblock lässt sich durch Ausschneiden oder das Drücken der Entf-Taste wieder löschen. Durch Klicken und Ziehen der Maus lässt sich auch ein Auswahlkasten erzeugen, mit dem man mehrere Blöcke gleichzeitig auswählen kann. Mehrere Blöcke kann man auch durch einfaches Klicken bei gehaltener Shift-Taste auswählen. Eine solche Auswahl an Blöcken lässt sich wie gewohnt ausschneiden, kopieren und einfügen.

Neben der Anordnung der Programmblöcke können diese über Modifizierung der jeweiligen Parameter angepasst und somit der Programmablauf und die -funktion beeinflusst werden. Das Parameterfenster wird eingeblendet, sobald ein Block ausgewählt wurde. Manche Parametereinstellungen verändern auch kleine Symbole auf dem Programmblock, um dessen Funktionalität besser darzustellen.

5.1.4 Sequentielle und parallele Programme

Die Ausführung jedes Programmes beginnt am Ausgangspunkt (Abb. 5.3) und folgt den sogenannten Ablaufträgern von links nach rechts. Die Blöcke werden in der Reihenfolge ausgeführt, wie sie sich auf dem Ablaufträger befinden. Blöcke, welche auf keinem Ablaufträger positioniert wurden und deshalb nicht ausgeführt werden können, werden blass dargestellt.

In einfachen Programmen reicht es, wenn ein Ablaufträger sequentiell abgearbeitet wird. Will man jedoch mehrere Programmteile parallel ausführen lassen, benötigt man zusätzliche Ablaufträger. Dies kann z.B. der Fall sein, wenn sich ein Programmteil um das Auslesen der Sensorwerte kümmern soll, welche wiederum von einem anderen Programmteil genutzt werden. Dieses Konzept wird →*Nebenläufigkeit* genannt. Um nun einen neuen Ablaufträger zu erstellen, gibt es zwei Möglichkeiten: zum einen durch Klicken auf einen Ablaufträger-Ansatz am Ausgangspunkt oder zum anderen durch Klicken auf einen bereits bestehenden Ablaufträger bei gedrückter Shift-Taste. Diesen kann man nun mit weiteren Klicks verlängern und mit einem Doppelklick ablegen.

Ein Programm ist nur dann beendet, wenn die Ausführung aller Ablaufträger beendet ist oder ein Stopp-Block aus der erweiterten Palette ausgeführt wurde.

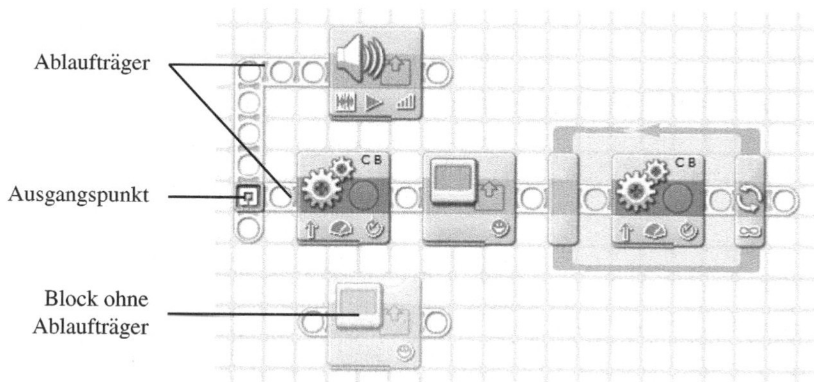

Abb. 5.3: Beispiel für ein Programm mit zwei Ablaufträgern und einem Block ohne Verbindung, der nicht ausgeführt wird

5.1.5 Datenleitungen und Variablen

Wie bereits erwähnt besitzt jeder Programmblock verschiedene Parameter, die vorab festgelegt werden können. NXT-G bietet darüber hinaus auch die Möglichkeit, diese zur Laufzeit beispielsweise in Form von Sensorwerten zu übergeben. Dadurch ist es möglich, Eingaben über mehrere Blöcke zu verarbeiten, um so komplexere Zusammenhänge herzustellen.

In NXT-G wird dies mittels Datenleitungen und Variablen umgesetzt. Eine Datenleitung beginnt und endet an einem sogenannten Datenknoten. Verfügt ein Block über Datenknoten, so befinden sich diese an der unteren Kante des Blocks. Jedoch sind diese standardmäßig versteckt und lassen sich durch einen Klick auf die untere Kante eines Blocks aufklappen. Durch einen weiteren Klick werden alle ungenutzten Datenknoten wieder versteckt. Jeder Datenknoten steht für eine Ein- oder Ausgabe des Blocks, wobei der Eingabedatenknoten zusätzlich auch eine Ausgabe besitzt, um diesen weiter verwenden zu können.

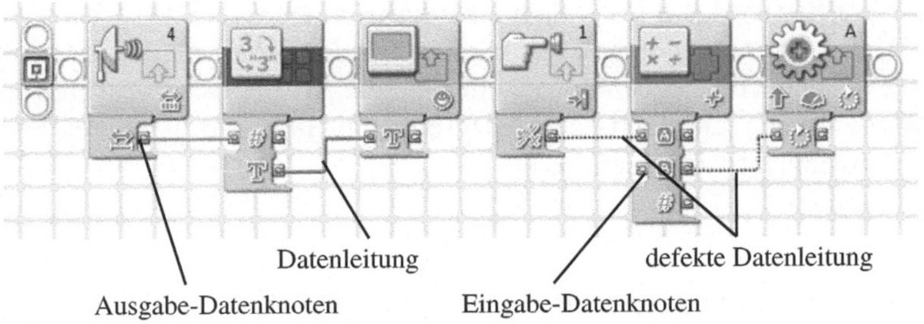

Abb. 5.4: Beispielprogramm mit gültigen und ungültigen Datenleitungen

Durch die Datenleitung kann man nun die Ausgabe eines Blocks als Eingabe – also Parameter – eines anderen Blocks nutzen. Dabei muss man allerdings darauf achten, dass der Typ der beiden Datenknoten übereinstimmt und die Leitung korrekt verbunden ist, ansonsten ist dieser Datenknoten ungültig und wird gestrichelt dargestellt (siehe Abb. 5.4). Jeder Parameter und damit auch jeder Datenknoten besitzt einen der folgenden Typen:

Sensorergebnisse sind meist vom Typ **Zahl**. Es können sowohl positive als auch negative, natürliche Zahlen zwischen -2147483648 und 2147483647 genutzt werden. Es werden keine Kommazahlen unterstützt.

Der Typ **Text** dient beispielsweise zur Ausgabe von Werten oder Meldungen und ist als Zeichenkette organisiert.

Werte vom Typ **Logik** sind boolesche Werte, also entweder wahr oder falsch wie beispielsweise das Ergebnis eines Vergleichs.

Datenleitungen lassen sich allerdings nicht in eine Schleife oder einen Schalter hineinlegen. Für diesen Fall benötigt man Variablen des jeweiligen Typs, welche man unter *Bearbeiten → Variablen definieren* anlegen kann. Zur Datenverarbeitung bietet NXT-G verschiedenste Blöcke an, die sich in der erweiterten Palette unter *Daten* befinden und in Abschnitt 5.2.5 vorgestellt werden.

5.1.6 Hilfefunktion und Dokumentation

Sobald sich der Mauszeiger über einem Block befindet, erscheint zu diesem ein kurzer Hilfetext im Hilfefenster (7) aus Abb. 5.1.Reicht diese Beschreibung nicht, so gelangt man über den Link *weitere Hilfeinformationen* → oder den Menüeintrag *Hilfe → Inhaltsverzeichnis und Index* zur detaillierten Hilfeseite. Dort kann man das passende Thema aus einer Übersicht auswählen oder man nutzt die integrierte Suchfunktion der LEGO-Dokumentation.

NXT-G bietet auch die Möglichkeit, die eigenen Programme zu dokumentieren. Dies ist dann sinnvoll, wenn das Programm groß und unübersichtlich wird oder wenn andere Personen das Programm verwenden möchten. In der Werkzeugleiste (1) aus Abb. 5.1 kann mit dem Sprechblasensymbol ein Werkzeug ausgewählt werden, das es erlaubt, Text an beliebige Stellen auf die Arbeitsfläche zu schreiben. Auf diese Weise können Abschnitte des Programms dokumentiert und deren Funktion umgangssprachlich beschrieben werden.

5.2 Elemente der Programmierung in NXT-G

Die in Kapitel 3 vorgestellten Grundlagen sollen nun anhand der NXT-G-Elemente veranschaulicht werden. Dieser Abschnitt behandelt die informationstechnischen Elemente wie Schleifen und Verzweigungen und deren Einsatzmöglichkeiten in NXT-G. Dabei werden auch die vielfältigen Parametereinstellungen erläutert. Im darauffolgenden Abschnitt 5.3 wird die Verwendung der NXT-G-Bausteine durch Anwendungsbeispiele vertieft.

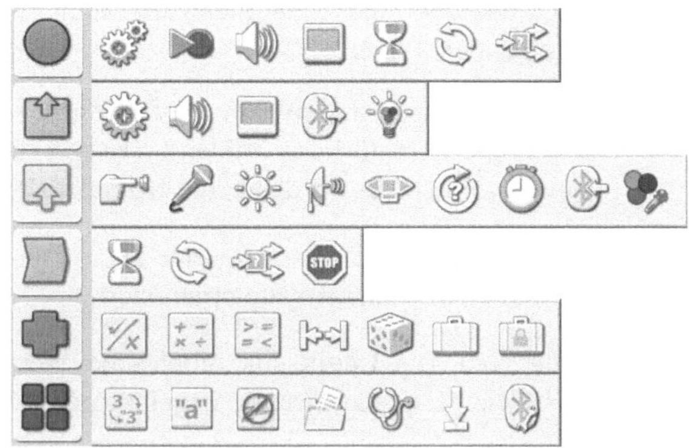

Abb. 5.5 Alle Elemente der erweiterten Palette im Überblick (inklusive vier neuer Symbole in NXT 2.0)

5.2.1 Allgemeine Palette

Für eine bessere Übersicht wurden die am häufigsten benötigten Elemente zu einer allgemeinen Palette zusammengefasst, die sich auch in der vollständigen Palette wiederfinden. Zwei der insgesamt sieben Blöcke liegen ausschließlich in dieser Rubrik. Die Elemente **Klang** und **Anzeige** befinden sich in der Rubrik *Aktion*, unter *Ablauf* liegen die Blöcke für **Warten, Schleife** und **Schalter**.

 Durch einen **Bewegen**-Block können mehrere Motoren auf einmal angesprochen werden. Dieser stellt somit eine Kombination aus Motor-Blöcken dar und erlaubt das Einstellen der Lenkung über einen Schieberegler, wenn ein zweirädriger Roboter gebaut wurde.

 Der **Aufnehmen/Abspielen**-Block ermöglicht es, komplexere Bewegungsabläufe für eine bestimmte Zeit „aufzunehmen". Dabei werden die Zustände der durch die →*Ports* bestimmten Motoren kontinuierlich gespeichert. Ein so gespeicherter Handlungsablauf lässt sich nun mittels eines weiteren Aufnehmen/Abspielen-Blocks im Abspielen-Modus wiedergeben.

5.2.2 Aktion

In diesem Abschnitt wird erläutert, wie die Motoren oder andere Ausgabeelemente verwendet werden können und welche Parameter für weitere Einstellungen zur Verfügung stehen.

 Mit einem **Motor**-Block kann ein einzelner NXT-Motor angesprochen werden. Insgesamt können acht Parameter eingestellt werden, die sich zu einem Großteil mit denen für den Bewegungsblock decken: Der *Port*, die *Drehrichtung*, die gewünschte *Motorleistung* und ob diese geregelt werden soll, was das Beibehalten der Geschwindigkeit bei Last ermöglicht. Hinzu kommen noch die *Dauer* der Drehung und der Parameter *Warten auf Abschluss*. Ist hier das Häkchen nicht gesetzt, so wird der nächste Ausführungsblock zusammen mit dem Motorblock gestartet, wodurch zeitgleiche Motorbefehle für verschiedene Motoren gesetzt werden können. Darüber hinaus kann die Art des Anhaltens (bremsen oder ausrollen) und die der Beschleunigung angegeben werden.

 Der **Klang**-Block dient zur Ausgabe von akustischen Signalen. Dabei kann entweder ein einzelner Ton für eine bestimmte Zeit oder eine auswählbare Klangdatei wiedergegeben werden. Bei beiden Alternativen lässt sich die Lautstärke einstellen sowie der Parameter *Warten auf Abschluss* analog zum Motor-Block. Außerdem lässt sich mit *Wiederholen* eine Wiedergabe-Schleife starten oder die aktuelle Wiedergabe stoppen.

 Der **Anzeige**-Block bietet mehrere Möglichkeiten: Man kann entweder eine Abbildung auf dem Bildschirm darstellen, einen Text wie z.B. die aktuellen Sensorwerte ausgeben oder eine einfache Zeichnung erstellen. Außerdem kann man mit *zurücksetzen* die Zeichenfläche wieder leeren, was außerdem auch durch das Aktivieren von *Anzeige: löschen* vor jedem Zeichnen durchgeführt werden kann.

 Mit Hilfe eines **Sende-Nachricht**-Blocks können Daten vom Typ Zahl, Text oder Logik zu einem anderen NXT oder ähnlichen Bluetooth-Geräten gesendet werden. Unter dem Menüpunkt *Bluetooth → My Contacts* lassen sich vorhandene und mittels *Search* neue Geräte nutzen. Die Sichtbarkeit eines NXT lässt sich unter *Bluetooth → Visibility* ändern. Nach Angabe des Übertragungsports und der Verbindungsschlüssel kann die Verbindung über *Bluetooth → Connections* überprüft werden.

 Der **Farblampe**-Block, der bei NXT 2.0 zur Verfügung steht, dient der Steuerung der Lampenfunktion des neuen Farbsensors. Dabei können die drei Farben Rot, Grün und Blau ein- und ausgeschaltet werden.

5.2.3 Sensor

Unter dieser Rubrik wurden Blöcke zusammengefasst, die zum Auslesen der LEGO-Sensoren eingesetzt werden können. Diese besitzen Messausgänge und integrierte Vergleicher, um diese Ausgabewerte anderen Modulen zur Verfügung zu stellen und so beispielsweise Variablen zu schreiben oder Schalter zu setzen. Die Verwendung dieser Elemente erfolgt ausschließlich über Datenleitungen.

 Ein **Tastsensor**-Block hat neben den logischen Zuständen *gedrückt* und *nicht gedrückt* auch den Zustand *Stoß*. Dieser bezeichnet einen Vorgang und liefert beim nächsten Abfragen des Tasters durch einen Tastsensor-Block den booleschen Wert *wahr*, wenn der Taster zuvor einmal kurz ($<$ 0.5 s) gedrückt und losgelassen wurde.

 Der **Geräuschsensor**-Block liefert Lautstärkewerte im Bereich von 0 bis 100, die die Intensität des gemessenen Signals ausdrücken. Durch →*Kalibrierung* können diese Werte auf die aktuellen Bedingungen wie Grundgeräusche angepasst werden (siehe Abschnitt 5.3.3).

 Ähnlich wie der Geräuschsensor kann auch der **Lichtsensor**-Block verwendet werden. Dieser misst die Helligkeit und liefert Messwerte im Bereich von 0 bis 100. Auch dieser Sensor kann auf aktuelle Umgebungsbedingungen →*kalibriert* werden. Als Parameter kann bei dem Sensor noch die Lichtquelle aktiviert werden, um zu verhindern, dass der Roboter die Messung durch seinen eigenen Schatten verfälscht.

 Der **Ultraschallsensor**-Block ermittelt den Messwert des Ultraschallsensors und gibt die Distanz wahlweise in Zentimetern oder Zoll oder das Ergebnis eines Distanzvergleiches über einen Datenknoten aus.

 Mittels des **NXT-Tasten**-Blocks lassen sich die Zustände der Tasten auf dem NXT ermitteln. Da die untere Taste standardmäßig zum Beenden des Programmes dient, kann diese nicht zur Steuerung des Roboters benutzt werden.

 Neben der Möglichkeit, den Motor zu bewegen, kann auch dessen integrierter Rotationssensor mithilfe des **Drehsensor**-Blocks ausgelesen werden. Dieser gibt die Drehungen des Motors seit Programmstart bzw. dem letzten Zurücksetzen des Drehzählers aus, was ebenfalls mit diesem Block durchgeführt werden kann.

 Mit Hilfe des **Timer**-Blocks lassen sich Zeitspannen messen. Dabei muss einer der drei zur Verfügung stehenden Timer ausgewählt werden. Dieser kann nun entweder auf eine Millisekunde genau ausgelesen oder zurückgesetzt werden.

 Mit einem **Empfange-Nachicht**-Block lassen sich die von einem NXT oder einem anderen Bluetooth-Gerät gesendeten Nachrichten abrufen. Diese werden beim empfangenden NXT in einer von zehn sogenannten Mailboxen gespeichert, dabei muss der erwartete Datentyp und die beim Senden gewählte Mailbox angegeben werden.

 Äquivalent zu dem bereits vorgestellten Lichtsensor kann man auch den neuen **Farbsensor**-Block aus dem Set NXT 2.0 verwenden. Dieser kann in zwei unterschiedlichen Modi betrieben werden: Der erste entspricht dem klassischen Modus des Lichtsensors (Helligkeitsmessung), wobei hier zusätzlich die Farbe des ausgestrahlten Lichts ausgewählt werden kann. Im neuen Farbsensormodus dient der Sensor zur Erkennung verschiedener Farben. Er liefert entweder einen Wahrheitswert, ob sich die gemessene Farbe in einem bestimmten Bereich befindet, oder auch einen Zahlenwert zwischen 1 und 6, der die Farbe repräsentiert: Schwarz(1), Blau(2), Grün(3), Gelb(4), Rot(5) und Weiß(6).

Neben den im Set erhältlichen Bauteilen gibt es eine Reihe von Zusatzsensoren, die auch in Form von neuen Blöcken in NXT-G integriert werden können. Diese Programmblöcke für die hier beschriebenen zusätzlichen Sensoren befinden sich wie sämtliche Programmbeispiele auf dem Extras-Server[12].

 Mit dem **Beschleunigungssensor**-Block ist es möglich, die Beschleunigung bezüglich aller drei Achsen ausgeben zu lassen[13].

---

[12] http://extras.springer.com/

[13] Voraussetzung ist eine aktuelle NXT-Firmware ab Version 1.0.5

 Der **Kompasssensor**-Block kann die absolute Richtung des Roboters bezüglich Norden in Grad ausgeben, wobei die Gradanzahl im Urzeigersinn gemessen wird. Es ist aber auch möglich, die relative Abweichung zu einem Zielkurs auszulesen, welche von -180° bis 180° reicht. Das Kalibrieren des Kompasses funktioniert, indem man mit dem Kompass-Block die Funktion *Calibrate* aufruft, den Roboter mit dem Kompass einmal um mindestens 360° dreht und dann eine normale Lese-Aktion durchführt.

 Der **Kreiselsensor**-Block gibt die Drehgeschwindigkeit des Sensors in Grad pro Sekunde aus und reicht von -360°/s bis 360°/s. Dabei kann im Rahmen der Sensorkalibrierung zusätzlich ein Ruhewert angegeben werden, der vom Ergebnis abgezogen wird.

 Der **RFID-Sensor** ermöglicht zwei Modi zum Auslesen der entsprechenden Marker: den für einzelne Abfragen vorgesehene *Single Read*-Modus und den für eine dauernde Abfrage vorgesehenen, schnelleren *Continous Read*-Modus. Mit *Stop* versetzt man einen Sensor im *Continous-Read*-Modus wieder in den Ruhezustand, was auch automatisch nach 2 Sekunden passiert. Durch *Live-Update* lässt sich mit dem Sensor die Nummer eines Transponders ermitteln und mit der *Current Transponder*-Schaltfläche in das Vergleichen-Feld übertragen. Außerdem lassen sich auch noch weitere Informationen über den Transponder auslesen.

5.2.4 Ablauf

In dieser Rubrik befinden sich wichtige informationstechnische Elemente, die Einfluss auf den Programmablauf haben. Dazu gehört das Warten auf ein bestimmtes Ereignis genauso wie eine Programmverzweigung oder eine Schleife zur Wiederholung. Diese Entscheidungen können beispielsweise aufgrund von Sensorwerten getroffen werden. Abbildung 5.6 zeigt beispielhaft an einer Schleife, wie die Steuerung mit Hilfe der Sensoren funktioniert: Nach Wahl des Sensors können rechts im Parameterfenster der *Port* sowie je nach Sensor die zu testende Bedingung wie „Schalter gedrückt" oder „Entfernung unter 20cm" angegeben werden.

 Soll ein bestimmter Programmblock verzögert werden, kann der **Warten**-Block verwendet werden. Mit diesem ist man über den Parameter *Steuerung* in der Lage, die weitere Ausführung des jeweiligen Ablaufträgers bis auf das Eintreffen eines *Sensor*-Ereignisses oder für eine bestimmte *Zeit*-Dauer zu verhindern.

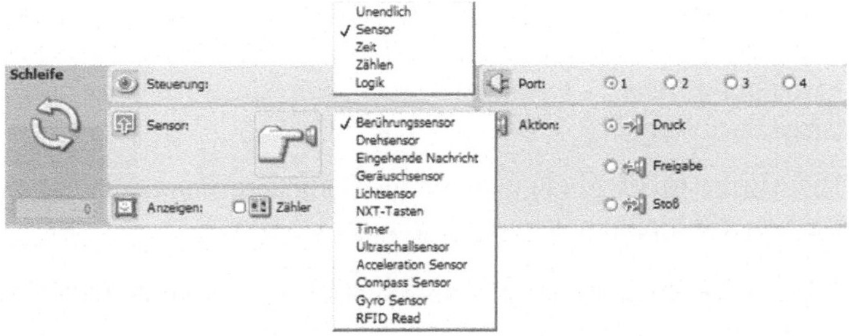

Abb. 5.6: Parameter der Schleife mit den Auswahllisten für die Steuerung und Sensoren

 Mit einer **Schleife** lassen sich Programmteile wiederholt ausführen. Die Steuerung erfolgt über Abbruchbedingungen wie *Zählen* – also eine feste Anzahl an Wiederholungen – oder *Logik* mittels Wahrheitswert. Weitere Möglichkeiten sind Endlosschleifen mittels *Unendlich*, Zeitgesteuerte Schleifen oder die Steuerung über *Sensor*-Werte ähnlich wie beim Warten-Block.

 Der **Schalter**-Block dient für bedingte Verzweigungen, um abhängig von Bedingungen unterschiedliche Programmteile auszuführen. Er besitzt zwei mögliche Darstellungen: In der offenen Ansicht werden zwei Fälle – also Bedingung und Programmteil – untereinander dargestellt, in der geschlossenen Ansicht wird immer nur ein Fall angezeigt, es sind aber beliebig viele erlaubt. Als Bedingung kann entweder der Messwert eines bestimmten Sensors dienen oder ein über eine Datenleitung übergebener Wert. In der Bedingungen-Liste der geschlossenen Ansicht lassen sich Werte festlegen, die unterschiedliche Verzweigungsprogramme auslösen, sowie eine Standard-Verzweigung, falls der eingehende Wert nicht in der Liste vorkommt.

 Der **Stop**-Block beendet das gesamte Programm inklusive aller gerade ausgeführter Befehle unabhängig davon, ob er auf dem Haupt- oder auf einem parallelen Ablaufträger liegt. Laufende Motoren rollen aus und werden nicht aktiv gebremst.

5.2.5 Daten

Wie in Abschnitt 5.1.5 erläutert, bietet NXT-G verschiedene Möglichkeiten der Datenverarbeitung. Diese funktionieren über Datenleitungen, die zwischen Eingabeblöcken, Verarbeitungselementen und Ausgabeblöcken verlaufen. Folgende Blöcke liegen in der erweiterten Palette unter *Daten* und dienen der informationstechnischen Datenverarbeitung:

 Für logische Operationen dient der **Logik**-Block. Dieser nimmt einen bzw. zwei logische Werte und liefert das Ergebnis entsprechend der gewählten logischen Operation (und/oder/exklusives oder/nicht) zurück (siehe dazu Kapitel 3.3.5).

 Der **Mathe**-Block ermöglicht die vier Grundrechenarten Addition, Subtraktion, Multiplikation und ganzzahlige Division.

 Mit dem **Vergleichen**-Block lassen sich zwei Zahlen miteinander vergleichen.

 Außerdem gibt es noch den **Bereich**-Block, der einen Wert auf die Zugehörigkeit zu einem Intervall prüft.

 **Zufalls**-Block, der eine Zufallszahl innerhalb eines bestimmten Bereichs generiert.

 Mit Hilfe des **Variablen**-Blocks aus der erweiterten Palette kann man auf Variablen zugreifen, um sie entweder auszulesen oder zu beschreiben. Will man nun einen Wert in eine Schleife oder einen Schalter weitergeben, so speichert man ihn in einer Variablen und liest ihn in der Schleife oder dem Schalter zur Weiterverarbeitung aus.

 Ähnlich dazu funktioniert auch der **Konstanten**-Block aus der erweiterten Palette von NXT 2.0. Eine Konstante unterscheidet sich dadurch, dass sie nur ausgelesen werden kann. Wird eine Konstante darüber hinaus mittels des Menüpunktes *Bearbeiten → Konstante definieren* angelegt, so steht sie in allen NXT-G-Programmen zur Verfügung. Dies ist besonders bei mathematischen Konstanten wie der Zahl Pi hilfreich.

5.2.6 Großer Funktionsumfang

Im großen Funktionsumfang der erweiterten Palette findet sich der Text-Block zum Verknüpfen mehrerer Texte und der Konvertierungs-Block, der eine Zahl in eine Text umwandelt.

 Der **Text**-Block dient zum Verknüpfen, also Hintereinanderschreiben, von bis zu drei Texten. Diese können dann entweder auf dem Display ausgegeben oder in eine Datei geschrieben werden.

 Mithilfe des **Konvertieren**-Blocks lässt sich eine Zahl in einen Text umwandeln, der beispielsweise auf dem Display ausgegeben werden kann.

 Im **Lebenserhaltungs**-Block lässt sich die Zeit einstellen, nach der der NXT sich selbst ausschaltet. Diese Funktion wird bei Programmen benötigt, die eine längere als die im Menü des NXT eingestellte Wartezeit benötigen.

 Der **Datei**-Block bietet die Funktionalität, auf dem NXT Dateien zu lesen und schreiben. Dateien werden als Strom von Zahlen und/oder Texten behandelt. Diese werden sequentiell durchlaufen, d.h., die Werte werden nacheinander ausgelesen. Wenn das Ende der Datei erreicht ist oder versucht wird, einen Text als Zahl (eine Zahl kann man in NXT-G immer auch als Text interpretieren) zu lesen, dann gibt der Datei-Block einen Fehler zurück. Statt mit dem Datei-Block kann man eine Datei auch einfach mit dem (Windows-) Editor erstellen, indem man jeden Wert in eine eigene Zeile schreibt. Nachdem man diese Datei abgespeichert hat, kann man sie mittels der Dateiverwaltung des NXT-Fensters übertragen und auf dem NXT nutzen.

 Der **Kalibrierungs**-Block dient dazu, eine Kalibrierung des Geräusch- oder Lichtsensors innerhalb eines Programmablaufes durchzuführen. Dabei kann entweder das Maximum oder das Minimum neu eingestellt oder die Kalibrierung zurückgesetzt werden.

 Mit Hilfe der **Motor-Zurücksetzen**-Blocks lässt sich ein interner Zähler zurücksetzen, in dem die tatsächlich zurückgelegte Entfernung gespeichert wird, welche im Regelfall beim Auslaufenlassen der Motoren von der angegebenen abweicht. Durch den Zähler kann sichergestellt werden, dass nach einer Motorbewegung mit anschließendem Ausbremsen die insgesamt angegebene Entfernung zurückgelegt wurde. Allerdings kann die Dauer von einzelnen Bewegungen, sofern die entsprechenden Motoren nicht vorher zurückgesetzt wurden, dadurch von der angegebenen Dauer abweichen.

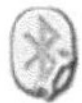 In der Version NXT 2.0 neu hinzu gekommen ist der **Bluetooth-Verbindungs**-Block. Mit diesem kann man eine Verbindung zu einem anderen Bluetooth-Gerät (z.B. NXT, Handy, PC) herstellen oder abbrechen. Die gewählte Verbindung kann dann für die Kommunikation über die Sende- und Empfangsblöcke genutzt werden.

5.2.7 Eigene Blöcke

NXT-G bietet auch die Möglichkeit, Programmteile in einen eigenen Block zusammenzufassen. Dieser normalerweise aus mehreren Elementen bestehende Block lässt sich beliebig oft und in gleicher Weise wie die vorgefertigten Blöcke verwenden. Dies erspart oftmals viel Arbeit und hat den Vorteil, dass man Änderungen an diesem Programmteil nur einmal durchführen muss, wenn er öfter benutzt wird.

Um einen eigenen Block zu erstellen, wählt man die dazugehörigen, aneinanderhängenden Blöcke aus und klickt entweder in der Toolbar auf *eigenen Block erstellen* oder man wählt den Menüpunkt *Bearbeiten → neuen eigenen Block erstellen*. Es erscheint ein Dialog, in dem man dem Block auf der ersten Seite einen Namen und eine Beschreibung geben kann und ein eigenes Symbol auf der zweiten Seite. Wenn man auf *Fertigstellen* klickt, so sieht man im Programm statt der Auswahl den neu entstandenen eigenen Block, welcher sich durch einen Doppelklick öffnen und bearbeiten lässt (siehe auch Beispiel in Abschnitt 5.3.1).

Es ist auch möglich, eigene Blöcke mit Ein- und Ausgabe zu erstellen. Dazu braucht man nur zwischen den ausgewählten Blöcken, die zu dem eigenen Block gehören sollen, und dem Rest des Programms Datenleitungen zu legen. Diese Datenleitungen werden nach dem Erstellen des eigenen Blocks zu Datenknoten. Innerhalb des eigenen Blocks werden diese als frei verschiebbare und durch einen Doppelklick umbenennbare Anschlüsse für Datenleitungen dargestellt.

5.3 Anwendungsbeispiel „Intelligenter Roboter"

Nach der Einführung der grafischen Programmierblöcke sollen die Methoden nun praktisch am Beispiel eines einfachen Robotermodells umgesetzt und vertieft werden. Dabei geht es darum, einen Roboter zu programmieren, der bestimmte geometrische Muster abfahren kann, auf Sensoren reagiert, um beispielsweise Hindernissen auszuweichen, oder Markierungen folgt, die auf dem Boden angebracht sind. Als Robotermodell soll dabei ein Tribot ohne Greifarme fungieren, der über einen nach vorne erweiterten Tasthebel verfügt (siehe Abb. 5.7a). Es können aber auch andere Modelle mit den in Tabelle 5.1 angegebenen Voraussetzungen genutzt werden. Für weitere Robotermodelle und Ideen für Konstruktionen empfiehlt sich das englischsprachige Buch *Building Robots with Lego Mindstorms NXT* [10].

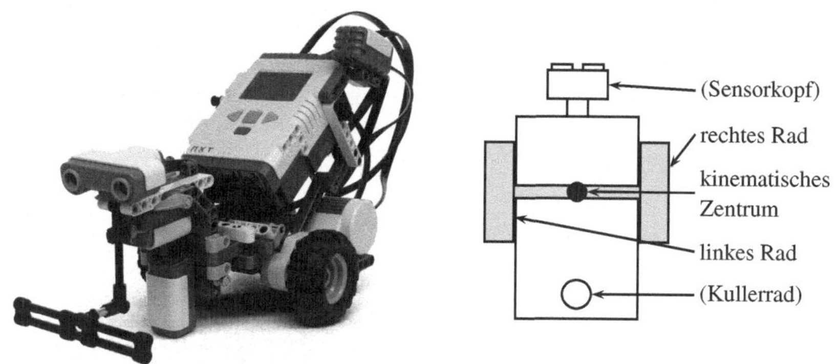

(a) Verwendetes NXT-Robotermodell   (b) Ersatzmodell für Kinematik

Abb. 5.7: Bild des verwendeten Roboters mit Differentialantrieb (a) und des kinematischen Ersatzmodells (b). Für die Kinematikberechnungen dieses Roboters sind lediglich die angetriebenen Räder und das kinematische Zentrum von Bedeutung (graue Elemente in Abb. 5.7b)

Tabelle 5.1: Voraussetzungen für den im Rahmen dieses Anwendungsbeispiels verwendeten Roboters

Bauteil	Port	Position und Funktion
Motor	B	linkes Rad (unabhängig von rechtem Rad)
Motor	C	rechtes Rad (unabhängig von linkem Rad)
Taster	1	nach vorne gerichtet, für frontale Hindernisse
Geräuschsensor	2	beliebig angeordnet (optional)
Licht/Farbsensor	3	nach unten auf Boden gerichtet
Ultraschallsensor	4	nach vorne gerichtet

5.3.1 Der Roboter lernt fahren

Zunächst soll der Roboter dazu gebracht werden, ein Quadrat mit einer Seitenlänge von $50cm$ entgegen des Uhrzeigersinns abzufahren, so dass er am Ende wieder an seiner Startposition steht. Dabei werden die verschiedenen Motorparameter und -blöcke verwendet, um die beiden Motoren gezielt anzusprechen. Außerdem wird das Ausführen von Schleifen eingeführt und vertieft.

Motoren ansprechen

Der erste Teil der beschriebenen Aufgabe besteht darin, ein Programm zu entwickeln, das den Roboter eine Strecke von $50cm$ geradeaus fahren lässt, ihn um $90°$ dreht, um dann ein weiteres Mal $50cm$ zu fahren. Diese Bewegungen können im einfachsten Fall durch drei Einzelbefehle umgesetzt werden: zwei für die Vorwärtsfahrt und einer zum Lenken.

Um diese drei Bewegungen mit Hilfe von NXT-G umzusetzen, benötigt man mehrere Blöcke, die auf den Ablaufträger geschoben werden müssen (Abb. 5.8). Für die beiden Fahrten geradeaus dienen zwei *Bewegungsblöcke* mit folgenden Einstellungen: *Port B* und *C*, *Richtung vorwärts*, *Lenkung geradeaus* und *nächste Aktion bremsen*. Die *Leistung* kann beliebig gewählt werden, sollte aber einen Wert von 10 nicht unterschreiten, damit der Roboter noch fahren kann.

Der einzige noch fehlende Parameter ist die *Dauer*. Hier muss beachtet werden, dass die Entfernung s nicht explizit angegeben werden kann. Demzufolge muss die zurückzulegende Strecke vorab in eine Anzahl von Motorumdrehungen umgerechnet werden. Der einzustellende Rotationswinkel $\varphi_{r/l}$ des rechten bzw. des linken Rads ergibt sich nach Formel 5.1 aus dem Radradius r und der zu fahrenden Entfernung s. Setzt man nun $r = 2.8cm$ und $s = 50cm$ in die Gleichung ein, erhält man einen einzustellenden Drehwinkel von $\varphi_{r/l} = 1023°$ für die beiden Blöcke zur Fortbewegung (vgl. Abb. 5.9).

$$\varphi_r = \varphi_l = s \cdot \frac{360°}{2 \cdot \pi \cdot r} \tag{5.1}$$

Bei den Bewegungsblöcken ist die Kontrolle der einzelnen Motoren nicht einfach, weshalb zum gezielten Lenken die Motorblöcke verwendet werden sollten.

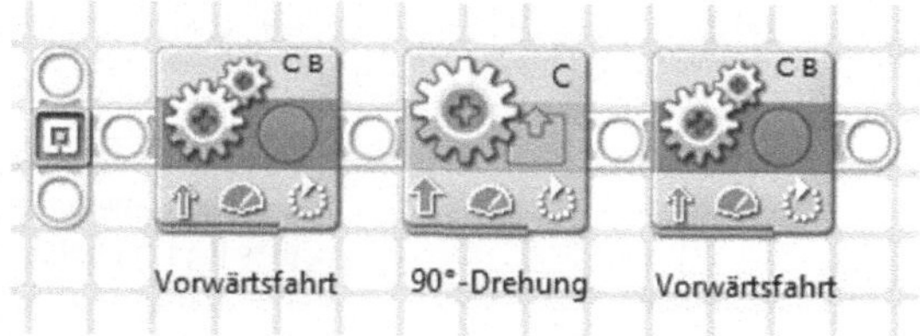

Abb. 5.8 Lösung für das Fahren mit einer Drehung um das linke Rad (mittlerer Block)

Zwischen den beiden Bewegungsblöcken für die Vorwärtsfahrt fehlt also noch ein Motorblock (in diesem einfachen Beispiel liefert ein Bewegungsblock mit nur einem aktivierten Motor das gleiche Ergebnis), der das rechte Rad an *Port C* vorwärts dreht. Schwieriger als bei der Geradeausfahrt ist es nun, den Rotationswinkel so zu wählen, dass der Roboter die gewünschte 90°-Drehung ausführt. Für die Berechnung der →*Kinematik* des Fahrzeugs benötigt man den Abstand d und den Radius r der beiden Räder sowie den gewünschten Drehwinkel des Roboters $\varphi_{roboter}$. Der Drehwinkel φ_r berechnet sich nach Formel 5.2, sofern das linke Rad steht (Abb. 5.9a). Dabei wird ausgenutzt, dass der Radabstand d dem Radius des Kreises entspricht, den das rechte Rad beschreibt, wenn es um das gebremste linke Rad fährt. Setzt man nun die Parameter des Roboters in die Gleichung 5.2 ein ($r = 2.8cm$, $d = 11.5cm$, $\varphi_{roboter} = 90°$), so erhält man für den Drehwinkel des rechten Rades $\varphi_r \approx 370°$, während das linke Rad steht ($\varphi_l = 0$). Der mittlere Bewegungsblock muss also auf *Lenkung links* und *Dauer* 370° eingestellt werden. Die anderen Parameter können beibehalten werden.

$$\varphi_r = \varphi_{roboter} \cdot \frac{d}{r} \quad , \quad \varphi_l = 0 \tag{5.2}$$

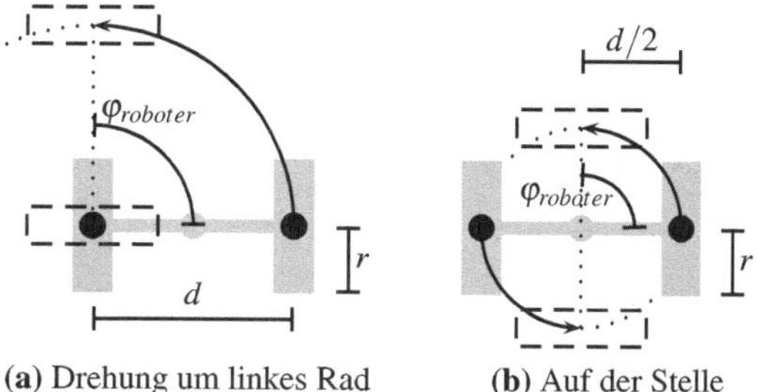

Abb. 5.9 Kinematikberechnung bei unterschiedlichen Drehvarianten: Drehung um das linke Rad (a) und um das Roboterzentrum (b)

Streng genommen fährt der Roboter mit dem angegebenen Programm bei der Drehung eine kleine Kurve, wodurch ein Quadrat mit abgerundeten Ecken entstehen würde. Deshalb muss der Roboter in den Eckpunkten dazu gebracht werden, auf der Stelle zu drehen, was die gegenläufige Drehung beider Räder erfordert (siehe Abb. 5.9b). Der zu fahrende Kreisradius entspricht dann dem halben Radabstand

$d/2$, so dass sich mit den angegebenen Parametern nach Gleichung 5.3 die Drehwinkel $\varphi_r \approx 188°$ und $\varphi_l \approx -188°$ ergeben.

$$\varphi_r = \varphi_{roboter} \cdot \frac{d/2}{r} \quad , \quad \varphi_l = -\varphi_{roboter} \cdot \frac{d/2}{r} \qquad (5.3)$$

Diese Drehung ist mit einem Bewegungsblock zwar auch möglich (Lenkung ganz nach außen), allerdings lassen sich die Motor-Parameter individueller einstellen. Daher sollte man an dieser Stelle drei Motorblöcke verwenden (Abb. 5.10). Der erste soll das linke Rad rückwärts drehen, deshalb müssen folgende Parameter eingestellt werden: *Port B, Richtung rückwärts, Aktion konstant* und *Dauer 188 Grad*. Das negative Vorzeichen wird hier durch das Rückwärtsdrehen umgesetzt. Damit der zweite Motor gleichzeitig vorwärts drehen kann, muss beim ersten Motorblock das Häkchen aus *Warten auf Abschluss* entfernt werden. Auf diese Weise wird der nächste Block parallel ausgeführt: *Port C, Richtung vorwärts, Aktion konstant* und *Dauer 188 Grad*. Da man beim ersten Motorblock keine Folgeaktion angeben kann, wenn nicht auf den Abschluss gewartet wird, muss mit einem dritten Motorblock der Motor an *Port B* explizit abgebremst werden, indem *Richtung Stopp* angegeben wird. Andernfalls würde der Motor einfach auslaufen und der Roboter würde nicht exakt auf der Stelle drehen.

Abb. 5.10: Lösung für das Fahren mit Drehung auf der Stelle. Die Motoren B und C werden exakt gegenläufig gedreht und dann gestoppt (mittlere Blöcke)

Ein eigener Block zum Fahren und Abbiegen

Der Programmteil zum Vorwärtsfahren und anschließendem Abbiegen soll nun der Übersichtlichkeit und Wiederverwendbarkeit wegen als Unterprogramm zusammengefasst und als solches verwendet werden. Für diese Aufgabe bietet NXT-G die Möglichkeit, aus den entsprechenden Blöcken einen eigenen Block zu erstellen (siehe Abschnitt 5.2.7). Dazu müssen die vier Blöcke für die Vorwärtsfahrt und das Drehen markiert werden, so dass diese farbig hervorgehoben sind. Nun im Menü *Bearbeiten → neuen eigenen Block* auswählen. In dem Dialog (Abb. 5.11) nun einen Namen wie „VorwaertsUndAbbiegen" vergeben, auf der zweiten Seite kann noch ein eigenes Symbol erstellt werden. Durch *Fertigstellen* wird der Block erzeugt und kann nun verwendet werden.

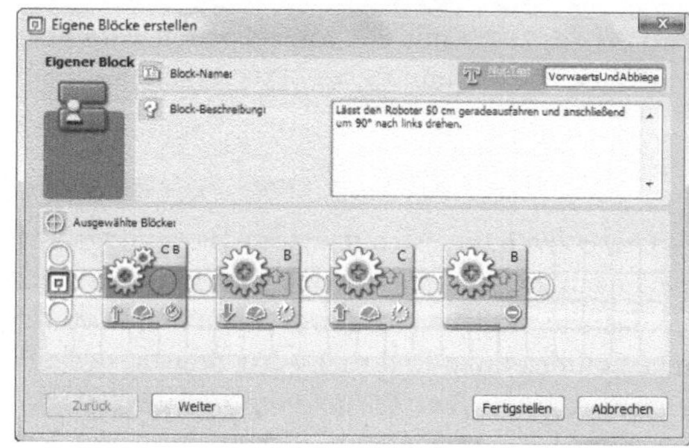

Abb. 5.11 Dialog zum Erstellen eines eigenen Blocks, der das Vorwärtsfahren und das Abbiegen realisiert. Die darin enthaltenen Elemente werden entsprechend angezeigt, Name und Beschreibung können oben angegeben werden

Schleifen ausführen

Basierend auf dem vorangegangenen Abschnitt soll das Programm so erweitert werden, dass der Roboter ein Quadrat abfährt und dann stehenbleibt. Eine Lösung ist, den gerade erstellten eigenen Block mehrmals hintereinander auf dem Ablaufträger zu platzieren. Bei sich wiederholenden Aufgaben empfiehlt sich allerdings die Verwendung von Schleifen: Da ein Quadrat vier Ecken und Kanten hat, soll der Roboter viermal das gleiche ausführen, nämlich $50cm$ geradeaus fahren und denn eine 90° Drehung vollziehen.

In NXT-G platziert man dafür eine Schleife auf dem Ablaufträger, stellt die Steuerung *Wiederholen bis* auf *Zählen*, gibt als Wert 4 ein und schiebt dann den neuen „VorwaertsUndAbbiegen"-Block ins Innere der Schleife. Dieser wird nun insgesamt viermal ausgeführt und der Roboter fährt das Quadrat.

Abb. 5.12 Das Fahren im Quadrat mit Hilfe des eigenen Blocks zum Vorwärtsfahren und Drehen

---

Programmieraufgabe 9: Abfahren eines Dreiecks

Das vorgestellte Programm soll nun so geändert werden, dass der Roboter ein gleichseitiges Dreieck mit einer Seitenlänge von $70cm$ abfährt. Wie müssen die Drehwinkel in dem eigenen Block angepasst werden und wie viele Wiederholungen sind notwendig?

5.3.2 Hindernissen ausweichen

Bisher hat der Roboter sein Programm ausgeführt, ohne auf irgendwelche Sensoren zu reagieren. Im folgenden Abschnitt geht es um die Interaktion mit der Umwelt mit Hilfe des Tasters und des Ultraschallsensors. Dabei werden neben den Sensorblöcken auch Verzweigungen in Form von Schaltern, parallele Ablaufträger und eigene Blöcke vorgestellt.

Kollisionserkennung mittels Taster

Ein wichtiger Aspekt bei der Entwicklung eines Roboters ist die Sicherheit sowohl des Systems selbst als auch der Umgebung. Der Roboter darf prinzipiell nichts beschädigen und niemanden verletzen, weshalb er mit Sensoren ausgerüstet und entsprechend programmiert werden muss. Die einfachste Form ist die Verwendung von Tastsensoren zur Erkennung von Kollisionen. Tritt dieser Fall ein so muss das Robotersystem das aktuell laufende Programm unterbrechen oder auch eine Gegenbewegung ausführen.

Der Roboter soll im Folgenden so lange geradeaus fahren bis er auf eine Wand stößt, dann eine kurze Strecke zurückfahren und sich dabei wegdrehen und dann wieder geradeaus fahren. Dieser Vorgang soll sich so lange wiederholen, bis der Roboter ausgeschaltet wird. Der Roboter wird – um die Kollision zu erkennen – mit einem nach vorne gerichteten Taster ausgestattet.

Der erste Schritt ist das Vorwärtsfahren bis zu einer Kollision. In NXT-G kann dies über eine Schleife gelöst werden, die so lange wiederholt wird, bis der Tastsensor ausgelöst wird. Als Parameter für die Schleife dient der Tastsensor an *Port 1* mit der *Aktion Druck* als Abbruchkriterium. Zum Geradeausfahren wird ein auf *Dauer unendlich* eingestellter Bewegungsblock in das Schleifeninnere gezogen.

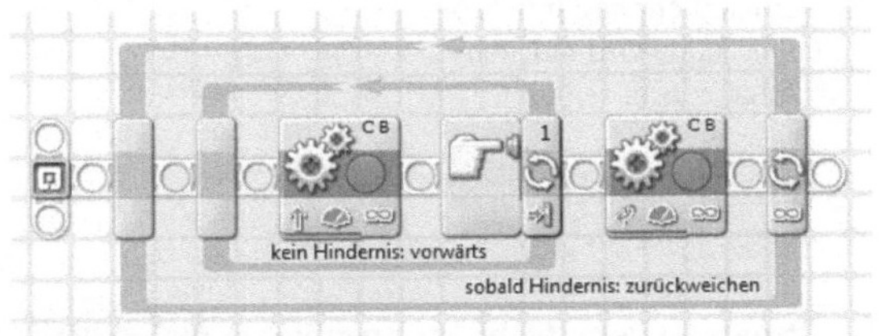

Abb. 5.13 Lösung für die Kollisionserkennung mit Zurückweichen: Solange der Taster nicht gedrückt ist, wird geradeaus gefahren, ansonsten fährt der Roboter rückwärts

Nach der Kollision soll der Roboter nun zurückfahren und sich dabei wegdrehen. Dies kann durch einen Bewegungsblock umgesetzt werden, der hinter der Schleife platziert wird. Bei diesem Block muss die *Richtung* auf rückwärts und eine *Lenkung* in eine beliebige Richtung eingestellt werden. Diese ganze Abfolge soll der Roboter nun unbegrenzt ausführen, weshalb sie in einer Endlosschleife platziert werden muss (Abb. 5.13).

Programmieraufgabe 10: Zufällige Richtung beim Wegdrehen

Das beschriebene Programm soll so erweitert werden, dass der Roboter bei einer Kollision rückwärts fährt und dabei zufällig nach links oder nach rechts dreht. Dazu muss als Eingang für die Lenkung des Bewegungsblocks ein Zufallswert zwischen -100 und 100 verwendet werden.

Hindernisvermeidung mit dem Ultraschallsensor

Um Kollisionen vorzubeugen, muss der Roboter in der Lage sein, Hindernisse frühzeitig wahrzunehmen, wenn diese vor ihm liegen. Dies kann mit einem Ultraschallsensor realisiert werden, der ein berührungsloses Erkennen von Objekten erlaubt. Deshalb soll der Roboter nun nicht auf den Taster, sondern auf den Ultraschallsensor reagieren, wenn die gemessene Entfernung zu klein ist.

Dazu kann man im vorherigen NXT-G-Programm den inneren Schleifenblock so verändern, dass statt des Berührungssensors der Ultraschallsensor an *Port 4* ausgewertet wird. Nach der Wahl des Ports muss man den *Vergleich*-Bereich einstellen, so dass die Schleife abgebrochen wird, wenn ein bestimmter Entfernungswert unterschritten wird. Soll der Roboter bei der Unterschreitung einer Entfernung von $20cm$ ausweichen, so muss dieser Bereich auf $< 20cm$ gesetzt werden. Die Fortbewegung des Roboters kann nun noch etwas angepasst werden, indem er beim Erkennen eines Hindernisses nicht rückwärts, sondern vorwärts ausweicht, was zu einer flüssigeren Fahrweise führt. Dazu muss im hinteren Bewegungsblock noch die *Richtung* geändert werden, wie in Abb. 5.14 gezeigt.

Abb. 5.14 Lösung für die Hinderniserkennung mit Ausweichen: Hier wird auf den Ultraschallsensor reagiert

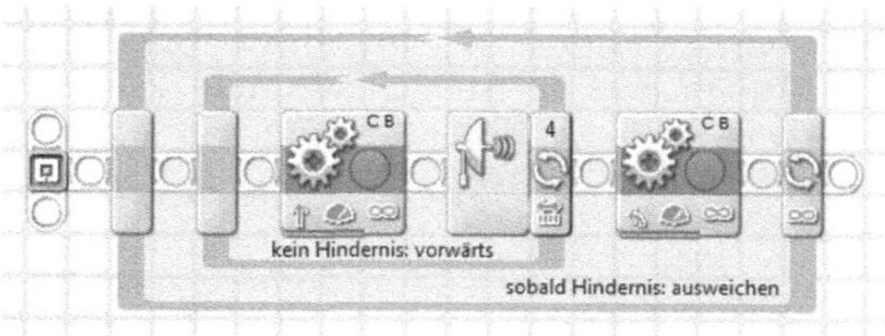

Programmieraufgabe 11: Ausweichen mal anders

Eine ähnlich kurze Lösung ist das Aneinanderreihen von folgenden drei Blöcken, die in einer Endlosschleife wiederholt werden: Bewegungsblock vorwärts mit unendlicher Drehung - Warten auf nahe Distanz bei Ultraschallsensor - Bewegungsblock zum Weglenken mit fester Drehzahl. Worin liegt der Unterschied zu der Lösung aus Abb. 5.14? Welche Lösung ist besser?

Parallele Programmstrukturen

Der Roboter ist nun in der Lage, Hindernissen auszuweichen. Flache Objekte können unter Umständen aber nicht von dem Ultraschallsensor wahrgenommen werden, weswegen nun zusätzlich auf den Taster reagiert werden soll. Das vorhandene Programm muss also so erweitert werden, dass die Hindernisvermeidung läuft, der Roboter bei einer Kollision sofort anhält und die Programmausführung stoppt.

In NXT-G kann diese →*Nebenläufigkeit* durch einen neuen Ablaufträger umgesetzt werden, auf dem der Zustand des Tasters überprüft wird. Eine einfache Möglichkeit ist der Einsatz des Warten-Blocks, der durch den Berührungssensor gesteuert wird und den Programmfluss dieses Ablaufträgers solange blockiert, bis der Taster gedrückt wird. Im Warten-Block muss *Port 1* und die *Aktion Druck* gewählt werden. Danach wird ein Bewegungsblock eingesetzt, dessen *Richtung* auf *Stopp* gestellt wird. Danach folgt noch der Stopp-Block aus der erweiterten Palette, der das Programm beendet (Abb. 5.15).

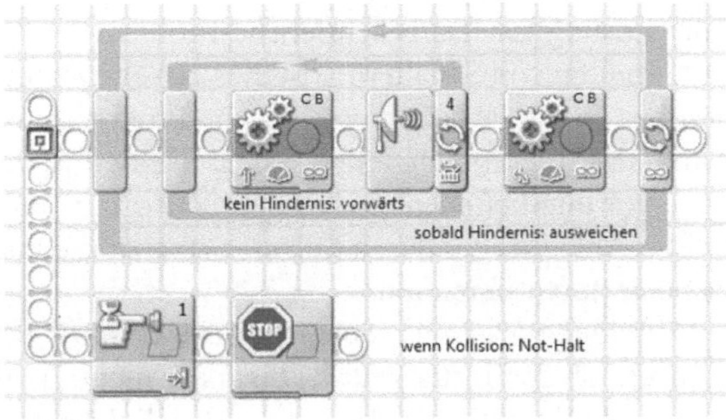

Abb. 5.15 Lösung für Hindernisvermeidung und Not-Stop bei Kollision: Solange der Ultraschallsensor kein Hindernis erkennt, wird geradeaus gefahren, ansonsten weggelenkt. Bei Tasterberührung wird das Programm beendet

Der Roboter hält nun sofort an, wenn er mit einem Hindernis kollidiert. Wenn man das Programm so erweitern möchte, dass er – wie in den vorherigen Abschnitten beschrieben – nicht anhält, sondern zurückweicht und dann weiterfährt, kann man dies nicht so einfach in Form eines veränderten Ablaufträgers umsetzen, in den entsprechende Bewegungsblöcke und eine Endlosschleife gesetzt werden.

Bei nebenläufigen Programmteilen kann es zu unvorhersehbarem Verhalten des Roboters kommen, wenn diese Teile widersprüchliche Befehle enthalten. Ein Beispiel gibt Abb. 5.16: Der Hauptträger enthält das Hindernisausweichen, das den Roboter ständig vorwärts fahren oder ausweichen lässt. Auf dem parallelen Ablaufträger wird auf ein Tasterereignis gewartet, bevor die Motoren eine Umdrehung rückwärts drehen und der Roboter einen Ton von sich gibt. Dieses Beispiel bringt allerdings nicht das gewünschte Ergebnis, da sich der Befehl für das Rückwärtsfahren und der für das Vorwärtsfahren in der oberen Schleife überlagern. Es ist nicht vorherzusagen, welche Bewegung der Roboter ausführt, da die Motoren gleichzeitig den Befehl erhalten, vorwärts und rückwärts zu drehen.

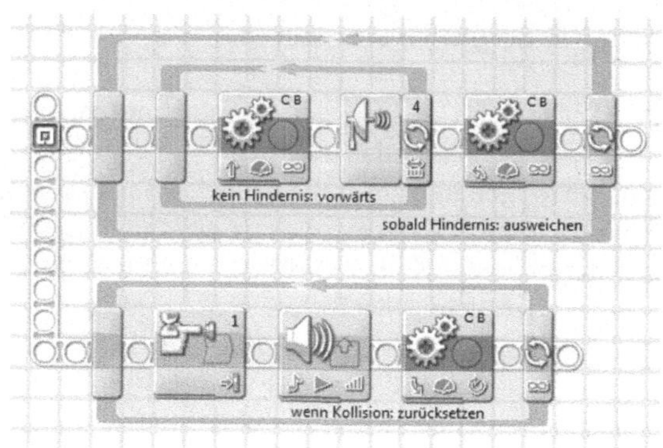

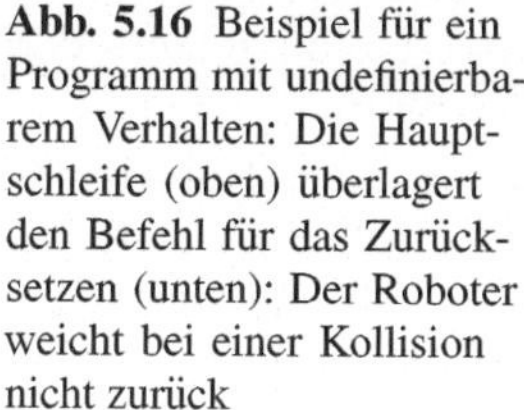

Abb. 5.16 Beispiel für ein Programm mit undefinierbarem Verhalten: Die Hauptschleife (oben) überlagert den Befehl für das Zurücksetzen (unten): Der Roboter weicht bei einer Kollision nicht zurück

Schalter als Verzweigungen

Eine Lösung für das beschriebene Problem mit parallelen Programmteilen ist die Verwendung von Schaltern. Mit diesen Verzweigungen ist es möglich, je nach Situation bzw. Sensorwerten verschiedene Programmteile auszuführen. Auf diese Weise kann ein Programm erstellt werden, das den Roboter weglenkt, wenn sich Hindernisse vor ihm befinden, und ihn zurücksetzt, wenn er kollidiert ist. Hierzu wird der zweite Ablaufträger durch Schalter ersetzt, die entscheiden, welche Bewegung der Roboter durchführen muss.

Abbildung 5.17 zeigt eine mögliche Lösung für dieses Problem. Der erste Schalter prüft, ob der Taster gedrückt ist oder nicht. Im ersten Fall muss der Roboter eine bestimmte Strecke zurückfahren und sich dabei wegdrehen, was durch einen Bewegungsblock umgesetzt werden kann. Ein Klang-Block verdeutlicht, dass der Roboter dieses Programmteil ausführt. Wenn der Schalter nicht gedrückt ist, darf der Roboter weiterfahren, sofern kein Hindernis vor ihm liegt. Diese Bedingung wird mit Hilfe eines zweiten Schalters erfüllt, indem auf die gemessene Entfernung geprüft wird. Ist das Hindernis zu nah, muss der Roboter eine Kurve fahren, ansonsten darf er geradeaus weiterfahren. Durch die Verwendung der drei Fälle *Taster gedrückt*, *Hindernis zu nah* und *Weg ist frei* können eindeutige Befehle an die Motoren geschickt werden und der Roboter verhält sich wie gewünscht.

Programmieraufgabe 12: Priorisierung der Zustände

Nun soll das Programm so umgebaut werden, dass zuerst auf den Zustand des Ultraschallsensors – also ein nahes Hindernis – und dann erst auf den Zustand des Schalters – gedrückt oder nicht gedrückt – geprüft wird. Inwiefern ändert sich das Verhalten des Roboters im Vergleich zu der vorgeschlagenen Lösung?

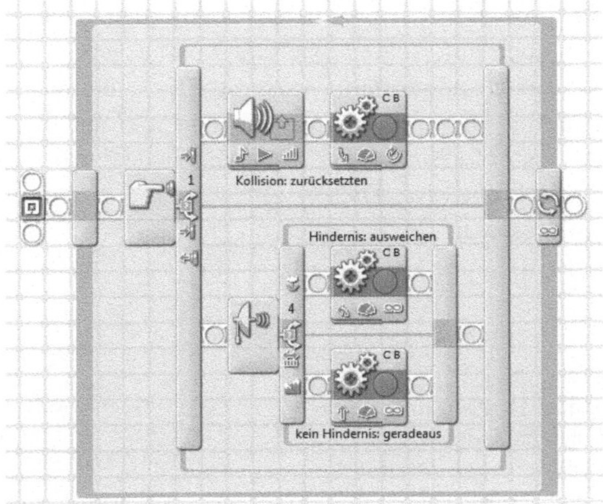

Abb. 5.17 Lösung für Hindernisvermeidung und Kollisionserkennung: Wird der Taster ausgelöst, so piept der Roboter und er setzt zurück (obere Verzweigung). Ist der Taster nicht gedrückt, so wird anhand des gemessenen Ultraschallwertes ausgewichen oder geradeaus gefahren

Ausgabe von Zustandsvariablen

Bei den Robotern oder anderen Systemen ist es meist nicht einfach, die Bereiche für die Auswertung der Sensorwerte korrekt einzurichten. An dieser Stelle ist es sinnvoll ein Programm einzusetzen, das die aktuellen Messwerte auf dem Display anzeigt, damit man diese während des Betriebs beobachten und auswerten kann. Dies kann entweder parallel zu einem bereits vorhandenen Programm oder als eigenständiges Programm ablaufen. Der Übersicht wegen soll ein neues Programm entworfen werden, das die Werte der beiden bisher verwendeten Sensoren Taster und Ultraschallsensor ausliest und auf dem Display anzeigt. Die anderen Sensoren können äquivalent dazu ausgewertet werden.

Das Programm soll nun parallel die Sensoren auslesen und die Messwerte auf dem Display ausgeben. Dies hat den Vorteil, dass die Ausgabe nicht durch das Auslesen der Sensoren verzögert werden kann, sondern immer der jeweils aktuellste Variablenwert angezeigt wird. Zum Auslesen und Speichern der beiden Sensorwerte sind jeweils ein Sensor- und ein schreibender Variablen-Block notwendig, wobei der Wert via Datenleitung weitergegeben wird. Es muss darauf geachtet werden, dass die Variable typkorrekt ist, also eine Variable vom Typ *Logik* beim Taster und eine *Zahl*-Variable beim Ultraschallsensor verwendet wird. Der ganze Programmteil soll auf einem Ablaufträger in einer Endlosschleife ausgeführt werden.

Auf einem anderen Ablaufträger sollen kontinuierlich die in den Variablen gespeicherten Messwerte auf das Display ausgegeben werden. Dazu müssen zunächst die Werte mittels zweier Variablen-Blöcke wieder gelesen und im Falle des Ultraschallsensors mit dem Konvertieren-Block in einen Text umgewandelt werden. Über eine Datenleitung kann man diesen Text zu einem Anzeige-Block leiten. Um den Zustand des Tasters auszugeben, kann man einen vom logischen Messwert gesteuerten Schalter benutzen, welcher in den beiden Fällen mittels eines Anzeigen-Blocks als Text entweder „gedrückt" oder „nicht gedrückt" ausgibt. Alternativ kann man sich auch unterschiedliche Grafiken ausgeben lassen. Es ist darauf zu achten, dass der zuerst aufgerufene Ausgabe-Block das Display mittels *Anzeige löschen* überschreibt. Dieser Programmteil wird nun auf einem eigenen Ablaufträger in einer Endlosschleife platziert, wobei am Ende der Endlosschleife noch ein Warten-Block hinzugefügt wird. Dieser sollte auf etwa 1 Sekunde eingestellt werden, damit man die Messwerte besser ablesen kann.

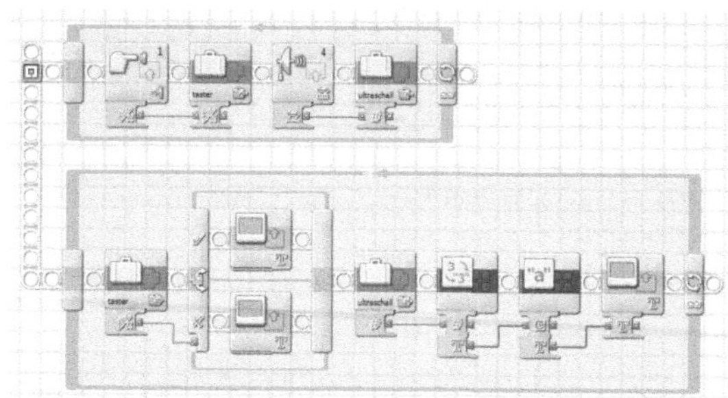

Abb. 5.18 Programm für das Auslesen und Anzeigen der Messwerte von Taster und Ultraschallsensor. Auf dem oberen Ablaufträger werden die Sensorwerte in Variablen geschrieben, im unteren gelesen und dargestellt

---

Programmieraufgabe 13: Wiederverwendung als eigener Block

Die Anzeige von Sensorwerten wird ständig benötigt. Es empfiehlt sich daher, das Beispiel um die anderen Sensoren zu erweitern und diese Blöcke in einem eigenen Block zusammenzufassen. Auf diese Weise kann dieses Programm schnell wiederverwendet werden.

5.3.3 Linienfolgen

Neben den beiden bereits vorgestellten Sensoren ist der Roboter noch mit einem Licht- und einem Geräuschsensor (NXT 1.0) beziehungsweise einem Farbsensor (NXT 2.0) ausgestattet. Diese Sensoren sollen nun verwendet werden, um den Roboter entlang einer schwarzen Linie fahren und ihn, sofern möglich, auf Geräusche reagieren zu lassen. Zum Testen kann der bei LEGO MINDSTORMS NXT beiliegende Plan genutzt werden, so dass der Roboter mit Hilfe des nach unten gerichteten Helligkeitssensor oder einem im Lichtsensormodus betriebenen Farbsensor dem schwarzen Oval folgt. In diesem Abschnitt werden neben den Sensoren auch verschachtelte Schalter und die Kalibrierung von Sensoren erläutert. Für weitere Informationen empfiehlt sich das Buch *Building Robots with Lego Mindstorms NXT* [10].

Integration von Licht- oder Farbsensoren

Für das Linienfolgen ist folgender Ansatz der einfachste: Misst der Lichtsensor (oder Farbsensor) einen geringen Helligkeitswert, dann befindet sich der Roboter auf der Linie und kann geradeaus weiterfahren. Ist der Messwert dagegen groß, hat er die Linie verlassen und muss zurück zur Linie finden. Der Roboter soll dabei im Uhrzeigersinn fahren, weswegen er zur Korrektur immer nach rechts lenken muss.

In NXT-G kann man den Roboter über einen Schalter entscheiden lassen, ob er lenken muss oder nicht. Diesen Schalter muss man also anhand des Lichtsensors verzweigen, wobei für den *Vergleich* > 50 als erster Grenzwert zwischen hell und dunkel gewählt werden kann. Dabei ist zu beachten, dass das Häkchen bei *Eigene Lichtquelle an* gesetzt ist. Im oberen Fall misst der Sensor nun hell, weswegen der Roboter mit Hilfe eines Bewegungsblocks nach rechts gelenkt werden muss. Im zweiten Fall befindet sich der Roboter auf der Linie und darf mit Hilfe eines weiteren Bewegungsblocks geradeaus fahren. Damit der Roboter ständig weiterfährt, muss der gesamte Schalter noch in einer Schleife wiederholt werden (Abb. 5.19).

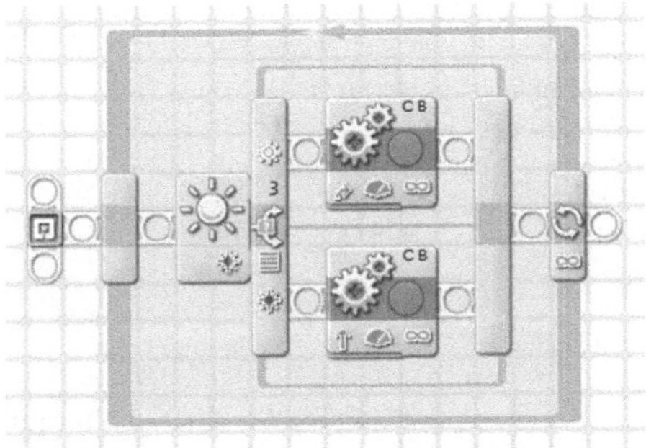

Abb. 5.19 Einfachste Version des Linienfolgens: Der Roboter fährt auf der Linie geradeaus (unterer Fall) und lenkt nach rechts, wenn er die Linie verlässt (oben)

Verschachtelte Schalter

Beim einfachen Linienfolgen hat der Roboter keinerlei Information darüber, auf welcher Seite der Linie er sich befindet, wenn er vom Weg abgekommen ist. Es bleibt nur das Ausprobieren durch Drehen nach rechts und links, was auf die Dauer viel Zeit in Anspruch nimmt. Ein ausgefeilterer Ansatz liegt darin, sich an einem Rand der Linie statt an der Linie selbst zu orientieren. Die Aufgabe ist es also, dem grauen Bereich am Rand der Linie zu folgen und dadurch zu unterscheiden, ob der Roboter sich nach rechts oder links korrigieren muss, je nachdem ob die Helligkeit des Untergrunds zu- oder abnimmt.

Das NXT-G-Programm kann dann wie folgt aufgebaut werden: Mit Hilfe eines Schalters, der auf den Lichtsensor an *Port 3* eingestellt ist, soll geprüft werden, ob der Lichtwert größer als ein oberer Grenzwert von z.B. 55 ist. In diesem Fall fährt der Roboter auf weißem Untergrund und muss nach rechts lenken. Ansonsten muss mit einem zweiten inneren Schalter getestet werden, ob der Lichtwert größer als eine untere Grenze von z.B. 40 ist. Wenn der Lichtwert also kleiner als 55 und größer als 40 ist, befindet sich der Roboter innerhalb des erlaubten Grau-Bereichs und darf geradeaus fahren. Ist der Wert kleiner, so befindet er sich auf der schwarzen Linie und muss nach links lenken, wie in Abb. 5.20 gezeigt.

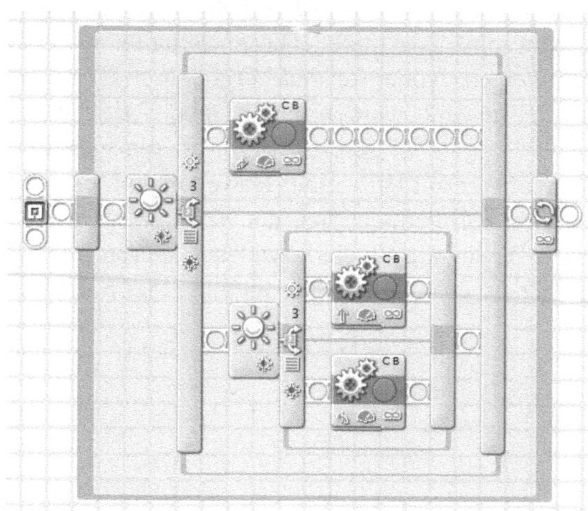

Abb. 5.20 Linienfolgen mit Hilfe von drei Zuständen. Im ersten Fall (weißer Untergrund) biegt der Roboter nach rechts ab. Ansonsten wird geprüft, ob der Untergrund schwarz ist oder nicht. Ist er schwarz, so biegt der Roboter nach links ab (unterster Fall). Befindet sich der Helligkeitswert dazwischen, so fährt der Roboter geradeaus

---

Programmieraufgabe 14: Ein Schalter mit drei Fällen

Eine kompaktere Lösung basiert auf der Verwendung der geschlossenen Schalter-Ansicht. Mit dieser ist es möglich, mehr als zwei Fälle auf einmal zu unterscheiden. Umfangreich ist allerdings die Erstellung des Steuerwerts für den Schalter: Dieser muss mit Hilfe einer Variablen und mehreren Vergleichen erstellt werden, was aber in einem eigenen Block zusammengefasst werden kann.

Kalibrierung von Lichtsensoren

Sowohl der Geräusch- als auch der Lichtsensor[14] lassen sich mit der NXT-G-Software über den Menüeintrag *Werkzeuge → Sensoren kalibrieren* bequem an die aktuellen Gegebenheiten anpassen. So muss man beispielsweise bei neuen Licht-verhältnissen nicht das Programm anpassen, sondern nur eine neue *→Kalibrierung* durchführen. In diesem Fenster wird angezeigt, ob und wie die Sensoren kalibriert worden sind. Nach Wahl des Sensors an *Port 3* kann ein Programm auf den NXT übertragen werden, welches die Kalibrierung durchführt. Dazu hält man beispiels-weise den Lichtsensor zuerst über einen sehr dunklen Untergrund und nach Bestäti-

---

[14] aber nicht der Farbsensor aus dem Set NXT 2.0

gen mit der orangefarbenen Enter-Taste über einen sehr hellen Grund, wo man durch ein weiteres Bestätigen mit der Enter-Taste die Kalibrierung fertigstellt. Man kann die Kalibrierung entweder durch dieses auf den NXT geladene Programm durchführen oder durch Kalibrierungsblöcke aus dem großen Funktionsumfang in der erweiterten Palette.

Der resultierende Helligkeitswert eines Lichtsensors wird aus dem Rohwert des Sensors, der zwischen 0 und 1023 liegt, mit Hilfe von Formel 5.4 $\rightarrow$*skaliert*. Diese Minimal- und Maximalwerte werden dabei mittels Kalibrierung ermittelt. Diese kann man nach jeder Änderung der Lichtverhältnisse auf dem NXT durchführen und braucht die Grenzwerte beispielsweise bei Vergleichen im Programm nicht zu ändern.

$$Wert = \begin{cases} 0 & wenn\ Rohwert < Min \\ \frac{Rohwert - Min}{Max - Min} \cdot 100 & wenn\ Min \leq Rohwert \leq Max \\ 100 & wenn\ Max < Rohwert \end{cases} \qquad (5.4)$$

Programmieraufgabe 15: Anpassung des Programms mittels Kalibrierung

Wie muss das Programm von vorher angepasst werden, damit man die Grenzwerte dank vorangegangener Kalibrierung eben nicht mehr so fest vorgeben muss? Wie ändern sich die Minimal- und Maximalwerte bei der Kalibrierung? Testweise kann der Roboter auch auf andere Grauwerte eingestellt und getestet werden.

Integration von Geräuschsensoren

Steht das NXT-Set mit enthaltenem Geräuschsensor zur Verfügung, kann der Roboter zum Abschluss so programmiert werden, dass er das aktuelle Programm unterbricht, wenn er ein lautes Geräusch vernimmt. Bei einem weiteren Geräusch soll er das Linienfolgen wieder aufnehmen. Dazu müssen die Schalter erneut verschachtelt und auf den Geräuschsensor eingestellt werden. Es empfiehlt sich, den in der inneren Schleife befindlichen Teil der Übersicht wegen in einen eigenen Block „Linienfolgen" zu setzen.

Das automatische Anhalten kann in NXT-G mit einem auf einen Geräuschsensor eingestellten Schalter erfolgen, der den Linienfolgen-Block ausführt, wenn kein Ton empfangen wird. Im Falle eines lauten Geräuschs muss der Roboter über einen Bewegungsblock mit *Richtung Stopp* anhalten. Danach muss zunächst gewartet werden, bis eine bestimmte Lautstärke wieder unterschritten wird, damit der Roboter bei einem längeren Ton nicht direkt weiterfährt. Nun muss noch mit zwei Warten-Blöcken gewartet werden, bis ein erneutes Geräusch ertönt und wieder verschwunden ist. Danach kann der ganze Schalter-Block durch die Endlosschleife erneut ausgeführt werden (Abb. 5.21).

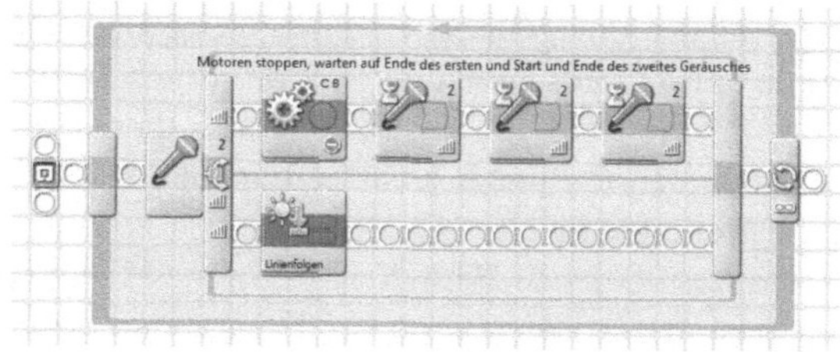

Abb. 5.21 Lautstärkengesteuertes Linienfolgen: Bei einem lauten Geräusch wird angehalten, dann folgen drei Warten-Blöcke, die auf Stille, ein Geräusch und erneute Stille warten

---

> **Programmieraufgabe 16: Parallele Programmierung und Warten-Blöcke**
>
> Was macht der Roboter, wenn die beiden Warten-Blöcke, in denen auf das Ende des Geräuschs gewartet wird, weggelassen werden? Kann man diese Funktionalität auch einfach in ein nebenläufiges Programm auf einem parallelen Ablaufträger umwandeln, indem die Geräuschsensoren dort überwacht werden?

5.4 Programmieraufgaben mit NXT-G

In diesem Kapitel werden interessante weiterführende Aufgaben vorgestellt, die mittels NXT-G gelöst werden können. Diese Aufgaben reichen von einem Wachroboter, der Alarm schlagen kann, über einen musizierenden und tanzenden Roboter bis hin zum NXT als Spielekonsole. Die Lösungen zu diesen Programmieraufgaben befinden sich auf dem zum Buch gehörenden Extras-Server[15] und können dort heruntergeladen werden. Viele weitere Aufgaben finden sich unter den im Literaturverzeichnis angegebenen Internetseiten.

5.4.1 Linienfolgen, Hindernisausweichen und der ganze Rest

Im letzten Abschnitt wurden verschiedene Funktionen eines Roboters erläutert die es ihm erlauben, Linien zu folgen, Hindernisse wahrzunehmen und auf Geräusche zu reagieren. In dieser Aufgabe sollen nun diese bereits vorgestellten Funktionen in einem einzigen Roboterprogramm zusammengefasst werden.

> **Programmieraufgabe 17: Linienfolgen und Ausweichen**
>
> Der mit Sensoren bestückte Roboter soll folgende Funktionen beherrschen: Er soll zunächst einer farbigen Linie folgen. Entdeckt er mit seinem Ultraschallsensor ein Hindernis oder vernimmt er ein lautes Geräusch, so dreht er um und folgt der Linie in umgekehrter Richtung. Sobald sein Taster gedrückt wird, soll sich das Programm beenden und der Roboter anhalten. Zusätzlich soll der Roboter während der Fahrt die Messwerte der vier Sensoren auf dem Display ausgeben.

---

[15] http://extras.springer.com/

5.4.2 Der Wachroboter

Im Rahmen dieser Aufgabe soll ein Wachroboter programmiert werden, der bei unnatürlichen Helligkeitsveränderungen Alarm schlägt. Dies ist beispielsweise der Fall, wenn nachts ein Einbrecher den Strahl einer Taschenlampe auf den Roboter richtet oder das Licht einschaltet. Allerdings sollte sich der Roboter durch langsame Helligkeitsänderungen wie z.B. dem Sonnenaufgang nicht aus der Ruhe bringen lassen.

Programmieraufgabe 18: Wachroboter

Zur Erkennung eines Eindringlings benötigt der Wachroboter zunächst einen Licht- oder Farbsensor, der nach oben oder vorne gerichtet ist. Der Roboter soll nun so programmiert werden, dass er bei auffälligen Helligkeitsveränderungen zwischen zwei Messungen einen Alarm auslöst. Dazu muss der aktuelle Messwert immer mit dem letzten Wert verglichen und entsprechend der Differenz reagiert werden. Der Alarm kann in Form von Tönen, aber beispielsweise auch durch zusätzliches Ein- und Ausschalten der Sensor-LED umgesetzt werden.

Programmieraufgabe 19: Bewegungsmelder

Zur Einbrechererkennung kann natürlich auch der Ultraschallsensor genutzt werden. Es soll nun ein Roboter programmiert werden, der seine Umgebung mit einem auf einem Motor befestigten Ultraschallsensor abtastet, sich die Messwerte in einer Datei speichert und anschließend bei Veränderungen Alarm schlägt. Dabei kann er seine Umgebung in sechs 60°-Schritten abtasten, was dem Öffnungswinkel des Ultraschallsensors entspricht.

5.4.3 Ein musikalischer Roboter

In der nächsten Aufgabe soll ein Programm zum Abspielen beliebiger Musikstücke programmiert werden. Das Musikstück soll dabei aus einer Datei gelesen werden. Hierfür ist es wichtig zu wissen, wie die Datei zu interpretieren ist, also welche Bedeutungen die einzelnen Werte haben. Für das Musikstück wird folgendes Datenformat definiert: Die Musik-Datei ist eine Abfolge von Tönen, wobei jeder Ton durch zwei Zahlen definiert wird. Die erste Zahl bestimmt die zu spielende Tonhöhe (Frequenz, siehe Tabelle 5.2), die zweite die Dauer des Tons. Für eine Pause muss eine Frequenz von „0" angegeben werden, die angegebene Dauer entspricht dann der Pausenlänge.

Tabelle 5.2: Gerundete Frequenzwerte dreier Oktaven von 131 bis $988Hz$

Ton	c	des	d	es	e	f	ges	g	as	a	b	h
kleine Oktave [Hz]	131	139	147	156	165	175	185	196	208	220	233	247
eingestrichene Oktave [Hz]	262	277	294	311	330	349	370	392	415	440	466	494
zweigestrichene Oktave [Hz]	524	552	588	622	660	698	740	784	830	880	932	988

Die Tondauer soll dabei wie in der herkömmlichen Notenschreibweise in ganzen
(1), halben (0.5), Viertel- (0.25) und Achtelnoten (0.125) angegeben werden. Dabei
entspricht eine Viertelnote einem Schlag, in einen Viervierteltakt passen demnach
vier Schläge – die Summe der enthaltenen Tondauern ergibt hier also immer '1'.
Punktierte Noten wie beispielsweise eine Dreiviertelnote können über Addition der
Tondauern (hier: $0.25 + 0.5 = 0.75$) angegeben werden. Zuletzt muss noch festgelegt werden, wie schnell das Musikstück abgespielt werden soll. In der Musik wird
die Geschwindigkeit in Schlägen pro Minute (engl: beats per minute, BPM) angegeben, wobei ein Schlag genau der Dauer einer Viertelnote entspricht. Da der NXT
die Zeitdauer t_{ms} in Millisekunden erwartet, muss die abgelegte Tondauer d mittels
Formel 5.5 und der Geschwindigkeitsangabe *BPM* umgerechnet werden.

$$t_{ms} = d \cdot 4 \cdot \frac{60}{BPM} \cdot 1000 \tag{5.5}$$

Bei einer Geschwindigkeit von 60 Schlägen pro Minute ($BPM = 60$) erhält eine
Viertelnote ($d = 0.25$) somit genau $1000ms$, also eine Sekunde Zeit.

Programmieraufgabe 20: Gib mir Musik

Es soll ein Programm entwickelt werden, das in einer Schleife die beiden Zahlen aus der
Datei ausliest und den dazugehörigen Ton spielt. Da der Klang-Block als Eingabe keine
Notennamen, sondern nur die Tonfrequenz kennt, sind in der Tabelle 5.2 die gerundeten
Tonfrequenzen dreier Oktaven angegeben. Die Geschwindigkeit soll in dieser Aufgabe
auf 90 BPM festgesetzt werden. Ob das Programm korrekt funktioniert, kann durch das
Verwenden der Beispieldatei `tetris.txt` vom Extras-Server[16]überprüft werden.

Programmieraufgabe 21: Variable Geschwindigkeit

Die Geschwindigkeit des Abspielens soll als nächstes vom Benutzer einstellbar sein. Dazu muss man den BPM-Wert per Pfeiltasten erhöhen und verringern können, so dass die
Musik schneller und langsamer abgespielt werden kann. Zuletzt kann das Programm und
auch das Musik-Datenformat so erweitert werden, dass zusätzlich zu den Noten und Pausen auch Einstellungen für die Geschwindigkeit möglich werden. Dazu empfiehlt sich
die Angabe des BPM-Wertes als Tonhöhe mit einer Tondauer von 0, um diese Steuerin-
formation auswerten zu können (siehe Tabelle 5.3).

Tabelle 5.3: Kodierung der verschiedenen Befehle: Je nach Wert von Tonhöhe und Tondauer wird
entweder ein entsprechender Ton gespielt, eine Pause eingelegt oder die Geschwindigkeit und
Lautstärke geändert

Tonhöhe	Tondauer	Befehl
$f > 0$	$d > 0$	Spiele Ton mit Höhe f und Dauer d
$f = 0$	$d > 0$	Pause mit der Dauer d
$f > 0$	$d = 0$	Setzen der Geschwindigkeit auf f BPM
$f > 0$	$d = -1$	Setzen der Lautstärke auf f Prozent

---

[16] `http://extras.springer.com/`

Programmieraufgabe 22: Variable Lautstärke

Ähnlich wie in der vorangegangenen Aufgabe soll nun neben der Geschwindigkeit auch die Lautstärke durch einen speziellen Steuerbefehl gesetzt werden. Dazu muss das Programm erneut erweitert werden, um den neuen Befehl interpretieren und ausführen zu können (siehe Tabelle 5.3).

Programmieraufgabe 23: Der tanzende Roboter

Die nächste Aufgabe ist es, das Musik-Programm so zu erweitern, dass der Roboter das Licht des Lichtsensors passend zur Musik ein- und ausschaltet und sich bewegt. Dies kann er entweder automatisch tun oder mit Hilfe von „Tanzkommandos", welche er ebenfalls aus der Datei ausliest.

Programmieraufgabe 24: Karaoke-Maschine

Den Musik-Roboter kann man nun beliebig erweitern, beispielsweise indem man ihn neben dem Musikstück auch noch den Titel und den Liedtext auf dem Display ausgeben lässt. Dafür muss natürlich neben dem Programm auch das Datenformat des Musikstücks sinnvoll erweitert werden.

Programmieraufgabe 25: Ein Rhythmus lernender Roboter

Eine ebenfalls sehr interessante Aufgabe ist es, den Roboter so zu programmieren, dass er über den Geräuschsensor einen Klatsch- oder auch Pfeifrhythmus erkennt und diesen dann nachpiepst. Dazu muss der NXT zyklisch prüfen, ob ein Geräusch vorliegt oder nicht, und dann entweder 1 oder 0 in eine Datei speichern. Die Aufnahme endet dann beispielsweise automatisch, wenn über einen Zeitraum von zwei Sekunden kein Geräusch empfangen wurde. Danach muss der NXT die Ja-Nein-Befehle wieder in Töne und Pausen umwandeln, um den Rhythmus nachzuspielen.

5.4.4 Grafische Ausgabe von Messwerten

Ein wichtiges Instrument zum Be- und Auswerten des Programms sind Ausgaben auf dem NXT-Display. Auf diesem können beispielsweise Sensorwerte, aber auch Zwischenergebnisse von Berechnungen, Steuerwerte oder Zustandsinformationen dargestellt werden. Neben der Ausgabe von reinem Text und vorgefertigten Abbildungen erlaubt es der NXT aber auch, Zeichnungen und Graphen zu erstellen.

Programmieraufgabe 26: Grafikausgabe

Für eine ausführliche Ausgabe von Sensorwerten soll der Verlauf eines Messwertes (z.B. die Lautstärke des Geräuschsensors oder eine gemessene Entfernung) als Graph auf das NXT-Display gezeichnet werden. Diesen Graphen soll man zum genauen Betrachten zusätzlich über die NXT-Knöpfe anhalten (einfrieren) und wieder starten können.

Eine Möglichkeit besteht darin, alle Messwerte, die zum Zeichnen des Graphen nötig sind, zu speichern und den Graph nach jeder neuen Messung neu zu zeichnen. Da es in NXT-G keine Arrays gibt, müsste man für jeden Messwert eine eigene Variable anlegen, was überaus umständlich ist. Stattdessen kann als zweite und einfachere Möglichkeit der Graph nach jeder Messung nach rechts erweitert werden und, sobald er den rechten Rand des Displays erreicht hat, gelöscht und wieder neu vom linken Rand des Displays aus gezeichnet werden. Dabei müssen lediglich die aktuelle Position und der letzte Messwert gespeichert werden.

Programmieraufgabe 27: Datenspeicherung

Statt nur auf dem Display ausgegeben zu werden, können die Messwerte zusätzlich noch in einer Datei gespeichert werden, um sie später auf dem Computer zu analysieren. Dazu eignet sich das CSV-Dateiformat für einfache Tabellen (CSV steht für Comma Separated Values, zu deutsch „durch Komma getrennte Werte"). Detailliertere Informationen über das Datenformat und die Erzeugung mit NXT-G gibt es in der Datei `datenformat.csv` auf dem Extras-Server[17], welche man zunächst mit einem normalen Editor und dann mit einem Tabellenkalkulationsprogramm wie Microsoft Excel oder Open Office Calc öffnen kann.

5.4.5 Wie finde ich aus dem Labyrinth?

Labyrinthe stellen für Menschen und Roboter immer wieder eine Herausforderung dar. Sie können im Falle der NXT-Roboter aus „echten" Hindernissen bestehen, die mittels Ultraschall- und Tastsensor wahrnehmbar sind, oder als auf den Boden gemalte Markierungen, die die befahrbaren Bereiche markieren. In diesem Fall können ein oder mehrere auf den Boden gerichtete Licht-/Farbsensoren eingesetzt werden.

Programmieraufgabe 28: Labyrinthfahrt

Ein mobiler und mit Ultraschall- und Tast- bzw. Helligkeits- oder Farbsensor ausgestatteter Roboter soll so programmiert werden, dass er aus einem ihm vorab unbekannten Labyrinth herausfindet. Dazu wird er an einer beliebigen Stelle innerhalb des Labyrinthes ausgesetzt und muss, basierend auf den jeweiligen Sensorwerten, den Weg zum Ausgang finden.

Zuerst stellt sich die Frage, welche Methode man anwenden sollte, um möglichst schnell aus dem Labyrinth zu gelangen. Man könnte bei einer Kreuzung einen zufälligen Weg einschlagen, was zu einem zufällig guten oder schlechten Ergebnis führt. Lässt man den Roboter dagegen einer Wand folgen, so findet er nachweisbar den Weg zum Labyrinthausgang. Allerdings kann es sein, dass der Roboter immer nur im Kreis herumfährt, wenn man ihn inmitten eines Labyrinthes mit Zyklen aussetzt.

Abhilfe schafft da der sogenannte Pledge–↱*Algorithmus*[18], der den Roboter ebenfalls entlang einer Wand fahren lässt. Die Besonderheit dabei ist, dass der Roboter Informationen über seine Orientierung benutzt, um sich in bestimmten Fällen von der Wand zu lösen und einer anderen Wand zu folgen (siehe Abb. 5.22). In diesem Beispiel wird der interne Zähler für die Orientierung bei einer Rechtskurve um 90

---

[17] `http://extras.springer.com/`

[18] `http://www-i1.informatik.rwth-aachen.de/algorithmus/`
`Algorithmen/algo6/algo06.pdf`

Grad verringert, bei einer Linkskurve um 90 Grad erhöht. Erreicht der Zähler die initiale Orientierung von 0, so verlässt der Roboter diese Wand, indem er so lange geradeaus fährt, bis er auf die nächste Wand trifft (gestrichelte Linie in der Abbildung). Dieser Zähler verhindert, dass der Roboter einem Zyklus folgt und immer im Kreis fährt.

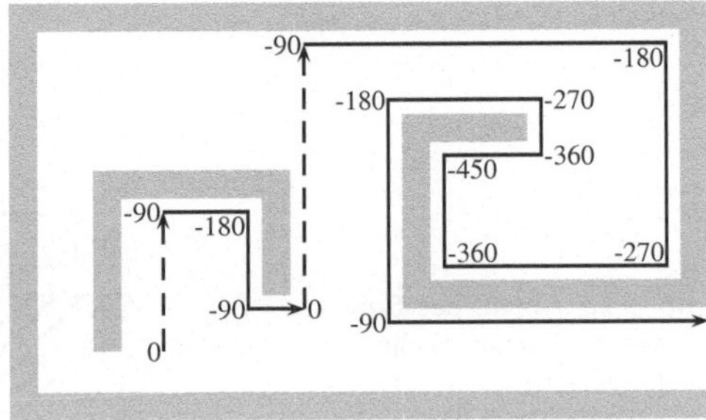

Abb. 5.22 Funktionsweise des Pledge-Algorithmus: Erreicht die Orientierung des Roboters den Wert 0, so fährt er geradeaus, bis er auf die nächste Wand stößt (gestrichelte Linie). Ansonsten folgt er der Wand, bis die Orientierung erneut bei 0 angekommen ist oder er das Labyrinth verlassen hat

Beim Aufbau des Labyrinths gilt es festzulegen, ob die Wege rechtwinklig oder beliebig geformt angeordnet sind. Bei einem rechtwinkligen Verlauf genügt das Implementieren einer 90°-Drehung (und ggf. kleinerer Korrekturen), während für die andere Variante die Lage zur Wand/Markierung ständig überprüft und korrigiert werden muss. Bei der Benutzung des Pledge-Algorithmus zum Verlassen eines zyklenbehafteten Labyrinths muss außerdem der Richtungszähler entsprechend angepasst werden, indem man beispielsweise die Roboterdrehungen in Grad hoch- oder runterzählt. Ist der Kompasssensor verfügbar, so kann er diese Aufgabe übernehmen.

5.4.6 Einparken leichtgemacht

Fahrerassistenzsysteme in Autos übernehmen immer mehr Aufgaben. Dies können beispielsweise verborgene Systeme wie ABS oder eine Antriebsschlupf→*Regelung* (ASR) sein, aber auch Komponenten wie ein Tempomat und Spurassistent gehören dazu.

Programmieraufgabe 29: Einparkhilfe

In dieser Aufgabe soll ein selbst einparkendes Fahrzeug aufgebaut und programmiert werden, das in seinem Aufbau und der Lenkung einem Auto entspricht. Mit Hilfe eines zur Seite gerichteten Ultraschallsensors soll dieses an einer Wand entlang bis zu einer ausreichend großen „Parklücke" fahren und dann automatisch in diese einparken.

Den Vorgang des Parklückesuchens und des eigentlichen Einparkens kann man in vier unterschiedliche Phasen aufteilen:

Phase 1 Der Roboter fährt an der Wand entlang, während er diese mit dem Ultraschallsensor abtastet, um einen bestimmten Abstand einzuhalten.

Phase 2   Der Roboter hat eine potenzielle Parklücke entdeckt und fährt noch ein
weiteres Stück, um sich für das Einparken zu positionieren und gleichzeitig zu
überprüfen, ob die Lücke tief und breit genug ist. Ist dies nicht der Fall, so kehrt
er zurück zu Phase 1.

Phase 3   Der Roboter fährt so im Bogen, dass er gerade vor der Parklücke steht.

Phase 4   Nun braucht er nur noch geradeaus in die Lücke zu fahren.

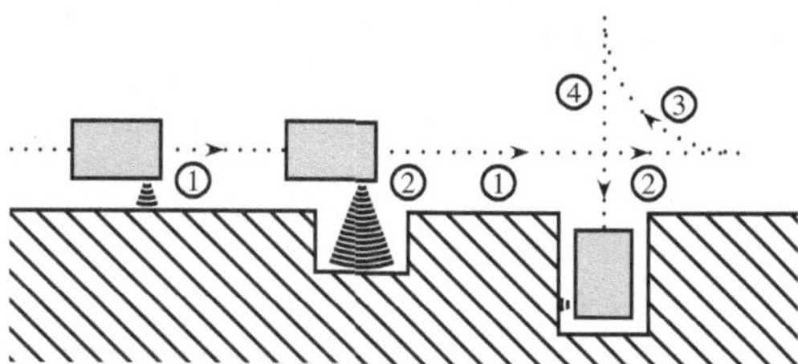

Abb. 5.23 Ablauf des Einparkens in eine ausreichend große Lücke und die entsprechenden Phasen 1 bis 4

Die beiden Phasen 1 und 2 wiederholen sich also so lange, bis die gefundene
Parklücke breit und tief genug für den Roboter ist. Abbildung 5.23 zeigt einen abgebrochenen und einen durchgeführten Einparkvorgang: Ist die Lücke groß genug,
parkt der Roboter über die Phasen 3 und 4 ein. Diese beiden Phasen kann man durch
einfaches Ausprobieren lösen, indem man die Motoreinstellungen ändert, bis dass
der Roboter die entsprechenden Bewegungen durchführt. Alternativ kann man diese Bewegung mit Hilfe des Aufnehmen/Abspielen-Blocks einprogrammieren oder
ein kinematisches Modell des Roboters aufstellen und so die Einstellungen bestimmen (vgl. Kap. 5.3.1). Dieses kann je nach Art der Fahrzeuglenkung unterschiedlich
komplex werden.

Programmieraufgabe 30: Verbessertes Einparken

Das Programm kann so erweitert werden, dass auch Parklücken parallel zur „Fahrbahn"
erkannt werden. Je nach Art der gefundenen Lücke muss der Roboter andere Einparkmanöver ausführen.

5.4.7 Der NXT als Spielekonsole

Eine weitere interessante Aufgabe ist es, Spiele für den NXT zu programmieren. Interessant auch deshalb, weil die verschiedenen Sensoren wie die Rotationssensoren
zur Eingabe genutzt werden können.

Grundsätzlich kann man beim Programmieren der meisten Spiele so vorgehen,
dass in einer alles umfassenden Schleife zunächst die zur Eingabe genutzten Sensoren ausgelesen, dann die Eigenschaften (wie z.B. die Position) der Spiel-Objekte
neu berechnet und diese schließlich auf dem Display ausgegeben werden. Falls das

Spiel nicht beendet wurde, kann dann nach kurzer Wartezeit der nächste Schleifendurchlauf ausgeführt werden.

Programmieraufgabe 31: Pong

Das tischtennisartige Spiel Pong gilt als das erste populäre Computerspiel weltweit. In dieser Aufgabe soll daher dieser Meilenstein auf dem NXT umgesetzt werden. Das Spielprinzip ist einfach: Jeder Spieler kann seinen „Schläger" – repräsentiert durch eine vertikale Linie am rechten bzw. linken Rand des Bildschirmes – nach oben und unten bewegen. Dabei versucht er den sich bewegenden Ball auf dem Spielfeld zu halten. Der Ball wird dabei vom oberen und unteren Bildschirmrand und den Schlägern zurückgeworfen. Je nach Auftrittspunkt auf die Schläger ändert der Ball seine Flugrichtung. Fliegt der Ball an einem Schläger vorbei, so bekommt der andere Spieler einen Punkt.

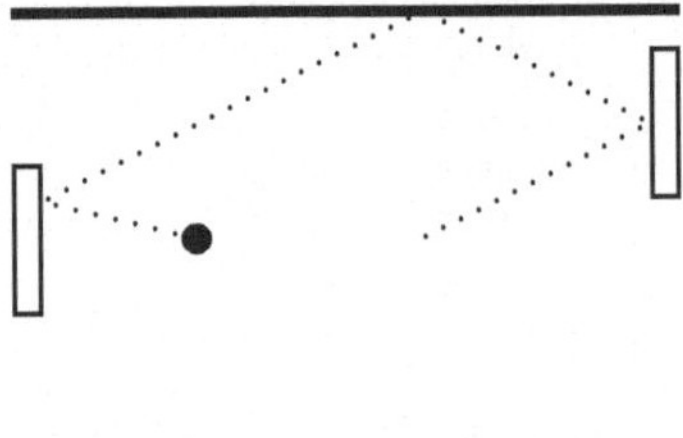

Abb. 5.24 Das Spiel Pong: Zwei Spieler treten in einer Art Tischtennis gegeneinander an. Verfehlt ein Spieler den Ball, so erhält der andere Spieler einen Punkt

Bei Pong (Abb. 5.24) bietet es sich an, jeweils einen Motor für die Steuerung eines Schlägers zu benutzen. Für ein komplett anderes Spielgefühl kann aber auch ein Ultraschall- oder ein Helligkeitssensor verwendet werden.

Programmieraufgabe 32: Moorhuhn

Ein nicht weniger populäres Spiel ist der Moorhuhn-Shooter, welches sich in einer einfacheren Version auch für den NXT programmieren lässt. Das Ziel des Spiels ist es, möglichst viele Punkte durch das Abschießen von herumfliegenden Moorhühnern zu erreichen. Als Eingabegerät zum Zielen und Schießen lässt sich ein aus zwei Motoren (mit jeweils einem Drehsensor für die x- bzw. y-Achse) und einem Tastsensor bestehender Joystick bauen (Abb. 5.25). Je nach gewünschtem Detailgrad des Spiels können entweder ein oder mehrere Moorhühner einfach auftauchen oder vom Rand aus einfliegen. Sind zehn Schüsse verbraucht, so muss man nachladen. Der Joystick erlaubt darüber hinaus auch eine sogenannte Force-Feedback-Funktion, so dass bei Abgabe eines Schusses die beiden Motoren eine kleine zufällige Bewegung nach hinten und seitlich ausführen können, um den Rückstoß zu simulieren. Sowohl eine Aufbauanleitung als auch Grafiken für Ziele können vom Extras-Server[19] heruntergeladen werden. Alternativ kann man mit dem Programm *nxtRICeditV2* von Andreas Dreier[20] auch eigene Grafiken erstellen.

---

[19] http://extras.springer.com/

[20] http://ric.dreier-privat.de/Docu/index.htm

Programmieraufgabe 33: Senso

Bei dem Spiel Senso (engl. Simon) geht es darum, sich eine zufällige Reihenfolge von Tasten (bzw. Tönen) zu merken und wiedergeben zu können. Dazu werden entsprechende Tasten mit Hilfe einer grafischen Darstellung nacheinander auf dem Display angezeigt und jeweils ein dazugehöriger Ton gespielt. In jeder Spielrunde wird dann die Tastenfolge der letzten Spielrunde und zusätzlich eine weitere Taste mit zugehörigem Ton wiedergegeben, indem die jeweilige Tastergrafik auf dem Display beispielsweise erscheint oder aufblinkt. Danach muss der Spieler die Kombination mit Hilfe der NXT-Tasten oder -Taster wiederholen. Drückt der Spieler eine falsche Taste, so ist das Spiel beendet. Bei der Realisierung in NXTG muss wegen fehlenden Arrays zum Zwischenspeichern der Reihenfolge auf Dateien zurückgegriffen werden.

Programmieraufgabe 34: Der NXT als Taschenrechner

Da der NXT im Grunde nichts anderes macht als Rechnen, liegt es nahe, ihn als Taschenrechner für genau diese Aufgabe zu benutzen. Allerdings stehen dem Gerät zur Eingabe der Berechnungen nur drei Tasten und die Sensoren zur Verfügung. Man muss sich also etwas einfallen lassen. Eine Möglichkeit besteht darin, mit dem Drehsensor eines Motors aus einer Menge von Zahlen, Operatoren und Befehlen eins auszuwählen und durch Tastendruck zu bestätigen. Je nach Eingabe wird eine Ziffer an die bearbeitende Zahl angehängt, Rechnungen ausgeführt oder Ähnliches. Der Funktionsumfang kann frei erweitert werden (Zwischenspeicher, Löschen der letzten Ziffer, Klammern von Ausdrücken, Exponent, Kommazahlen ...). Die jeweiligen Zahlen, Operatoren und letztendlich auch das Ergebnis müssen auf dem Display angezeigt werden.

Abb. 5.25 Joystick-Konstruktion bestehend aus zwei NXT-Motoren und einem Taster. Die integrierten Encoder messen dabei die Stellung des Joysticks. Über die Motoren können darüber hinaus auch aktive Rückmeldungen gegeben werden, wenn beispielsweise geschossen wird oder ein Hindernis gerammt wurde

5.4.8 Kompassregelung

Neben den mitgelieferten Sensoren bieten auch die Zusatzsensoren eine Fülle von Einsatzmöglichkeiten. Eine interessante Anwendung für den in Kapitel 4.3.7 vorgestellten Kompasssensor ist die Anzeige bzw. das automatische Ausrichten des Sensors in eine bestimmte Himmelsrichtung (Abb. 5.26). Dazu wird der Sensor so an einem NXT-Motor montiert, dass der Motor den Sensor drehen kann. Dabei ist auf einen ausreichenden Abstand zwischen Kompasssensor und Motor zu achten, damit das Magnetfeld des Motors die Messung nicht beeinflusst. Der Motor selbst kann auf ein Dreibein oder den NXT montiert werden.

Programmieraufgabe 35: Kompassausrichtung

Es soll ein Programm entwickelt werden, das den Kompasssensor immer nach Norden ausrichtet. Weicht der gemessene Sensorwert von 0 ab, muss der Motor dies durch eine Links- oder Rechtsdrehung ausgleichen, um den Sensor wieder Richtung Norden zeigen zu lassen.

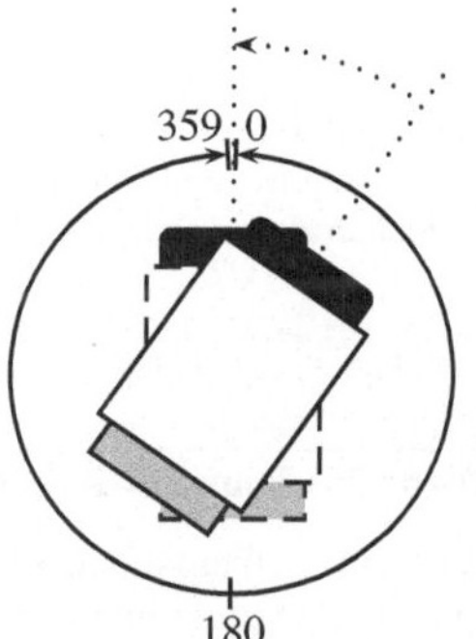

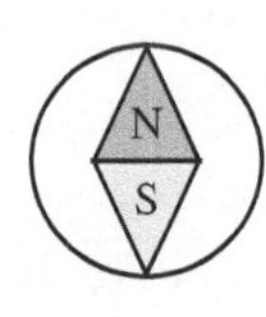

Abb. 5.26 Bei einer Abweichung nach rechts (Richtungswert liegt zwischen 0 und 180 Grad) muss der Kompasssensor vom Motor wieder nach links zurückgedreht werden. Entsprechend umgekehrt verhält es sich bei einer Auslenkung nach links

Es handelt sich bei dieser Aufgabe um eine klassische →*Regelung*saufgabe, in der eine Störung (Richtungsabweichung) ausgeglichen werden muss. Abbildung 5.27 zeigt den prinzipiellen Aufbau eines Reglers an dem konkreten Beispiel. Im einfachsten Fall, dem sogenannten P- oder Proportional-Regler, wird die Regeldifferenz mit einem konstanten (proportionalen) Faktor multipliziert und das Ergebnis als Steuergröße auf das Stellglied gegeben. Im konkreten Fall kann dies beispielsweise bedeuten, dass im Regler die Richtungsabweichung in Grad (Regeldifferenz) durch zwei geteilt wird und dann als Leistungswert (Steuergröße) für den NXT-Motor dient. Hier können unterschiedliche Faktoren ausprobiert oder alternativ auch Gradzahlen für die Motordrehung vorgegeben werden. Einen großen Einfluss auf den Erfolg der Regelung haben darüber hinaus die Motorparameter *Aktion*, *Steuerung* und, wenn die Gradzahl vorgegeben wird, auch die eingestellte *Leistung*. So kann eine zu große (und gesteuerte) Leistung zu einem Überschwingen führen, so dass der Sensor ständig um den Nullpunkt (Norden) hin- und herpendelt. Im anderen Fall reagiert der Motor eventuell sehr träge und dreht den Sensor nur langsam zurück nach Norden. Diese Parameter erlauben somit eine genaue Einstellung des Verhaltens, ohne dass das Programm selbst umgebaut werden muss.

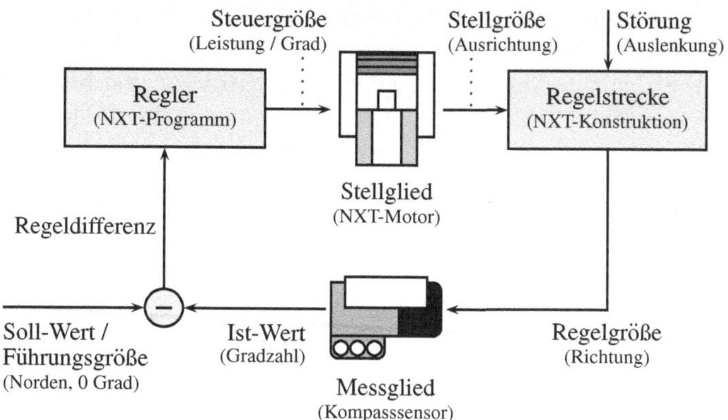

Abb. 5.27: Reglerstruktur: Durch die Rückkopplung der Regelgröße können auftretende Störungen durch einen Regler ausgeglichen werden. Dazu wird der Ist- mit dem Soll-Wert verglichen und entsprechend dieser Regeldifferenz die Regelstrecke über ein Stellglied beeinflusst. In diesem Fall ist die Strecke die NXT-Konstruktion in Verbindung mit dem Erdmagnetfeld

---

Programmieraufgabe 36: Kompass-Roboter

Der Kompasssensor kann auch auf einem differential-getriebenen Roboter montiert werden. Der Roboter wird nun so programmiert, dass er immer Richtung Norden fährt. Sollte er beispielsweise manuell weggedreht werden oder sich auf einer drehbar gelagerten Platte befinden, muss er seine Orientierung durch eine Eigenrotation auf der Stelle ähnlich der vorangegangenen Aufgabe ausgleichen.

5.4.9 Beschleunigungssensor als Steuergerät

Der Beschleunigungssensor (vgl. Kap. 4.3.6) kann als Fernbedienung für einen LEGO-Roboter dienen. Dazu muss er über ein langes Kabel an einen freien Sensorport angeschlossen werden. Befindet sich der Sensor in einer aufrechten Haltung wie in Abb. 5.28 gezeigt, so liegen die Beschleunigungswerte in Y- und Z-Richtung grob bei 0. Kippt man den Sensor (wie angezeigt) seitlich, variiert der Y-Wert zwischen ungefähr -200 und 200. Ähnlich verhält sich der Z-Wert beim Vorwärtsneigen.

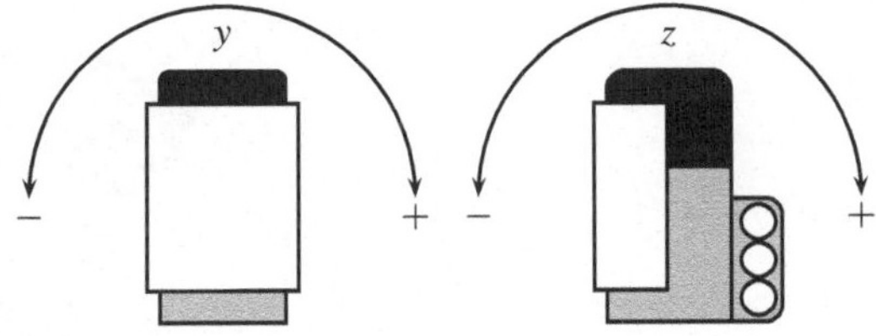

Abb. 5.28 Sensoranordnung: In aufrechter Haltung liefert ein seitliches Kippen eine Veränderung in Y-Richtung, ein Neigen nach vorne und hinten verändert den Z-Wert

---

Programmieraufgabe 37: Joystick

Basierend auf den beiden Beschleunigungswerten in Y- und Z-Richtung soll ein differentialgetriebener Roboter gesteuert werden. Das Neigen in Z-Richtung soll dabei die Vorwärts- und Rückwärtsgeschwindigkeit vorgeben, während der Roboter durch seitliches Kippen gelenkt wird.

Noch ein Tipp: Da die Maximalwerte bei ungefähr ±200 liegen, kann man die benötigte Motorleistung für das rechte P_r respektive linke Rad P_l nach Formel 5.6 berechnen. Diese muss allerdings noch bezüglich des Vorzeichens ausgewertet werden, um den jeweiligen Motor bei Bedarf (negative Leistung) auch rückwärts drehen zu können.

$$P_r = \frac{z}{2} - \frac{y}{2}, \qquad P_l = \frac{z}{2} + \frac{y}{2} \tag{5.6}$$

Programmieraufgabe 38: Fernsteuerung mittels Bluetooth

Steht ein zweiter NXT zur Verfügung, so kann dieser zur Fernsteuerung des Roboters genutzt werden. Dazu muss der Beschleunigungssensor an den Fernsteuerungs-NXT angeschlossen und das Programm so angepasst werden, dass der eine NXT die Werte des Sensors ausliest, verarbeitet und die Motorbefehle per Bluetooth an den Roboter-NXT sendet. Dieser muss die Daten empfangen und kann damit die beiden Motoren ansteuern. Statt eines Beschleunigungssensors kann auch ein auf Drehsensoren basierender Joystick am Steuerungs-NXT genutzt werden (siehe Abb. 5.25).

5.4.10 Stewart-Plattform

Eine weitere interessante Aufgabe, die einen Beschleunigungssensor voraussetzt, ist der Entwurf eines selbstbalancierenden Tisches. Dabei handelt es sich um eine vereinfachte Version einer sogenannten Stewart-Plattform, die in der originalen Variante sechs Freiheitsgrade besitzt und somit Bewegungen entlang und Rotationen um alle Raumachsen ermöglicht. Eine Stewart-Plattform besteht aus einer Platte, die von sechs frei gelagerten Zylindern gehalten wird. Diese Zylinder können über integrierte Motoren aus- und eingefahren werden und ermöglichen so ein Kippen, Drehen und Bewegen der Plattform.

Abb. 5.29 LEGO-Plattform mit drei Freiheitsgraden, die das Kippen entlang zwei Raumachsen sowie ein Heben und Senken erlauben. Über den integrierten Beschleunigungssensor kann die Lage der oberen Plattform gegenüber der Basis ausgeglichen werden

Im vorliegenden Fall soll eine vereinfachte Konstruktion (Abb. 5.29), deren Bauanleitung sich auf dem Extras-Server[21] befindet, stets waagrecht gehalten werden. Die ursprüngliche Variante wird dabei auf eine dreibeinige Konstruktion mit je einem NXT-Motor reduziert. Diese sollen ein Kippen der Basis ausgleichen, wozu der Beschleunigungssensor an der Platform befestigt sein muss. Abbildung 5.30 zeigt die Ausgangssituation (oben) und die möglichen Rotationsbewegungen durch die Linearmotoren.

Programmieraufgabe 39: Balancieren

In dieser Aufgabe muss der NXT so programmiert werden, dass durch gezieltes Drehen der drei Motoren die Plattform an drei Ecken angehoben oder abgesenkt werden kann, um ein Kippen auszugleichen. Dazu müssen Motorwerte basierend auf der Auslenkung des Beschleunigungssensors berechnet und zur Ansteuerung der Motoren verwendet werden. Es wird empfohlen, die Motoren zu Beginn ohne aufgesteckte Arme zu betreiben, um Schäden an der Konstruktion zu vermeiden.

Abbildung 5.31 zeigt die Anordnung der Motoren und des Beschleunigungssensors. Dabei wird die Rotation der Motoren über eine Stabkonstruktion in lineare Auf- und Abwärtsbewegungen umgewandelt. Die Regelung der Balance kann erfolgen, indem die Abweichungen der gemessenen Lagewerte als (gewichtete) Motorleistungen verwendet werden: Bei einer reinen Rotation um die X-Achse müssen sich nach Abb. 5.31 nur die Motoren B und C bewegen. Mit der Beschleunigung in X-Richtung a_x und einem experimentell zu bestimmenden Gewichtungsfaktor f ergeben sich die in Formel 5.7 angegebenen Leistungswerte.

$$P_{A_x} = 0, \qquad P_{B_x} = a_x \cdot f, \qquad P_{C_x} = -a_x \cdot f \tag{5.7}$$

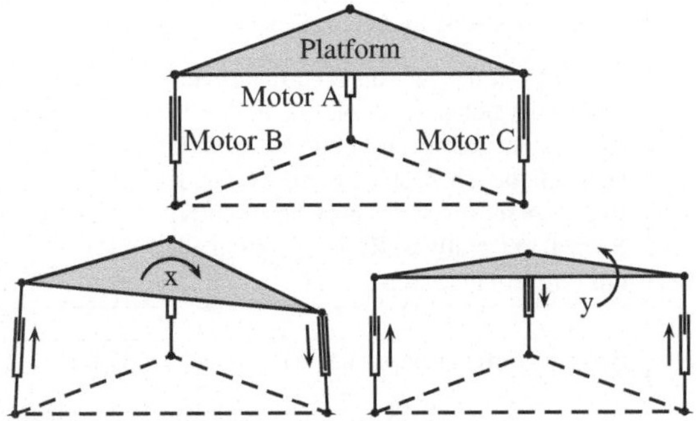

Abb. 5.30 Selbstbalancierende Plattform im Normalzustand (oben). Durch gezieltes Ein- und Ausfahren der drei Linearmotoren sind Rotationen um die X- und Y-Achse möglich

Zusätzlich dazu muss die Konstruktion Rotationen um die Y-Achse ausgleichen. Bei dieser Bewegung arbeiten die Motoren B und C entgegengesetzt zu Motor A. Der Einfachheit halber verwenden wir in Formel 5.8 für alle Motoren den gleichen Faktor f.

$$P_{A_y} = -a_y \cdot f, \qquad P_{B_y} = a_y \cdot f, \qquad P_{C_y} = a_y \cdot f \tag{5.8}$$

Die resultierende Leistung ergibt sich für jeden Motor aus der Summe der beiden Einzelanteile. Beim NXT-G-Programm ist darauf zu achten, dass die Motoren keine negative Leistung als Eingabe erlauben, so dass in diesem Fall über eine Verzweigung die Motorrichtung entsprechend gesetzt werden muss. Der Motor muss also rückwärts drehen, wenn die Sollleistung negativ ist. Darüber hinaus muss in diesem Fall die Leistung noch mit -1 multipliziert werden, damit ein für den Motorblock verständlicher (positiver) Leistungswert anliegt.

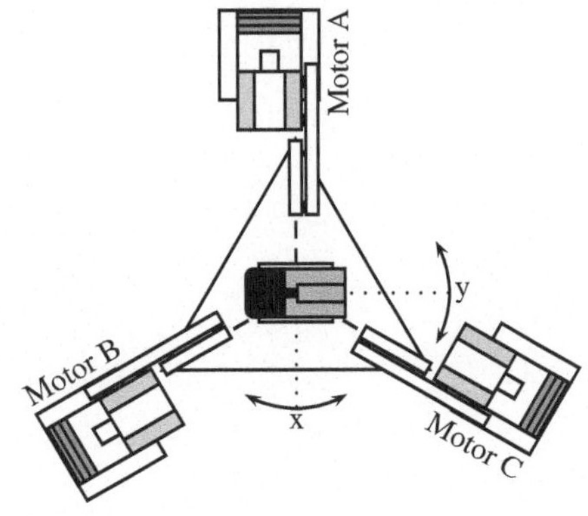

Abb. 5.31 Anordnung von oben mit eingezeichneten Rotationsachsen. Man erkennt, dass bei der X-Rotation die Motoren B und C entgegengesetzt bewegt werden müssen, während Motor A stillsteht. Bei der Y-Rotation laufen B und C gleich, aber entgegengesetzt zu Motor A

Programmieraufgabe 40: Positionsregelung

Es kann mit der Zeit dazu kommen, dass die Konstruktion während der Regelung immer tiefer oder höher fährt, bis sie an den Endpunkten der Bewegungsmöglichkeit angelangt ist. Das Programm soll nun so erweitert werden, dass das System, wenn es sich in einem ausgeglichenen Zustand befindet, wieder auf der Starthöhe einpendelt. Dazu müssen die Rotationssensoren der drei Motoren zu Beginn auf 0 gesetzt werden. Befindet sich das System in (relativer) Ruhe, so sollen alle Motoren synchron nach oben bzw. unten fahren, um ihre Rotationswerte (in Grad) im Durchschnitt wieder auf 0 zu bringen.

Programmieraufgabe 41: Einstellen der Höhe

Neben den beiden Rotationen stellt die Höhe einen dritten einstellbaren Freiheitsgrad dar. Die vorangegangene Aufgabe kann zuletzt noch so erweitert werden, dass man die standardmäßig einzuregelnde Höhe über die Knöpfe des NXT einstellen kann.

Kapitel 6
Die Programmiersprache Java

Einführung in Java und LeJOS

Im vorherigen Kapitel wurde die grafische Programmierung mittels NXT-G ausführlich beschrieben. Diese Umgebung ist ausreichend, um einfache Programme entwerfen und umsetzen zu können, scheitert aber bei großen Programmen und komplexeren Strukturen und Datentypen. Für aufwändigere Applikationen und Aufgaben empfiehlt sich daher die Verwendung einer textuellen höheren Programmiersprache. Die Wahl auf die bekannte Sprache →*Java* fiel dabei aus mehreren Gründen:

1. Java ist eine objektorientierte Programmiersprache,
2. Java ist derzeit Stand der Forschung und bereitet somit optimal auf ein Studium oder eine technische Ausbildung vor,
3. Java, →*LeJOS* und entsprechende Entwicklungsumgebungen sind frei verfügbar und können von jedem kostenlos zur Umsetzung der Aufgaben genutzt werden,
4. Java ist eine plattformunabhängige Programmiersprache und kann auf Windows-PCs genauso betrieben werden wie auf Mac- oder Linuxsystemen.

Im Gegensatz zu der in Kapitel 5 vorgestellten grafischen Programmierung kann man mit einer textuellen Programmierung weitaus komplexere Programme schreiben. Vor allem die Möglichkeiten, die sich durch das Erstellen von Klassen und Objekten, die damit verbundene Möglichkeit der Vererbung sowie das Nutzen von Feldern und komplexeren mathematischen Funktionen ergeben, bieten erheblich mehr Potenzial. Außerdem lassen sich hier Erfahrungen auch für die Softwareentwicklung allgemein sammeln, da Java in vielen Anwendungsgebieten wie EDV-Anwendungen oder Webapplikationen verbreitet und nicht auf die Nutzung mit dem NXT beschränkt ist.

Doch was ist Java überhaupt? Java wurde als objektorientierte Programmiersprache von der Firma Sun Microsystems entwickelt und 1995 vorgestellt. Wie in Kapitel 3.4.2 erläutert verwendet Java ein hybrides Verfahren zur Codeerzeugung, indem die Java-Programme zunächst in die Zwischensprache Bytecode übersetzt und anschließend von der →*Java Virtual Machine* (JVM) interpretiert und ausgeführt werden. Durch diese Zweiteilung ist es möglich, einmal erstellte Java-Programme auf verschiedenen Computern und Betriebssystemen zu starten, für die eine JVM existiert.

K. Berns, D. Schmidt, *Programmierung mit LEGO® MINDSTORMS® NXT*, eXamen.press,   105
DOI 10.1007/978-3-642-05470-9_6, © The LEGO Group 2010

Zusammengehörige Klassen werden in Java in sogenannten Paketen vereint, die eine bessere Strukturierung von großen Projekten und eine bessere Wiederverwendbarkeit erlauben. Diese Klassenbibliotheken bieten Programmierern eine einheitliche und plattformunabhängige Programmierschnittstelle, die sogenannte $\neg API$ (Application Programming Interface). Zusätzlich erlaubt Java nebenläufige Programmteile (Threads), Ausnahmebehandlungen (Exceptions) und eine automatische Speicherbereinigung. Weitere Elemente wie Java Swing dienen der Erstellung von grafischen Benutzerschnittstellen.

6.1 Objektorientierte Programmierung

Nach all den Vorbereitungen beginnt nun die eigentliche Programmierung mit Java. Zunächst wird hier ein kurzer Überblick über den allgemeinen Aufbau eines Java-Programms sowie der wichtigsten Strukturen (vgl. Kapitel 3.3) gegeben. Im nachfolgenden Kapitel 7 werden dann die speziellen Funktionen, die die LeJOS$\neg Bibliotheken$ zur Verfügung stellen, ausführlich anhand einiger Beispielaufgaben vorgestellt. Für einen tiefergehenden Einblick empfehlen sich die Bücher *Maximum Lego NXT – Building Robots with Java Brains* [2] und *Informatik kompakt* [22]. Wer wissen möchte, wie die vorgestellten Programmkonstrukte in anderen Programmiersprachen umgesetzt werden, kann einen Blick in das *Taschenbuch Programmiersprachen* [15] werfen.

Wie bereits erwähnt erlauben textuelle Programmiersprachen das Erstellen von komplexen Anwendungen. Die objektorientierte Programmierung orientiert sich dabei, wie der Name bereits verrät, mit ihrer Programmorganisation und -struktur nahe an der realen Welt und darin existenten Objekten. Der Programmentwickler definiert Klassen, welche etwa Bauplänen für die erstellten und beliebig vielen Objekte dieser Klasse entsprechen. Objekte haben, wie ihre realen Vorbilder, Eigenschaften und können definierte Aktionen durchführen.

In 6.2.2 wurde das Erstellen eines neuen Projektes in Eclipse gezeigt. Dieses Projekt soll jetzt mit Leben gefüllt werden. Dazu sollen hier zunächst die wichtigsten Strukturen der Programmierung, die bereits in Kapitel 3 allgemein erläutert wurden, für die Programmiersprache Java mit Blick auf die $\neg Syntax$ wiederholt werden. In Kapitel 7 wird dann die Programmierung von Robotern mit Java erarbeitet.

6.1.1 Notation

Unabhängig von der gewählten Programmiersprache ist es bei der Programmentwicklung sinnvoll, auf eine einheitliche Notation und aussagekräftige Bezeichnungen von Klassen-, Variablen-, Methoden- und Konstantennamen gemäß ihrer Aufgaben und Inhalte zu achten. Dies dient der besseren Übersicht, da Programme oft von mehreren Personen erstellt werden und sehr lang und verschachtelt sein können. In

Java deklariert man traditionell Klassennamen beginnend mit einem Großbuchstabe (z.B. `Function`). Zur besseren Unterscheidbarkeit dagegen werden Variablen beginnend mit einem Kleinbuchstaben benannt (z.B. `result`). Eine weitverbreitete Notation für Konstanten ist, deren Namen komplett mit Großbuchstaben zu deklarieren (`PI`). Namen, die aus mehreren Wörtern zusammengesetzt sind, werden durch das Großschreiben der Teilwörter (bei Variablen natürlich bis auf das erste) übersichtlicher gestaltet wie beispielsweise `CalculateSine` oder `resultSine`. Temporäre oder lokale Variablen für Zwischenergebnisse beginnen in der Regel mit einem Unterstrich (`_temp`) oder unterscheiden sich durch andere Kennzeichnungen wie `t_sine` (temporär) oder `l_cosine` (lokal) von globalen Variablen.

Da die Sprache der Informatik im Wesentlichen aus englischen Fachbegriffen und Schlüsselwörtern besteht und Softwareentwicklung oft ein Prozess ist, an dem Programmierer weltweit gemeinsam arbeiten (z.B. →*Open Source*), ist es ratsam, die Bennenung von Klassen, Variablen usw. ebenfalls einheitlich in Englisch zu halten. Dies gilt auch für die Code-Beispiele in diesem Buch.

6.1.2 Klassen und Objekte

In Kapitel 3.3.2 wurde bereits der Sinn und Nutzen von Klassen erläutert. Die Definition einer Klasse in Java kann man in zwei Teile gliedern: Die Definition des Kopfes beginnt mit einem Modifikator (`public`, `abstract` oder `final`), gefolgt von dem Schlüsselwort `class`, das angibt, dass es sich um eine Klasse handelt. Die Bedeutung der Modifikatoren wird später in Abschnitt 6.1.11 erläutert. Auf die Modifikatoren und das Schlüsselwort `class` folgt der Name der Klasse, beginnend mit einem Großbuchstaben, um auf die Klasse Bezug nehmen zu können. Der Vollständigkeit halber soll noch erwähnt werden, dass anschließend mit `extends` eine Oberklasse, von der die Klasse erbt, und mit `implements` eine Schnittstelle, die durch die Klasse implementiert wird, angegeben werden können. Danach folgt die Definition des Klassenrumpfes. Der Klassenrumpf ist ein Block von Eigenschaften- und Methodendeklarationen und beginnt mit einer geschweiften Klammer und endet mit einer geschweiften Klammer:

```
1  // Kopf der Klasse
2  public class MyClass {
3    // Klassenrumpf
4    ...
5    // Konstruktor
6    public MyClass() { ... }
7  }
```

Jede Klasse benötigt außerdem einen sogenannten Konstruktor, der aufgerufen wird, wenn ein Objekt vom Typ dieser Klasse erstellt werden soll. Der Konstruktor ist eine Methode mit dem Namen der Klasse und legt fest, wie und mit welchen Eigenschaften eine Instanz (ein spezielles Objekt) dieser Klasse erzeugt wird. Der Konstruktor wird mit dem Schlüsselwort `new` aufgerufen.

Quelltext 1: Ein ausführliches Beispiel zur Deklaration und Instanziierung von Klassen
(Dog.java)

```java
1   // benoetigte Klassen werden importiert,
2   // hier fuer die verschiedenen Koerperteile
3   // und die Tierklasse 'Saeugetier'
4   import biolclasses.Mammal;
7   import bodyparts.Mouth;
8   import vitals.Lung;
9   import vitals.Stomach;
10
11  // Klassendefinition
12  public class Dog extends Mammal {
13
14      // Energetischer Brennwert (Klassenkonstante)
15      public final static double ENERGYTOWEIGHT = 0.0000001;
16      // Anzahl erstellter Hunde (Klassenvariable)
17      private static int numberOfCreatedDogs = 0;
18
19      // Objekteigenschaften (Variablen)
20      public String color;
21      public String name;
22      public byte age;
23      public double weight;
24      private Mouth mouth;
25      private Stomach stomach;
26      private Lung lung;
33
34      /**
35       * Konstruktor
36       * @param col Fellfarbe
37       * @param name Name
38       * @param age Alter
39       * @param weight Gewicht
40       * @param height Groesse
41       */
42      public Dog(String col, String name, byte age, double weight,
              double height) {
43          color = col;
44          this.name = name;
45          this.age = age;
46          this.weight = weight;
47          mouth = new Mouth(weight, height);
48          stomach = new Stomach(weight);
49          lung = new Lung(weight, age);

57          // Erhoehen der Klassenvariable
58          this.numberOfCreatedDogs++;
59      }


145     /**
146      * Hauptmethode des Programms
147      * @param args (optionale) Agrumente
148      */
149     public static void main(String[] args) {
150         // Erstellen des eigenen und des Nachbarhundes
151         Dog myDog = new Dog("black", "Barky", (byte)3, 9.7, 37.2);
152         Dog neighboursDog = new Dog("brown-white", "Rex",
153             (byte)5, 15.2, 43.9);
164     }
165 }
```

Im vorhergehenden Beispielprogramm 1 wird zur Veranschaulichung eine Klasse `Dog` definiert. Es ist leicht nachvollziehbar, dass diese Klasse von der Klasse `Mamal` erbt (siehe Zeile 12), schließlich zählt der Hund zu den Säugetieren und hat somit auch alle Eigenschaften eines Säugetiers, die hier nicht näher spezifiziert sind. Des Weiteren hat die Klasse eigene Eigenschaften wie Farbe, Name, Alter und Gewicht. Hinzu kommen noch einzelne Körperteile wie Maul, Ohren und Beine.

Auf die Klasseneigenschaften folgt die Konstruktordefinition (siehe Zeile 42). Diese orientiert sich an der bereits in Abschnitt 3.3.3 erläuterten Definition von Methoden, hat aber den Unterschied, dass ein Schlüsselwort zur Art des Rückgabewerts fehlt (das Ergebnis ist sozusagen die Erstellung eines neuen Objekts dieser Klasse) und der Methodenname mit dem der Klasse übereinstimmt. Im Konstruktor werden die Werte der Eigenschaften auf einen Anfangswert gesetzt (initialisiert) bzw. im Falle von komplexen Typen wie `Mouth` oder `Lung` die Objekte hierfür wiederum durch Aufruf von deren Konstruktoren erstellt (siehe Zeile 47f.). Die Konstruktordefinitionen der einzelnen Körperteile im Beispiel sind nicht gegeben, sondern entspringen der Phantasie. Das anführende `this.` bei der Zuweisung der Konstruktorparameter an die gleichnamigen Objekteigenschaften dient zur Kennzeichnung, dass es sich hierbei um die jeweilige globale Eigenschaft handelt. Ohne dieses wird davon ausgegangen, dass die lokale Variable (hier der Übergabeparameter) gemeint ist.

Ein Objekt dieser Klasse wird dann mit Hilfe des Schlüsselwortes `new` und den gewünschten Größen für die Eigenschaften gemäß der Konstruktordefinition angelegt (siehe Zeile 148f). Damit werden in der `main`-Methode (Beispiel 1) zwei Objekte der Klasse `Dog` erstellt: eines mit dem Namen „Barky" und weiteren Attributen (der Variablen `myDog` zugeordnet), das zweite mit dem Namen „Rex". Ohne den Aufruf des Konstruktors mit `new` würde eine Variable, die eine Klasse als Typ hat, auf das leere Objekt `null` verweisen und der Zugriff auf die Eigenschaften und Methoden zu einem Fehler führen.

Eine Klasse ist die kleinste ablauffähige Einheit in Java. Voraussetzung hierfür ist das Vorhandensein der sogenannten main-Methode:

```
public static void main(String[] args){...}
```

Sie dient als Einstiegspunkt in jedem Java-Programm. Ein Java-Programm darf nur genau eine Klasse mit der main-Methode enthalten! Die Deklaration beginnt wie bei jeder Methode mit Schlüsselwörtern für Sichtbarkeit, Rückgabewert oder weiteren Eigenschaften. Als Parameter besitzt diese Methode ein Feld von String-Werten `args`. Darin sind die Argumente enthalten, mit denen das Programm aufgerufen wurde. Wer schon einmal ein Programm per Kommandozeile gestartet hat, kennt die Verwendung von Argumenten beim Programmstart. Ein einfaches Beispiel dafür ist der Aufruf von `mkdir Test` in einer Konsole oder Eingabeaufforderung. Das Programm `mkdir` (makedirectory) erstellt ein Verzeichnis mit dem als Argument übergebenen Namen (hier: Test). Im Falle eines Javaprogramms würde dieses Argument nun an der ersten Position des Stringfeldes stehen und es kann zur internen Verarbeitung innerhalb des Programms verwendet werden. Falls man Zahlen als Argumente benötigt, weil man beispielsweise damit rechnen möchte, muss man die

Zeichenfolge noch in Zahlen umwandeln (ähnlich zu dem Konvertieren-Block in Kapitel 5.2.6).

In Quelltext 1 wurden auch schon Variablendeklarationen, Wertzuweisungen und Methodenaufrufe verwendet, die im Folgenden etwas genauer untersucht werden.

6.1.3 Variablendeklaration

Mit Variablen werden die Eigenschaften von Objekten spezifiziert. Die Deklaration von Variablen in Java beginnt ebenfalls mit dem Modifikator für die Sichtbarkeit (z.B. `private`, siehe Abschnitt 6.1.11). Mit dem Vorhandensein des Schlüsselworts `final` kann danach angegeben werden, ob die Variable nicht veränderlich sein soll, ob es sich also um eine Konstante handelt. Klasseneigenschaften wie `ENERGYTOWEIGHT` aus Beispiel 1 können mit dem Schlüsselwort `static` gekennzeichnet werden. Eine Klasseneigenschaft gibt es im Gegensatz zu Objekteigenschaften nur einmal, egal wie viele Objekte der Klasse existieren. Variablen für Objekteigenschaften werden bei der Instanziierung eines Objektes jeweils neu erzeugt.

Der Wertebereich einer Variablen wird durch Angabe ihres Typs definiert. Java besitzt ein klares Typkonzept: Abgesehen von einigen elementaren Datentypen ist jeder Typ eine Klasse und jedes Objekt, jede Variable und jede Konstante gehören zu einer Klasse.

Auf den Modifikator und den Datentyp folgt der Name der Variablen. Dieser darf Buchstaben, Unterstriche und Zahlen enthalten, aber nicht mit Zahlen beginnen, und sollte etwas über die Verwendung bzw. den Inhalt der Variablen aussagen, wie bereits in Abschnitt 6.1.1 erläutert. Zum Schluss kann der Variablen mit dem Gleichheitszeichen direkt noch ein Initialwert zugewiesen werden. Ob mit oder ohne Wertzuweisung wird die Deklaration mit einem Semikolon abgeschlossen.

```java
1  //oeffentliche Integer-Klassenvariable
2  public static int aNumber;
3  //nicht-oeffentliche Gleitkommavariable
4  private float anotherNumber;
5  //Zeichenkettenvariable ohne Angabe der Sichtbarkeit
6  String aWord;
```

Man unterscheidet lokale und globale Variablen. Globale Variablen sind Objekt- oder Klasseneigenschaften und sind in der ganzen Klasse oder sogar darüber hinaus sichtbar. Sie werden innerhalb des Klassenrumpfes deklariert und existieren solange wie das zugehörige Objekt. Lokale Variablen dagegen werden innerhalb von Methodenrümpfen deklariert und sind nur innerhalb dieser sichtbar. Sie existieren nur während der Laufzeit der Methode. Danach werden sie verworfen und bei erneutem Methodenaufruf neu angelegt. Deshalb können Variablen gleichen Namens in getrennten Blöcken existieren, der Übersicht wegen sollte dies aber vermieden werden. Dabei wird immer die lokale Deklaration der globalen vorgezogen. Die globale

Variable kann mit Hilfe von `this` referenziert werden. Globale Variablen anderer Objekte sind in Kombination mit dem Namen der Objektvariablen eindeutig referenzierbar. `this` ist ein Sonderfall davon, mit dem auf das aktuelle Objekt selbst (im Fall von Klasseneigenschaften natürlich auf die Klasse, zu der das Objekt gehört) verwiesen wird.

```
1  public class MyClass {
2      // globale Variable
3      int aNumber;
4      ...
5      public static void main (String[] args) {
6          // lokale Variable
7          int anotherNumber;
8          ...
9      }
10     ...
11 }
```

Im Gegensatz zu anderen Programmiersprachen erfolgt in Java die Reservierung des für Variablen und Objekte benötigten Speichers und die Freigabe unbenötigten Speichers automatisch. Quelltextbeispiel 1 zeigt die Deklaration von Variablen.

6.1.4 Datentypen in Java

Komplexe Datentypen werden in Java in Form von Klassen beschrieben. Einfache Datentypen hingegen sind keine Klassen und umfassen Zahlen, Wahrheitswerte und Buchstaben. Zur Unterscheidung sind sie mit Kleinbuchstaben beginnend benannt und liegen innerhalb eines fest vorgegebenen Wertebereichs. Tabelle 6.1 gibt einen Überblick über Definition und Wertebereich der in Java verwendeten einfachen Datentypen.

Tabelle 6.1: Einfache Datentypen in Java und LeJOS und ihr jeweiliger Wertebereich

Typ	Größe	Wertebereich	Standardwert
boolean	1 bit	true, false	false
char	16 bit	Unicode-Zeichen 'a'...'z','A'...'Z', usw.	u0000
byte	8 bit	-128 ... 127	0
short	16 bit	-32.768 ... 32.767	0
int	32 bit	-2.147.483.648 ... 2.147.483.647	0
long	64 bit	-9.223.372.036.854.775.808 ... 9.223.372.036.854.775.807	0
float	32 bit	(Fließkommazahl)	0.0
double	64 bit	(Fließkommazahl)	0.0

Die einfachen Datentypen bilden die Grundlage für komplexere Objekt. So können mehrere Buchstaben (`char`) zu einer Zeichenkette vom komplexen Datentyp `String` kombiniert werden, um Worte oder Sätze zu speichern. Hierbei handelt es sich dann nicht mehr um einen einfachen Datentyp, sondern um eine Klasse. Allerdings ist es bei einem `String` erlaubt, ein Objekt dieser Klasse mit Hilfe der vereinfachten Schreibweise `String str = "Test";` zu erstellen, was bei Klassen normalerweise nicht möglich ist (vgl. Abschnitt 6.1.2).

Für alle einfachen Datentypen gibt es in Java sogenannte Wrapper-Klassen. Diese erlauben es, den jeweiligen einfachen Datentyp wie eine Klasse zu behandeln und bieten einige nützliche Funktionen wie `toString(...)` an, um beispielsweise eine Zahl in einen Text umzuwandeln. Die Namen der Wrapper-Klassen sind identisch mit den Typenbezeichnungen, beginnen aber mit Großbuchstaben (z.B. `Byte` und `Double`). Ausnahmen sind die beiden Datentypen `int` und `char`, deren Wrapper-Klassen `Integer` und `Charakter` heißen.

```
1   // Umwandlung einer Integer-Zahl in eine Zeichenkette
2   // mit Hilfe der Wrapper-Klasse 'Integer'
3   int zahl = 19673;
4   String ausgabe = Integer.toString(zahl);
```

Grundsätzlich sollte man sich bereits während des Programmentwurfs Gedanken über die Wahl der Datentypen machen. Möchte man beispielsweise das Alter eines Hundes in einer Variablen ablegen, so ist die Verwendung einer Variablen vom Typ `float` nicht sinnvoll, da das Alter in Jahren ganzzahlig sein sollte. Der Typ `long` wäre da schon passender, allerdings ist sein Wertebereich viel zu groß und würde unnötig Speicherplatz verbrauchen. Für das Alter empfiehlt sich daher die Verwendung von `byte`, da dieser ganzzahlige Datentyp mit nur 8 Bit platzsparend und mit seinem Wertebereich von bis zu +127 ausreichend für ein Hundealter ist. Diese Resourcenschonung hinsichtlich des Speicherplatzes ist insbesondere beim NXT wichtig, da der integrierte Programmspeicher nicht besonders groß ist. Neben dem Speicherplatz ist aber auch die Verhinderung von Überläufen wichtig. Diese entstehen, wenn Variablen an ihre Wertebereichsgrenzen stoßen und darüber hinaus gehen. Wird das Hundealter beispielsweise in Hundejahren angegeben, so besteht die Gefahr eines solchen Überlaufs, da ein Menschenjahr ungefähr sieben Hundejahren entspricht. Feiert ein bereits 127 Hundejahre alter Hund (`byte age = 127;`) erneut Geburtstag (`age++;`), so ist sein resultierendes Alter nach diesem Geburtstag -128, da die Variable `age` über den Wertebereich des Typs `byte` (siehe Tab. 6.1) hinausgelaufen ist und so einen Überlauf ausgelöst hat. Für Hunde, die älter als 127 Hundejahre alt werden, muss demnach bei der Programmierung der nächstgrößere Datentyp `short` gewählt werden. Dieser ist auch für den mit über 175 Hundejahren ältesten Hund der Welt ausreichend.

Ein Spezialfall bei der Erstellung eigener Datentypen stellt die Enumeration (Aufzählung) dar. Sie wird beginnend mit dem Schlüsselwort `enum` deklariert, gefolgt vom Bezeichner des Typs und einer Aufzählung von Bezeichnern, die in ihrer Reihenfolge die natürlichen Zahlen repräsentieren. Das Beispiel hierzu zählt Hunderassen auf: Der Terrier wird der 0 zugeordnet, der Labrador der 1 usw.

```
1  // Aufzaehlung von Hunderassen
2  enum DogBreed {TERRIER, LABRADOR, POODLE}
```

Eine Besonderheit bei der Angabe des Datentyps gibt es auch bei den generischen Klassen. Bei diesen wird der Datentyp variabel gehalten, so dass sie universell für unterschiedliche Typen genutzt werden können. Ein Beispiel dafür ist eine universelle Vektor-Klasse, deren Inhalt Zahlen, Zeichen oder komplexe Objekte sein können (Näheres dazu in dem Anwendungsbeispiel in Kapitel 7.3.4).

6.1.5 Wertzuweisung

Variablen werden für das Speichern von veränderlichen Werten verwendet. Die Zuweisung von Werten erfolgt in Java durch das einfache Gleichheitszeichen. Es ist zu beachten, dass zum Überprüfen zweier Werte auf Gleichheit in Java ein doppeltes Gleichheitszeichen verwendet wird, wie in Abschnitt 6.1.6 näher erläutert.

```
1  // Wertzuweisung zu bestehenden Variablen
2  age = 4;
3  name = "Barky";
4  // Wertzuweisung an neu deklarierte Variable
5  double a = 13.7;
6  // Wertzuweisung mit einer Variablen
7  weight = a;
```

Eine Variable besteht aus ihrem Namen, einer Speicheradresse und dem dort gespeicherten Wert. Man unterscheidet zwischen Referenzzuweisungen und direkten Wertzuweisungen. Referenzzuweisungen werden bei komplexen Datentypen wie Feldern und Objekten verwendet. Hierbei wird an der Speicheradresse der Variablen als Wert lediglich eine weitere Speicheradresse, nämlich die des durch die Variable referenzierten Objektes, gespeichert. Ein Objekt kann durch mehrere Variablennamen repräsentiert werden, damit betreffen Änderungen an diesem Objekt alle referenzierenden Variablen. Bei einfachen Datentypen kommt die direkte Wertzuweisung zum Einsatz. Mit der Zuweisung `weight = a;` wird der Wert der Variablen `a` der Variablen `weight` zugewiesen und beide haben den gleichen Wert. Ändert man nun `a`, behält `weight` den vorherigen Wert (Beispiel für direkte Wertzuweisung).

6.1.6 Operatoren

Für einfache Operationen auf den elementaren Datentypen gibt es Operatoren, komplexe Operationen werden mit Hilfe von Methoden durchgeführt. Die auf den Zahlentypen (alle außer `char` und `boolean`) definierten Operatoren sind die Grundrechenarten +, -, *, / und %. Letzterer ist der Modulo-Operator, der den Rest einer Division liefert und in Java auch für Fließkommazahlen definiert ist. Für die Typen `char` und `String` gibt es das Aneinanderhängen (Konkatenation) von Zeichen(ketten). In den folgenden Beispielen wird davon ausgegangen, dass *v* und *w* vom Typ `int` und *color* vom Typ `String` sind.

Infixoperatoren   Ein Infixoperator verknüpft zwei Werte und wird zwischen den Werten eingefügt. In der Regel handelt es sich dabei um mathematische Operationen.

- `v = 2+3;`
  v bekommt den Wert 5. Analog dazu sind auch die anderen beschriebenen Grundrechenoperatoren anwendbar.
- `v = v+3;`
  Der Wert von *v* wird um 3 erhöht. Eine verkürzte Schreibweise lautet `v+=3;`. Die übrigen Operatoren können ebenfalls abgekürzt geschrieben werden.
- `color = "brown";`
  `color = color + "-white";`
  Stringkonkatenation: Die Variable *color* und der Text `"-white"` werden aneinandergehängt. *color* enthält danach den String `"brown-white"`. Konkateniert man einen String mit einem Integerwert, so wird der Integerwert automatisch in eine Zeichenkette konvertiert. Alle anderen Datentypen können wie bereits erwähnt mit Hilfe von speziellen Methoden ihrer Wrapperklassen in Zeichenketten umgewandelt werden.

Präfixoperatoren   Ein Präfixoperator steht vor dem Wert oder der Variablen, die zu verändern ist.

- `++v` bzw. `--v`
  Dieser Operator erhöht bzw. erniedrigt den Wert von *v* um 1.
- `v = -v;`
  Negation von *v*, was einer Multiplikation mit -1 entspricht. Die Umkehrung eines booleschen Wertes *b* hingegen erfolgt mittels Ausrufezeichen: `b = !b`.

Postfixoperatoren   Ein Postfixoperator steht nach dem Wert oder der Variable, die zu verändern ist.

- `v++` bzw. `v--`
  Dieser Operator erhöht bzw. erniedrigt den Wert von v um 1, wobei der ursprüngliche Wert von v, im Gegensatz zu dem vergleichbaren Präfixoperator, zunächst erhalten bleibt, z.B. falls `v = 4;` und `w = v++;`, dann hat w anschließend den Wert 4, v den Wert 5.

Des Weiteren können Zahlenwerte zur Angabe von Bedingungen mit Hilfe von Vergleichsoperatoren zu einem Wert vom Typ `boolean` ausgewertet werden. Für Werte vom Typ `boolean` sind außerdem verschiedene logische Operatoren definiert, die boolesche Ausdrücke wiederum zu einem Wert vom Typ `boolean` verknüpfen (vergleiche Kapitel 3.3.5).

Vergleichsoperatoren   Mit diesen Operatoren werden Bedingungen logisch ausgewertet. Das Ergebnis ist ein boolescher Wert, also `true` oder `false`, je nachdem ob die Bedingung zutrifft oder nicht.

- `v == w`
  Gleichheit: Die Variable `boolean b = (v == w)` ist `true` (wahr), falls v und w den selben Wert haben, z.B. $v = w = 5$.
- `v != w`
  Ungleichheit: Mit der obigen Belegung von v und w ergibt der Ausdruck `b = (v != w)` den booleschen Wert `false` (falsch).
- `v > w` und `v < w`
  Gibt zurück, ob eine Variable echt größer bzw. kleiner ist als eine andere.
- `v >= w` und `v <= w`
  Liefert zurück, ob eine Variable größer oder gleich bzw. kleiner oder gleich als eine andere ist.

logische Operatoren   Diese dienen zum logischen Verknüpfen von mehreren logischen Werten (siehe Kapitel 3.3.5). Dies können Variablen vom Typ `boolean` oder auch das Ergebnis von Vergleichsoperationen sein.

- `c & d`
  logisches „und" (AND): Beide Werte müssen wahr sein, damit das Ergebnis wahr ist.
- `c | d`
  logisches „oder" (OR): Einer der beiden Werte muss wahr sein, damit das Ergebnis wahr ist.
- `c ^ d`
  „ausschließendes oder" (XOR): Nur einer von beiden Werten darf wahr sein, um ein wahres Ergebnis zu erhalten.
- `!c`
  Negation (NOT): Umkehrung des Wahrheitswertes, so dass der Wert für ein wahres Ergebnis falsch sein muss.

Bedingungen und logische Operationen können auch zusammen verwendet werden. Dabei werden die Bedingungen zuerst ausgewertet. Durch gedoppelte Operatorzeichen kann die Auswertungsreihenfolge der logischen Operatoren verändert werden: `c && d` bedeutet, dass d nur ausgewertet wird, wenn c bereits wahr ist. Bei `c || d` wird d nur ausgewertet, wenn c falsch war. Mit einfachen Operatorzeichen werden stets beide Seiten ausgewertet, was natürlich mehr Zeit benötigt. In manchen Fällen müssen aber beide Teilformeln ausgewertet werden, um zum Beispiel darin enthaltene Methodenaufrufe durchzuführen. Dies ist notwendig, wenn diese Methoden neben der Rückgabe boolescher Werte auch noch andere Aufgaben erfüllen und beispielsweise Klassenattribute verändern.

6.1.7 Methodendeklaration und Parameterübergabe

Wie bereits erwähnt, werden komplexe Aktionen durch Methoden realisiert. Methoden sind die Handlungen, die Objekte einer Klasse durchführen können. Die Methodendeklaration geschieht wie die Variablendeklaration im Klassenrumpf und beginnt ebenfalls mit der Wahl des Modifikators, z.B. `public`. Wie auch bei den Variablen kann man anschließend mit dem Schlüsselwort `static` angeben, ob es sich um eine Methode der Klasse und nicht ihrer Objekte handelt. Statische Methoden können unabhängig von einem Objekt aufgerufen werden.

Soll eine Methode eine Berechnung durchführen, die nicht (nur) den internen Zustand eines Objektes ändert, sondern (auch) einen Rückgabewert hat, muss dessen Typ angegeben werden. Im Methodenrumpf wird der Rückgabewert mit `return x` angegeben, wobei *x* für einen beliebigen Ausdruck (Variable, Konstante) des entsprechenden Typs steht. Hat die Methode keinen Rückgabewert und ändert nur den internen Zustand, wird das mit Hilfe des Schlüsselwortes `void` anstatt der Typenangabe signalisiert. Die Bezeichnung einer Methode setzt sich zusammen aus dem Methodennamen, gefolgt von in Klammern angegebenen Parametern. Mehrere Parameter werden mit einem Komma getrennt.

```
1  //Methode ohne Rueckgabewert mit 2 Parametern
2  public void bark (int times, float volume){
3    //Methodenrumpf
4  }
5  //Methode mit Gleitkomma-Rueckgabewert ohne Parameter
6  public float eat (){
7    //Methodenrumpf
8  }
```

Diese Parameter sind Variablen, die nur innerhalb der Methode sichtbar sind und beim Methodenaufruf mit einem konkreten Wert oder einer anderen Variablen belegt werden. Dabei ist auf die Typgleichheit zu achten. Der Inhalt der Parameter ist nach dem Methodenaufruf vergessen. Übergibt man Variablen einfachen Typs, wird nur deren Wert übergeben, d.h., alle Änderungen auf der Parametervariablen werden nicht in der übergebenen Variablen gespeichert (Wertzuweisung, call-by-value). Anders ist es bei Variablen, die eine Klasse als Typ haben. Hier wird lediglich die Speicheradresse an den Parameter übergeben (Variable und Parameter verweisen auf dasselbe Objekt im Speicher), also bleiben auch die Änderungen auf diesem Objekt erhalten (Referenzzuweisung, call-by-reference). Objekteigenschaften können direkt verwendet werden, müssen also nicht als Parameter übergeben werden. Enthält eine Methode keine Parameter, so bleibt der Bereich zwischen den runden Klammern leer (siehe beispielsweise Methode `eat()` in Zeile 6 des Quelltextes 2).

In Java und auch in anderen Programmiersprachen ist es möglich, mehrere Methoden mit gleichem Namen anzulegen, die sich im Rückgabewert oder in Anzahl und Typ der Parameter unterscheiden. Diesen Vorgang nennt man „Überladen" einer Methode. Abhängig vom Kontext des Methodenaufrufs wählt der Compiler die passende Methode aus. Übergabeparameter selbst sind Variablen und werden genau wie diese durch Angabe des Datentyps und eines Bezeichners definiert.

Falls man bei der Ausführung einer Methode Fehler erwartet und diese nicht bereits intern behandelt, kann man mit dem Schlüsselwort `throws` anderen Methoden signalisieren, dass ein Fehler auftreten kann und von welchem Fehlertyp es sich dabei handelt (mehr dazu im Abschnitt 6.1.14).

Nachdem nun die Rahmenbedingungen für die Methode festgelegt wurden, kann diese mit Leben gefüllt werden. In den sogenannten Methodenrumpf kommt nun der Code, der die Aufgabe der Methode algorithmisch beschreibt. Dabei wird dieser wie beim Klassenrumpf in einen zusammenhängenden Block gestellt, der durch zwei geschweifte Klammern begrenzt wird. Innerhalb des Rumpfes können nun Anweisungen ausgeführt, neue lokal definierte Variablen und Objekte angelegt und Klassen-Parameter verwendet werden. Ziel dabei ist immer, die Eigenschaft des Objektes selbst zu ändern oder Rückgabewerte zu liefern.

Quelltext 2: Erweiterung der Beispielklasse um Methoden zur Fortbewegung und weiterer Aktionen (`Dog.java`)

```
11    // Klassendefinition
12    public class Dog extends Mammal {


61    /**
62     * Methode zum Bewegen mit angegebener Geschwindigkeit
63     * und stoppt nach angegegeber Distanz
64     * @param speed Geschwindigkeit
65     * @param distance Strecke
66     */
67    public void move(double speed, double distance) {
68      double movedDistance = 0.0;
69      double usedEnergy = 0.5 * this.weight * Math.pow(speed, 2);
70
71      // Bewegen der Beine, solange Entfernung nicht erreicht ist
72      while (movedDistance < distance) {
73        this.legFrontLeft.move(speed);
74        this.legFrontRight.move(speed);
75        this.legRearLeft.move(speed);
76        this.legRearRight.move(speed);
77        movedDistance += this.legFrontLeft.height * 0.7;
78      }
79
80      // Gewichtsverlust durch Bewegung
81      this.weight -= usedEnergy * ENERGYTOWEIGHT;
82    }
83
84    /**
85     * Methode zum Gehen mit fester Geschwindigkeit
86     * @param distance Strecke
87     */
88    public void walk(double distance) {
89      this.move(1.4, distance);
90    }
91
92    /**
93     * Methode zum Rennen mit fester Geschwindigkeit
94     * @param distance Strecke
95     */
96    public void run(double distance) {
97      this.move(6.9, distance);
98    }
```

```java
 99
100     /**
101      * Methode zum (mehrfachen) Bellen
102      * @param times Anzahl der Laute
103      * @param volume Lautstaerke
104      */
105     public void bark(int times, float volume) {
106       for (int i = 0; i < times; i++) {
107         mouth.open();
108         while (leftEar.hear() < volume) {
109           lung.exhale();
110         }
111         mouth.close();
112       }
113     }
114
115     /**
116      * Methode zum Fressen
117      * @return Menge des gefressenen Futters
118      */
119     public float eat() {
120       float eatenMeal = 0.0f;
121       while (!stomach.full()) {
122         mouth.open();
123         mouth.close();
124         eatenMeal += 0.1;
125       }
126       this.weight += eatenMeal;
127       return eatenMeal;
128     }
129
130     /**
131      * Methode zum Erhoehen des Alters
132      */
133     public void hasBirthday() {
134       this.age++;
135     }
165   }
```

Das Quelltextbeispiel 2 beispielsweise erweitert die Klasse Dog um einige zusätzliche Methoden. Objekte der Klasse Dog können nun Bellen, Fressen, sich bewegen und werden älter – genau wie ihre realen Vorbilder. Beim Fressen und Bewegen ändert sich ihr Gewicht (siehe Zeilen 78 und 123), am Geburtstag wird ihr Alter um ein Jahr erhöht (siehe Zeile 131).

Diese Methoden können nun in der Hauptmethode des Programms auf bestehenden Objekten des Typs Dog angewendet werden (siehe Algorithmus 3). Zum Aufrufen der Methoden wird der Name des Objektes, auf dem die Methode aufgerufen wird, der Methode vorangestellt, bei Klassenmethoden (deklariert mit dem Schlüsselwert static) kann das auch der Klassenname sein.

Quelltext 3: Verwendung der vorgestellten Methoden (`Dog.java`)

```java
 11    // Klassendefinition
 12    public class Dog extends Mammal {

145      /**
146       * Hauptmethode des Programms
147       * @param args (optionale) Agrumente
148       */
149      public static void main(String[] args) {
150        // Erstellen des eigenen und des Nachbarhundes
151        Dog myDog = new Dog("black", "Barky", (byte)3, 9.7, 37.2);
152        Dog neighboursDog = new Dog("brown-white", "Rex",
153            (byte)5, 15.2, 43.9);
154        // Futtervorrat ist voll mit 25 kg
155        float foodSupplies = 25.0f;
156        // mein Hund rennt 125,7 Meter
157        myDog.run(125.7);
158        // der Nachbarshund hat Geburtstag, wird also ein Jahr aelter
159        neighboursDog.hasBirthday();
160        // mein Hund bellt drei mal mit einer Lautstaerke von 30,5 db
161        myDog.bark(3, 30.5f);
162        // der Nachbarshund frisst, die Menge wird vom Vorrat abgezogen
163        foodSupplies -= neighboursDog.eat();
164      }
165    }
```

6.1.8 Kontrollstrukturen

Um ein sinnvolles Programm zu konstruieren, fehlen unter anderem noch Schleifen und Verzweigungen. Schleifen werden zur mehrfachen Abarbeitung bestimmter Anweisungen bis zum Erreichen einer Abbruchbedingung verwendet und Verzweigungen, um eine alternative Abarbeitung entsprechend einer Bedingung zu ermöglichen.

Schleifen

Es gibt in Java drei unterschiedliche Arten von Schleifen (vgl. Kapitel 3.3.7). Diese sind generell gleichmächtig, werden aber je nach Anwendungsfall den anderen vorgezogen:

for   Die `for`-Schleife ist eine Zählschleife, in deren Kopf bereits die Intialisierung und das Hoch- oder Runterzählen einer Zählvariablen integriert ist. Beim ersten Eintritt wird die Zählvariable initialisiert (z.B. `int i = 0`), anschließend wird, wie auch bei allen weiteren Eintritten, die Eintrittsbedingung überprüft (`i<=10`) und danach die Zählvariable hoch- oder heruntergezählt (`++i`). Bei erfüllter Bedingung werden die Anweisungen im Schleifenblock ausgeführt. Dieser Vorgang wiederholt sich, bis die Bedingung falsch ist. Man beachte: Der Gültigkeitsbereich der Zählvariablen ist nur innerhalb der Schleife, danach steht diese nicht mehr zur Verfügung.

```
1  for (int i=0 ; i <= 10; ++i){
2    //zu wiederholende Anweisungen
3  }
```

while   Bei der `while`-Schleife wird zunächst die Bedingung überprüft. Tritt diese ein, werden die Anweisungen im Schleifenblock ausgeführt. Dieses Vorgehen wird solange wiederholt, bis die Bedingung nicht mehr erfüllt ist. Es muss also sichergestellt sein, dass die an der Bedingung beteiligten Werte (hier: `i`) innerhalb der Schleife oder in einer parallelen Ausführung verändert werden, ansonsten führt dies zu einer Endlosschleife. Wenn die Bedingung bei der ersten Prüfung `false` ist, dann werden die Anweisungen im Schleifenblock nicht ausgeführt. Wie das Beipiel zeigt, kann eine `for`-Schleife in eine gleichwertige while-Schleife umgeschrieben werden. Die dazu benötigte Zählvariable und die Hochzählanweisung gehören nicht fest zum Schleifenkonstrukt der `while`-Schleife, die Zählvariable steht noch im Anschluss an die Schleife zur Verfügung.

```
1  int i=0;
2  while (i <= 10){
3    //zu wiederholende Anweisungen
4    ++i;
5  }
```

do-while   Im Unterschied zur `while`-Schleife wird bei der `do-while`-Schleife zuerst die Anweisung ausgeführt und anschließend die Bedingung zum Wiedereintritt in den Schleifenblock überprüft. Damit werden die Anweisungen innerhalb der Schleife mindestens einmal ausgeführt. Auch hier kann die `for`-Schleife mit Hilfe einer zusätzlichen Zählvariablen simuliert werden.

```
1  int i=0;
2  do{
3    //zu wiederholende Anweisungen
4    ++i;
5  } while (i <= 10)
```

In allen drei Beispielen wurde der Präfixoperator `++i` zum Hochzählen der Variablen verwendet. An diesen Stellen kann dieser auch durch die Ausdrücke `i++`, `i+=1` und `i=i+1` ersetzt werden. Der Grund für die Wahl des Präfixoperators liegt in dessen Geschwindigkeit: Die Variable i wird um 1 erhöht und dann zurückgeschrieben. Der Postfixoperator hingegen benötigt eine (versteckte) temporäre Zwischenvariable, da hier der alte Wert erst zurückgegeben (dazu muss dieser erst zwischengespeichert werden) und dann erhöht wird. Das Anlegen dieser temporären Variablen benötigt minimal mehr Zeit, was sich in einer kurzen Schleife nicht groß auswirkt. Bei Schleifen, die viele Millionen mal durchlaufen werden müssen, kann sich dieser Mehraufwand aber schnell zu mehreren Sekunden aufsummieren.

Verzweigungen

Es gibt drei Verzweigungskonstrukte in Java (vgl. Kapitel 3.3.6): die einfache `if`-bzw. `if-else`-Verzweigung und das etwas komplexere `switch-case`.

if   Die `if`-Verzweigung prüft eine Bedingung und führt bei Eintritt der Bedingung den darauffolgenden Codeblock aus. Tritt diese nicht ein, so läuft das Programm ohne Ausführen einer Anweisung weiter. Als Bedingungen können alle Arten von logischen Ausdrücken eingesetzt werden, also auch mehrere durch logische Operatoren verknüpfte Einzelbedingungen.

```
1  Dog aDog = myDog;
2  String str = "Hund";
3  // Verzweigung abhaengig vom Gewicht
4  if (aDog.weight >= 10.0){
5      str = "grosser " + str;
6  }
7  //Ausgabe auf die Konsole
8  System.out.println(aDog.name+" ist ein "+str);
```

In diesem Beispiel für die Anwendung einer `if`-Abfrage wird anhand des Gewichts überprüft, ob ein Hund ein großer Hund ist oder eben nicht. Wenn es sich um einen großen Hund handelt, wird das Adjektiv „großer" dem existierenden String „Hund" vorangestellt. Je nach Gewicht des Hundes lautet die Ausgabe entweder „Barky ist ein Hund" oder „Barky ist ein grosser Hund". Mehr zur Systemausgabe wird in Abschnitt 6.1.13 erklärt.

if-else   Die `if-else`-Verzweigung, die in anderen Programmiersprachen auch als `if-then-else` verwendet wird, prüft eine Bedingung und verzweigt den Programmablauf in zwei unterschiedliche Teile. Bei Eintritt der Bedingung wird der darauffolgende erste Block (`if`-Block), bei Nichteintritt der auf `else` folgende Block ausgeführt.

```
1   Dog aDog = myDog;
2   String str;
3   // Verzweigung abhaengig vom Gewicht
4   if (aDog.weight >= 10.0){
5       str = "grosser Hund";
6   }else{
7       str = "kleiner Hund";
8   }
9   //Ausgabe auf die Konsole
10  System.out.println(aDog.name+" ist ein "+str);
```

Dieses Beispiel für die Anwendung einer `if-else`-Abfrage unterscheidet sich von dem vorangehenden, indem anhand des Gewichts ein großer und ein kleiner Hund unterschieden wird. Der auf der Konsole ausgegebene Text lautet also entweder „Barky ist ein kleiner Hund" oder „Barky ist ein grosser Hund".

switch-case   Die `switch-case`-Verzweigung kann einen Wert gleich in mehreren Gleichheitsbedingungen auf einmal überprüfen. Dabei wird der Variablenwert in den Klammern nach `switch` mit den Referenzwerten, die den einzelnen `case`-Abschnitten folgen, verglichen. Tritt eine Bedingung ein, werden die Anweisungen, die dem Doppelpunkt folgen, ausgeführt. Dies geschieht auch über weitere `case`-Schlüsselwörter hinaus, es sei denn, es folgt die Anweisung `break;`. Mit ihr wird die switch-case-Verzweigung beendet. Für den Fall, dass keine der `case`-Bedingungen eintritt, kann mit dem `default`-Abschnitt eine Anweisungsfolge definiert werden, die in allen anderen Fällen ausgeführt wird.

```
1   Dog aDog = myDog;
2   String str;
3   // Verzweigung anhand des Alters
4   switch (aDog.age){
5     case 0:
6     case 1:   str = "Welpe"; break;
7     case 2:
8     case 3:
9     case 4:   str = "Junghund"; break;
10
11    default: str = "alter Hund";  break;
12  }
13  //Ausgabe auf der Konsole
14  System.out.println(aDog.name+" ist ein "+str)
```

Das obige Beispiel ordnet der Alterszahl eines Hundes eine Altersbezeichnung zu. So würde die Ausgabe in diesem Fall lauten: „Barky ist ein Junghund". Würde man das Beispiel auf den fünfjährigen Nachbarshund anwenden, würde der `default`-Fall eintreten, da für dessen Alter kein spezieller Fall definiert ist. Grundsätzlich kann man in `switch-case`-Verzweigungen nur Variablen vom Typ `int` und `char` vergleichen.

Natürlich kann das Verhalten einer `switch-case`-Verzweigung auch mit Hilfe von entsprechend vielen, verschachtelten `if-else\verb`-Verzweigungen erreicht werden, allerdings kann dies bei ausreichend großer Anzahl an Verschachtelungen schnell unübersichtlich werden.

6.1.9 Felder

Hat man mehrere, oft semantisch zusammenhängende Daten desselben Datentyps oder einer Klasse, kann man diese in einem Feld (englisch: array) zusammenfassen. Die einzelnen Elemente des Feldes sind beginnend bei 0 durchnummeriert. Die Deklaration eines Feldes erfolgt durch die Angabe des enthaltenen Datentyps, gefolgt von eckigen Klammern.

```
1  // Deklaration von drei verschiedenen Feldern
2  int[] intArray;
3  double[] doubleArray;
4  boolean[] boolArray;
```

Die Angabe über die Länge des Feldes geschieht bei der Konstruktion ebenfalls in eckigen Klammern. Folgendes Beispiel erzeugt ein leeres Feld vom Typ `int` der Länge 9 und ein leeres Feld für Objekte vom Typ `Dog` aus dem Anfangsbeispiel mit der Länge 15:

```
1  // Anlegen eines Feldes fuer neun Integerwerte
2  intArray = new int[9];
3  // Deklaration eines Feldes fuer fuenf eigene
4  // Haustiere und fuenfzehn "Hundeboxen"
5  Mamal[] myPets = new Mamal[5];
6  Dog[] animalShelter = new Dog[15];
```

Sowohl der lesende als auch der schreibende Zugriff auf ein Element des Feldes erfolgt, indem man die Position in eckigen Klammern angibt. In diesem Beispiel wird der Hund des Nachbarn `neightborsDog` ins Tierheim in Box 5 „gebracht", während der eigene Hund `myDog` der Menge eigener Haustiere `myPets` zugeordnet wird. Letzteres ist deshalb möglich, weil die Klasse `Dog` von der Klasse der Säugetiere `Mamal` erbt und damit nur eine Spezialisierung davon darstellt.

```
1  // Zuweisung eines Zahlenwertes
2  intArray[3] = 123;
3  int x = intArray[5];
4  // Zuweisung von Hunden zu den Feldelementen
5  myPets[0] = myDog;
6  animalShelter[5] = neightborsDog;
```

Felder sind statisch, d.h., ihre Länge kann zur Laufzeit nicht verändert werden. Bei der Benutzung von Felder ist zu beachten, dass der Index (bei Zugriff mit einer Indexvariablen) die Länge des Feldes weder über- noch unterschreiten darf. Dies führt zu einem unerwarteten Programmabbruch. Man kann dies auf zwei Arten verhindern. Die erste Möglichkeit besteht darin, die Indexvariable vor dem Feldzugriff zu überprüfen und den Zugriff nur zu gestatten, wenn der Wert innerhalb der Feldgrenzen liegt. Eine weitere Möglichkeit ergibt sich mit der Nutzung der Exceptions, konkret dem Abfangen einer `ArrayIndexOutOfBoundException` (siehe Abschnitt 6.1.14).

Für dynamische Felder oder Listen steht sowohl in Java als auch in LeJOS die Klasse `ArrayList` als einfach zu handhabende Implementierung der Schnittstelle `List` bereit. Die Verwendung wird in Kapitel 7.3.4 in Kombination mit einem Anwendungsszenario erläutert.

6.1.10 Schnittstellen und Vererbung

Wie bereits erläutert stellt die Vererbung eines der grundlegenden Konzepte der objektorientierten Programmierung dar. Über Vererbung können neue Klassen erschaffen werden, die Attribute und Methoden ihrer Oberklasse (auch: Basisklasse) übernehmen und spezialisieren können.

In Java erfolgt die Vererbung über das optionale Schlüsselwort `extends`, das bei der Definition einer Klasse angibt, von welcher Oberklasse diese erbt. Ein Beispiel ist die bereits vorgestellte Klasse `Dog`, die von der Säugetierklasse `Mammal` abgeleitet wurde und deren Eigenschaften und Methoden erbt (Quelltextbeispiel 1). Wenn das Schlüsselwort `extends` fehlt, so erbt die Klasse direkt von der allgemeinen Klasse `Object`, von der alle Klassen in Java abgeleitet werden. Die Oberklasse kann zum Zugriff auf Eigenschaften und Methoden mit `super` referenziert werden (ähnlich wie `this` beim Zugriff auf eigene Attribute und Methoden).

```
1  // Klassendefinition (mit Vererbung)
2  public class Dog extends Mammal { ... }
```

Außerdem kann die Klasse mehrere Schnittstellen implementieren, welche nach dem Schlüsselwort `implements` mit Komma getrennt angegeben werden. Eine Schnittstelle wird ähnlich einer Klasse definiert, mit dem Unterschied, dass ihre Definition anstatt mit dem Schlüsselwort `class` mit dem Schlüsselwort `interface` beginnt und ihre Methodendeklarationen lediglich aus dem Kopf ohne Rumpf bestehen. Alle Eigenschaften müssen initialisiert werden, da sie implizit als konstant (`final`) gelten. Sowohl Methoden als auch Eigenschaften müssen öffentlich (`public`) sein. Im Gegensatz zu Klassen ist zu beachten, dass man keine Objekte einer Schnittstelle erstellen kann.

Manchmal wird es nötig eine Typenanpassung (engl. „cast") vorzunehmen, um auf erweiterte Eigenschaften und Methoden der Unterklasse zugreifen zu können, wenn diese in einer Variablen der Oberklasse gespeichert ist. Mit Hilfe der in Klammer vorangestellten Klassenbezeichnung wird dem →Compiler explizit mitgeteilt, wie die Daten zu interpretieren sind.

```
1  // Typenanpassung
2  Mammal aMammal = new Dog(...);
3  //nichtfunktionierender Zugriff auf eine Methode der
       Klasse Dog
4  aMammal.bark(1, 20.0);
5  //Zugriff nach Typanpassung
6  ((Dog)aMammal).bark(1, 20.0);
```

6.1.11 Pakete und Sichtbarkeit

In Java teilt man Klassen nach ihrer Verwendung oder semantischen Zugehörigkeit in sogenannte Pakete auf, die weitere Unterpakete enthalten können. Pakete sind vergleichbar mit den Ordnern eines Dateisystems und werden dort auch als solche behandelt. Soll eine Klasse zu einem bestimmten Paket gehören, muss sie zum einen im entsprechenden Ordner (Paket) liegen und es muss zu Beginn mit Hilfe des Schlüsselwortes `package` der vollständige Paketname angegeben werden. Wie jede Anweisung schließt auch diese mit einem Semikolon ab, Hierarchiestufen der Pakete werden mit Punkten getrennt. Für die Bein-Klasse `Leg` bedeutet dies, dass ihre Deklaration, wie auch immer sie aussehen mag, mit der Zeile `package bodyparts;` beginnt, da sie in das Körperteile-Paket aufgenommen werden soll.

Um Klassen aus anderen Paketen (z.B. aus der LeJOS-Bibliothek) verwenden zu können, muss man der Klasse, in der sie verwendet werden, deren Existenz mitteilen. Dies geschieht mit der sogenannten Importanweisung vor der eigentlichen Klassendefinition. Jede Importanweisung beginnt mit dem Schlüsselwort `import`, dann wird der oft mehrstufige Paketname angegeben und zuletzt der Klassenname. Manchmal benötigt man alle Klassen eines Paketes, dann kann mit dem Platzhalter `*` das ganze Paket importiert werden. Im Anfangsbeispiel 1 wurde z.B. die Klasse `Leg` mit der Anweisung `import bodyParts.Leg;` importiert.

Sichtbarkeit

In den Abschnitten zu Klassendefinition, Variablen- und Methodendeklaration sind die Schlüsselwörter für die Modifikatoren `public` und `private` bereits aufgefallen. Diese definieren die Sichbarkeit von Variablen und Methoden (und Klassen, diese werden hier aber immer als `public` deklariert). Es gibt noch zwei weitere Abstufungen für die Sichtbarkeiten. Im Folgenden ist eine Übersicht über die Sichtbarkeiten in Java nach ihrer Hierarchie (von sehr eingeschränkt bis keine Einschränkung) dargestellt.

private Die mit `private` gekennzeichnete Variable oder Methode ist nur innerhalb der Klasse, in der sie definiert ist, verwendbar (d.h. nicht in Subklassen).

(ohne Schlüsselwort) Der Zugriff ist auch von Klassen innerhalb des Paketes, in dem die Klasse deklariert wurde, möglich. Dies gilt auch für Subklassen.

protected Der Zugriff auf mit `protected` deklarierte Elemente ist auch von Klassen innerhalb des Paketes, in dem die Klasse deklariert wurde, möglich. Auch Subklassen in einem anderen Paket haben Zugriff.

public Der Zugriff auf `public`-Elemente ist uneingeschränkt.

In Eclipse werden Klassen, die keinem Paket zugeordnet sind, in das „default"-Paket des Projektes einsortiert, welches nur in der Paketübersicht („Package Explorer") angezeigt wird. Zudem bietet Eclipse eine Möglichkeit, das Importieren von benutzten Klassen beim Speichern der Datei automatisch zu erledigen. Dazu wählt man in den Einstellungen unter *Java→Editor→Save Actions* die Option *Perform the selected actions on save* und *Organize import*. In den meisten Fällen sollte das Importieren dann automatisch beim Abspeichern der Änderungen funktionieren. Nicht mehr benötigte Imports werden dabei auch wieder gelöscht.

6.1.12 Eingebettete Klassen

Eine Ausnahme zu der zuvor erwähnten Definition von Klassen in einer gleichnamigen *.java*-Datei bilden die eingebetteten Klassen. Bisher bestanden Klassendeklarationen nur aus Eigenschaften und Methoden. Um den Wertebereich einer Eigenschaft einer Klasse zu definieren, kann man auch innerhalb dieser Klasse, ebenso wie Methoden und Eigenschaften, eine weitere Klasse definieren. Eine eingebettete Klasse, die Typ einer Klasseneigenschaft ist, muss mit `static` gekennzeichnet sein. Weitere Sonderfälle einer eingebetteten Klasse sind die lokale Klasse, welche sogar innerhalb eines Blocks (z.B. Methodenblock, Kontrollstrukturenblock) definiert wird und auch nur dort sichtbar ist, und die anonyme Klasse. Hier wird die Deklaration und die Instanziierung mit `new` kombiniert, die Klasse hat also keinen Namen und ihre Deklaration die Form eines Konstruktors. Sie kann nicht mit `extends` erben, allerdings kann man so Schnittstellen direkt implementieren (siehe Quelltextbeispiel in Abschnitt 6.1.15).

```
1   public class MyClass
2   {
3     // Klassenrumpf
4     ...
5
6     public class embeddedClass {
7       // Klassenrumpf der eingebetteten Klasse
8       ...
9     }
10  }
```

6.1.13 Wichtige Java-Bibliotheken

Für bestimmte Aufgaben gibt es auch in Java vorgefertigte Bibliotheken. Eine Bibliothek kann je nach Umfang eine Sammlung unterschiedlicher Klassen (ein Paket) oder eine einzelne Klasse sein, die diverse semantisch zusammengehörige Funktionen zur Verfügung stellt. Stellvertretend sollen hier die vielleicht wichtigsten Bibliotheken für Java vorgestellt werden: die Mathe-Bibliothek `Math` und die System-Bibliothek `System`, die beide im Paket `java.lang` enthalten sind. Ihre Äquivalente existieren auch unter LeJOS. Weitere vorhandene Funktionen und andere nützliche Bibliotheken können in den →*APIs* für Java[22] und LeJOS[23] nachgeschlagen werden.

---

[22] http://java.sun.com/javase/6/docs/api/index.html
[23] http://lejos.sourceforge.net/nxt/nxj/api/index.html

`java.lang.Math`

Die Bibliothek `Math` stellt Klassenmethoden und -konstanten für mathematische Operationen zur Verfügung. Da es sich dabei ausschließlich um statische Elemente handelt und auch kein eigener Konstruktor existiert, können keine Objekte vom diesem Klassentyp angelegt werden. Neben den beiden Datenelementen `Math.PI` und `Math.E` für die Kreiszahl Pi und die Eulersche Zahl e gibt es noch eine Vielzahl an mathematischen Funktionen (Auszug in alphabetischer Reihenfolge):

`Math.abs(data a)`   Berechnet den Absolutbetrag der angegebenen Zahl a und ist für alle Zahlentypen definiert.

`Math.cos(double a)`   Äquivalent zu der hier angegebenen Kosinusfunktion sind auch weitere trigonometrische Funktionen `sin()` und `tan()` sowie die jeweiligen Umkehrfunktionen enthalten. Dabei ist zu beachten, dass die trigonometrischen Funktionen im Bogenmaß arbeiten. Winkel, die im Gradmaß vorliegen, müssen also noch umgewandelt werden.

`Math.min(data a, data b)`   Gibt das kleinere der beiden Argumente a und b zurück und ist für alle Zahlentypen definiert. Ebenso gibt es eine Maximumsfunktion `max()`.

`Math.pow(double a, double b)`   Liefert den Wert von a hoch b und wirft im Falle von ungültigen Werten (z.B. wenn $a = 0$ und $b < 0$ sind) eine `ArithmeticException` (siehe Abschnitt 6.1.14).

`Math.random()`   Gibt eine Zufallszahl vom Typ `double` zwischen 0.0 und 1.0 zurück.

`Math.round(double a)`   Rundet auf den nächsten Ganzzahlwert und liefert das Ergebnis als `long` zurück. Diese Funktion ist auch für `float` verfügbar, der Rückgabewert ist dann vom Typ `int`. Äquivalent dazu runden die Funktionen `floor()` und `ceil()` ab beziehungsweise auf.

`Math.sqrt(double a)`   Berechnet die Quadratwurzel von a.

`Math.toDegrees(double a)`   Rechnet den in Bogenmaß angegebenen Eingabewert a in das Gradmaß um. Äquivalent dazu gibt es auch die Funktion `toRadians()`.

`java.lang.System`

Die Bibliothek `System` bietet Zugriff auf verschiedene Funktionen der JVM und erlaubt beispielsweise die Ein- und Ausgabe von Werten. Genau wie bei der Mathematik-Klassenbibliothek enthält diese Klasse ausschließlich statische Datenelemente und Methoden (Auszug in alphabetischer Reihenfolge):

`System.out.println(data)`   Standardmöglichkeit, um eine Systemausgabe zu machen. Der Parameter `data` kann von beliebigem Typ sein. Auf dem PC ist die Standardausgabe auf der Konsole, auf dem NXT das Display. Alternativ gibt es zur Ausgabe von Fehlern auch noch `System.err`. Das Ziel der beiden Ausgaben kann verändert werden.

`System.in.read(byte [])`   Dient der Benutzereingabe am PC, standardmäßig ebenfalls über die Konsole. Auf dem NXT existiert diese Funktion nicht.

`System.exit(0)`   Funktion, um das Programm zu beenden.

`System.currentTimeMillis()`   Gibt die aktuelle Systemzeit in Millisekunden an. Die Methode wird oft dazu verwendet, um aus der Differenz zweier
Aufrufergebnisse die vergangene Zeit zu ermitteln.

`java.lang.Thread`

Die Bibliothek `Thread` dient der parallelen Ausführung von Programmteilen. Hier
soll lediglich auf die Funktion `Thread.sleep(long millis)` hingewiesen
werden, die zum zeitweisen Anhalten (z.B. für Wartevorgänge) des Programms genutzt werden kann.

6.1.14 Fehlerbehandlung

Fehlerbehandlung bezeichnet nicht die Suche nach semantischen Fehlern in einem
Programm, sondern stellt ein Konzept dar, um unerwünschte Situationen abzufan-
gen und zu behandeln (z.B. der Zugriff auf eine nicht existierende Datei). Hierzu
wird in Java das `try-catch(-finally)`-Konstrukt zur Verfügung gestellt, das
aus insgesamt drei Teilen besteht:

`try{...}`   Innerhalb dieses Blocks wird mit einer unerwünschten Situation ge-
rechnet. Das Java-System erzeugt dann zur Laufzeit ein Objekt einer Unterklasse von `Exception` oder `Error`. Tritt der Fehler an einer Stelle in diesem
Block auf, werden die restlichen Anweisungen nicht mehr ausgeführt und das
Programm springt in den zugehörigen `catch`-Block.

`catch(Exception e){...}`   Hier kann die angegebene, im vorhergehenden `try`-Block aufgetretene Exception behandelt werden. Einem `try`-Block
können mehrere `catch`-Blöcke, die unterschiedliche Fehlerklassen behandeln,
folgen. Der `catch`-Block wird nur bei Auftreten des entsprechenden Fehlers
ausgeführt.

`finally{...}`   In diesem optionalen Block können Anweisungen zusammengefasst werden, die sowohl beim Auftreten des Fehlerfalls im `try`-Block als
auch sonst ausgeführt werden sollen.

```
1  public int aMethod(int a) throws Exception {...}
2
3  public void anotherMethod(int b) {
4    int i = 0;
5    try {
6      // es wird versucht, das Ergebnis in i zu speichern
7      i = aMethod(b);
8    } catch(Exception e){
```

```
9        // i bei Abbruch durch eine Exception umsetzen
10       i = -1;
11       System.out.print(e);
12     } finally {
13       // diese Ausgabe wird immer ausgefuehrt
14       System.out.print(i);
15     }
16 }
```

Wird ein Fehler in einer Methode nicht über ein `try-catch`-Konstrukt abgefangen, so muss die Methode, in der dieser Fehler auftreten kann, mit dem Schlüsselwort `throws` und dem erwarteten Fehler gekennzeichnet werden. Dies ist immer dann sinnvoll, wenn der aufrufende Programmteil die Fehlerbehebung selbst übernehmen soll und der Rückgabewert der Methode benötigt wird bzw. mehr Informationen über den Fehler übergeben werden sollen. Mit dem Schlüsselwort `throw` kann in einer Methode manuell ein Fehler eines angegebenen Typs ausgelöst werden.

```
1  public int aMethod(int a, int b) throws Exception {
2    //Ergebnis bei normaler Terminierung
3    int solution;
4    //Fehlermeldung
5    String message =
6     "Ein Fehler ist in aMethod aufgetreten!";
7    ...
8    // wenn b=0, Abbruch der Methode mit einem Fehler
9    if (b == 0) {
10     throw new Exception(message);
11   }
12   ...
13   return solution;
14 }
```

Alle Fehlerklassen erben von der Klasse `java.lang.Throwable` bzw. von deren direkten Unterklassen `Exception` oder `Error`. Wie schon im vorangegangenen Abschnitt 6.1.9 gezeigt, ist `IndexOutOfBoundsException` eine oft vorkommende Fehlerklasse. Diese wird durch das System zur Laufzeit erzeugt und tritt auf, wenn bei einem Feld oder einer Zeichenkette a versucht wird, auf das `a.length()`+$k$te Element zuzugreifen. Eine weitere, oft vorkommende Fehlerklasse ist die `NullPointerException`. Diese tritt auf, wenn eine Variable auf das leere Objekt verweist und deshalb nicht auf Objekteigenschaften oder Methoden zugegriffen werden kann. Die Fehlerbehandlung wird außerdem häufig bei Ein-/Ausgabeoperationen bzw. bei Systemoperationen verwendet.

```
1  private int[] anArray = new int [20];
2  ...
3  public int arrayAccess(int index){
4    int solution;
5    try {
```

```
6     // versuche auf die angegebene Stelle zuzugreifen
7     solution = anArray[index];
8   } catch(IndexOutOfBoundsException e){
9     // falls ausserhalb, greife auf die erste Stelle zu
10    solution = anArray[0];
11  }
12  return solution;
13  }
```

6.1.15 Entwurfsmuster

Die Verwendung des Beobachterkonzepts in Java taucht vor allem in Verbindung mit der Programmierung der grafischen Benutzeroberfläche (→*GUI*) auf. Hierbei gibt es bei beiden großen Java-GUI-Paketen `java.awt` und `javax.swing` die verschiedensten Listener für z.B. Mausklicks oder das Benutzen diverser Elemente wie Knöpfe (Buttons) und Eingabefelder. Alle diese Listener sind selbst nur Schnittstellen, die von dem Basisinterface für Listener `java.util.EventListener` erben und somit nur Methodenrümpfe anbieten. Diese müssen noch entsprechend der gewünschten Reaktion implementiert werden. Objekte, deren Veränderung durch den Beobachter erkannt werden soll, besitzen eine `addListener(Listener)`-Funktion, mit der sie über die Existenz des Beobachters informiert werden. Es kann sich dabei um verschiedene Arten von Listenern wie z.B. `ActionListener` für Schaltflächen (Buttons) handeln. Oft wird hier im Argument der Funktion das Beobachterinterface direkt als anonyme Klasse implementiert.

```
1   // Neuer Knopf 'button'
2   JButton button = new JButton("Drueck mich");
3   // Verknuepfung mit einem ActionListener
4   button.addActionListener(
5     // Deklaration im Methodenaufruf
6     new ActionListener()
7     {
8     // Auszufuehrende Aktion
9     public void actionPerformed( ActionEvent e )
10      {
11        System.out.println("Button gedrueckt");
12      }
13    }
14  );
```

In LeJOS gibt es für die Klasse der Sensoreingänge und für die Klasse der Eingabetaster am NXT ebenfalls solche Listenerinterfaces. Auf die genau Verwendung dieser zwei Klassen wird im Kapitel 7.2.3 in Zusammenhang mit Anwendungsbeispielen näher eingegangen.

6.2 LeJOS: Java für den NXT

Um Java in Verbindung mit dem NXT nutzen zu können, wird LeJOS benötigt. Dabei handelt es sich um eine Kombination aus speziellen Software-Bibliotheken für das Verwenden der LEGO-Sensoren und -motoren sowie einer alternativen $\rightarrow$*Firmware* für den NXT. Diese Firmware stellt im Wesentlichen eine speziell angepasste $\rightarrow$*Java Virtual Machine* (JVM) dar, die der Interpretation von Java-Programmen auf dem NXT-Microcontroller dient. Die LeJOS-Bibliotheken bieten dem Programmierer eine reiche Auswahl an Java-Grundfunktionen, die auf die JVM für den NXT angepasst sind. Außerdem werden zahlreiche Erweiterungen für die Benutzung der NXT-Hardware, zur Kommunikation oder für verhaltensbasierte Steuerungen zur Verfügung gestellt. Neben den im NXT-Set enthaltenen Sensoren wird nahezu jegliche Zusatzhardware unterstützt. Es gibt sogar eine Bibliothek zur Verwendung von $\rightarrow$*GPS*-Geräten. Werkzeuge zum Installieren der neuen $\rightarrow$*Firmware*, Hochladen der Programme und zur Diagnose.

Um den NXT mit Java-Programmen zu steuern, müssen ein paar Vorbereitungen getroffen werden. Die Installations- und Konfigurationsschritte sind:

1. $\rightarrow$*Java Virtual Machine* für den NXT: LeJOS enthält eine alternative $\rightarrow$*Firmware*, welche die Original-Firmware ersetzt. Sie besteht hauptsächlich aus einer auf die Ressourcen des NXTs angepasste $\rightarrow$*JVM* und dient der Interpretation von Java-Programmen auf dem $\rightarrow$*Microcontroller*.
2. Erweiterungsbibliotheken: Die LeJOS-Bibliotheken bieten dem Programmierer eine reiche Auswahl an Java-Grundfunktionalitäten, die auf die $\rightarrow$*JVM* für den NXT angepasst sind. Außerdem werden zahlreiche Erweiterungen für die Benutzung der NXT-Hardware geboten. Es wird neben den Baukastenteilen nahezu sämtliche erhältliche Zusatzhardware unterstützt. Bibliotheken zur Kommunikation, zur verhaltensbasierten Steuerung und $\rightarrow$*GPS* runden das Ganze ab.
3. Werkzeuge zum Installieren der neuen $\rightarrow$*Firmware*, Hochladen der Programme und zur Diagnose.

6.2.1 Installation und Inbetriebnahme

Diese Installationsbeschreibung bezieht sich auf die zum Zeitpunkt der Veröffentlichung vorhandenen Versionen der verwendeten Software. Die angegebenen Internetquellen enthalten eventuell neuere Versionen, deren Installation von der Beschreibung abweichen kann. Da es immer noch das am weitesten verbreitete Betriebssystem für den privaten Gebrauch ist, beschränken wir uns auf Windows XP/Vista. Detaillierte Anleitungen für Linux oder Mac OS finden sich im Internet im LeJOS-Tutorial[24].

Die Installation gliedert sich in mehrere Schritte: Zunächst benötigt man eine Installation von Java. Darauf folgt die Installation des USB-Treibers für den NXT,

---

[24] `http://lejos.sourceforge.net/nxt/nxj/tutorial/index.htm`

sofern die LEGO-Software NXT-G noch nicht installiert wurde. Nach diesen vorbereitenden Schritten folgt die LeJOS-Installation auf dem PC und das Übertragen der LeJOS-Firmware auf den NXT. Zur einfacheren und übersichtlicheren Entwicklung der LeJOS-Programme wird die Installation der Entwicklungsumgebung Eclipse und des LeJOS—*Plugins* empfohlen.

Installation von Java

LeJOS stellt eine Erweiterung der Standardinstallation von Java (Standard Edition, SE) dar. Da neue Programme entwickelt werden sollen, muss zunächst sichergestellt sein, dass das umfangreichere Java SE Development Kit (JDK) installiert ist, welches neben einem —*Java Runtime Environment* auch noch diverse Werkzeuge und Bibliotheken zur Software-Entwicklung enthält. Dies ist ein einfacher Schritt, da man dazu einfach das aktuelle JDK herunterladen[25], die Installationsdatei ausführen (`jdk-6u??-windows-i586.exe`) und der unkomplizierten Installationsroutine folgen muss. Dabei kann man den vorgeschlagenen Installationspfad übernehmen und bei der Wahl der zu installierenden Komponenten die Demos und den Quellcode entfernen, da sie nicht unbedingt benötigt werden. Gegebenenfalls müssen später noch die Systemumgebungsvariablen an die LeJOS-Installation angepasst werden.

Installation des USB-Treibers

Für den —*Firmware*-Wechsel wird eine USB-Verbindung benötigt, über die später auch Java-Programme auf den NXT übertragen werden können. Falls man die Original LEGO-NXT-Software nicht installiert hat, kann man den aktuellen NXT-Treiber auf der LEGO MINDSTORMS Support Homepage[26] herunterladen. Andernfalls kann dieser Schritt auch übersprungen werden. Zur Installation wird die Datei entpackt und die `setup.exe` gestartet. Danach verlangt Windows einen Systemneustart. Jetzt kann der NXT an einen freien USB-Port angeschlossen und im Geräte-Manager überprüft werden, ob das System ihn korrekt erkannt hat.

LeJOS-Installation auf dem PC und auf dem NXT

Die LeJOS[27]-Software gibt es seit Version 0.8 in Form einer komfortablen, ausführbaren Installationsdatei (Stand: Version 0.8.5, `leJOS_NXJ_0.8.5-Setup.exe`) ebenfalls zum Herunterladen auf der Projekt-Webseite. Bei der Ausführung und dem folgenden Installationsdialog wird zunächst überprüft, ob ein JDK auf dem

---

[25] `http://java.sun.com/javase/downloads/`
[26] `http://mindstorms.lego.com/Support/Updates/`
[27] `http://lejos.sourceforge.net`

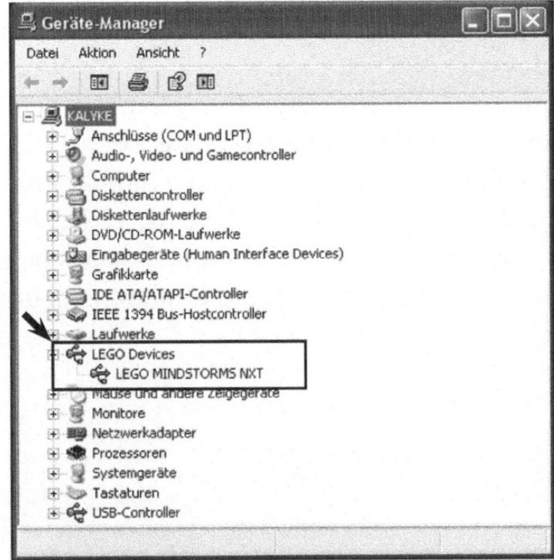

Abb. 6.1 Korrekte Auflistung des NXT nach erfolgreicher Installation im Geräte-Manager. Diesen erreicht man über einen Rechtsklick auf *Arbeitsplatz → Eigenschaften* auf dem Reiter *Hardware*

Computer installiert ist, danach folgt nach Bestätigung der ersten Schritte die Wahl des Zielordners für die Installation. Man kann den vorgeschlagenen Ordner `C:\Programme\leJOS_NXJ` übernehmen oder aber einen Ordner `leJOS_NXJ` an einem Ort, dessen Pfad keine Leerzeichen enthalten sollte, wählen. Da es sich bei LeJOS um eine Java-Erweiterung handelt, bietet es sich an, die Installation nach `C:\Programme\Java\leJOS_NXJ` durchzuführen. Anschließend folgt die Wahl des Installationspfades für die Beispielprojekte.

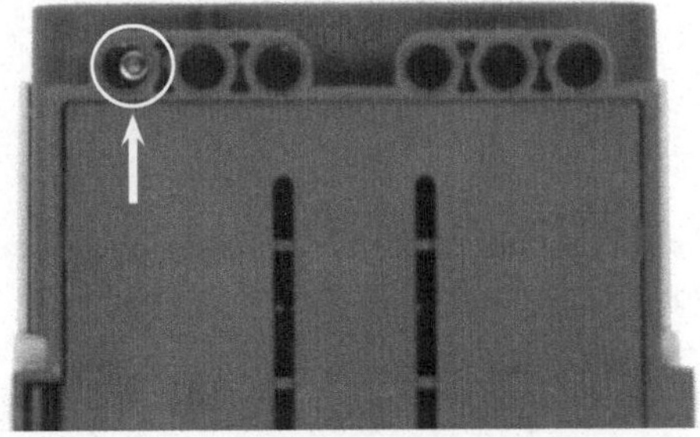

Abb. 6.2 LEGO-Technic-Loch am NXT mit einem kleinen Schalter zum Zurücksetzen und Einschalten des Modus für den Firmware-Wechsel. Zum Drücken kann man beispielsweise eine Büroklammer verwenden

Nun ist auf dem PC soweit alles vorbereitet, um den NXT Java-kompatibel zu machen und die Original-Firmware durch die LeJOS JVM zu ersetzen. Das Programm zur Firmwareersetzung[28] wird direkt im Anschluss an die LeJOS-Installation gestartet, kann aber auch jederzeit mit dem Befehl `nxjflashg` über die Ausführen-

---

[28] Die Anzahl der Firmware-Wechsel ist durch ein sogenanntes Lock-Bit begrenzt. Allerdings liegt diese Begrenzung bei über hundert Wechseln, weshalb dies nicht abschrecken sollte.

Konsole im Startmenü aufgerufen werden. Bevor die Ersetzung beginnen kann, muss der NXT noch in den Firmware-Wechsel-Modus versetzt werden, indem man mit einer aufgebogenen Büroklammer den gut versteckten Reset-Knopf an der Unterseite in dem LEGO-Technic-Loch in Höhe der USB-Buchse gedrückt hält, bis der Baustein ein leises, pulsierendes Geräusch von sich gibt (siehe Abb. 6.2) [19]. Nachdem man ihn dann per USB-Kabel mit dem PC verbunden hat, kann die Ersetzung mittels des *Start program*-Buttons beginnen (Abb. 6.3). Mit dem Hinweis *New firmware started!* wird die Funktionstüchtigkeit der neuen Firmware bestätigt und der NXT ist nun in der Lage, Java-Programme auszuführen.

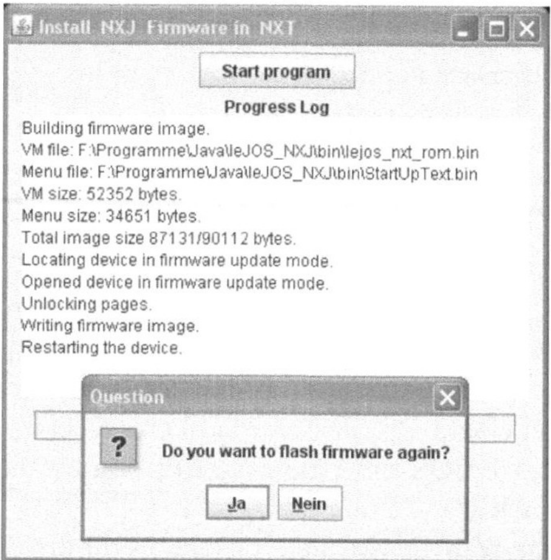

Abb. 6.3 Erfolgreiche Firmwareinstallation auf dem NXT mit dem LeJOS-Hilfsprogramm *nxjflashg*

Anpassen der Systemvariablen

Es ist abschließend noch sinnvoll zu überprüfen, ob alle nötigen Systemvariablen vorhanden sind bzw. den richtigen Wert enthalten. Durch diese Systemvariablen wird das System über die Existenz und den Ort der neuen LeJOS-Bibliotheken und der Javainstallation informiert. Hierzu öffnet man per Rechtsklick auf das *Arbeitsplatz*-Icon die *Systemeigenschaften*, wählt den Reiter *Erweitert* (XP) bzw. den unterstrichenen Text *Erweiterte Ansicht* (Vista) und dort den Punkt *Umgebungsvariablen*. Sind die Benutzer- und Systemvariablen *NXJ_HOME*, *JAVA_HOME* und *LEJOS_HOME* nicht vorhanden oder fehlerhaft, müssen diese erstellt oder an die geänderten Verzeichnisse angepasst werden. Sollte beispielsweise die Umgebungsvariable *LEJOS_HOME* fehlen, kann diese neu angelegt und mit dem Wert `C:\Programme\Java\leJOS_NXJ` bzw. dem selbst gewählten Verzeichnis belegt werden.

Nachfolgend muss `%LEJOS_HOME%\bin` noch zur Systemvariablen *Path* hinzugefügt werden. Mehrere Einträge in dieser Systemvariablen werden mit einem

Semikolon getrennt. Man sollte an dieser Stelle auch gleich überprüfen, ob die Variable *JAVA_HOME* richtig gesetzt ist und `%JAVA_HOME%\bin` ebenfalls in der Variablen *Path* enthalten ist.

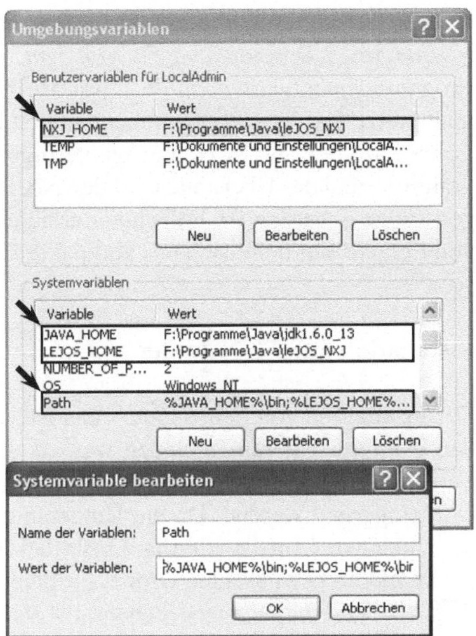

Abb. 6.4 Im oberen Fenster können Systemvariablen zum Bearbeiten ausgewählt, gelöscht oder neu erstellt werden, im unteren Fenster können der ausgewählten Systemvariablen Werte zugewiesen werden. Markiert sind die Variablen, die für LeJOS relevant sind

Bluetooth

Um mit dem NXT kabellos zu kommunizieren, besitzt dieser eine →*Bluetooth*-Schnittstelle. Diese kann zur Übertragung von Programmen, aber auch zum Senden und Empfangen von Daten während der Programmlaufzeit vom PC oder anderen NXTs verwendet werden. Möchte man den PC als Kommunikationspartner nutzen, benötigt dieser einen Bluetooth-Empfänger ab der Leistungsklasse 2.0. Es wird außerdem empfohlen, dass das Gerät entweder den WIDCOMM oder den Bluetooth Treiber von Microsoft unterstützt.

Die sogenannte Paarung zweier Bluetooth-fähiger Geräte (wie z.B. NXT↔NXT, NXT↔PC oder NXT↔Handy) ist in der dem LEGO-Baukasten beiliegenden Bedienungsanleitung [19] ausführlich und bebildert beschrieben und soll deshalb vorausgesetzt werden. Die Benutzung der zur Bluetooth-Kommunikation zur Verfügung stehenden LeJOS-Bibliotheken und Zusatzprogramme wird im entsprechenden Tutorial[29] der LeJOS-Webseite ausführlich erläutert.

---

[29] `http://lejos.sourceforge.net/nxt/nxj/tutorial/`
`Communications/Communications.htm`

6.2.2 Die Entwicklungsumgebung Eclipse

Nachdem Java und LeJOS sowie die notwendige Firmware installiert wurden, fehlt noch ein Editor, um die LeJOS-Programme entwickeln zu können. Eclipse ist eine frei verfügbare und sehr umfangreiche integrierte Entwicklungsumgebung (→*Integrated Development Environment*, IDE), die für die Entwicklung von Java-Programmen entworfen wurde, mittlerweile aber auch andere Programmiersprachen unterstützt. Der Vorteil gegenüber anderen IDEs besteht darin, dass ein →*Plugin* für Eclipse auf der LeJOS-Homepage verfügbar ist, welches die Entwicklung von Programmen und das Übertragen auf den NXT vereinfacht. Die wichtigsten Funktionen von Eclipse werden im Folgenden erläutert, für eine ausführlichere Beschreibung von Eclipse empfiehlt sich das kompakte Buch *Eclipse IDE – kurz & gut* [5].

Installation und Einrichtung

Zur Installation von Eclipse muss das Paket „Eclipse IDE for Java Developers" von der Webseite[30] heruntergeladen werden. Im Rahmen des Buchs wird die Eclipse-Version 3.5.0 mit Namen „Galileo" verwendet, es kann aber auch eine neuere Version eingesetzt werden. Da die Umgebung Eclipse selbst in Java geschrieben wurde, enthält sie keine ausführbare Installationsdatei. Stattdessen wird das Archiv entpackt und im gewünschten Ordner gespeichert (z.B. `C:\Programme\Eclipse`). Anschließend können gegebenenfalls Verknüpfungen mit der ausführbaren Programmdatei `eclipse.exe` erstellt werden, um Eclipse über das Startmenü auszuführen. Beim ersten Start legt Eclipse einen sogenannten Workspace an, der alle erstellten Projekte enthält. Auch hier sollte ein Pfad ohne Leerzeichen verwendet werden. Unter dem Menüpunkt *Window→Preferences* können Einstellungen wie z.B. Code-Formatierung oder die Anzeige von →*Compiler*-Fehlern vorgenommen werden.

Wie bereits erwähnt, gibt es ein Plugin, welches das Erstellen neuer LeJOS-Projekte und das Hochladen auf den NXT vereinfacht. Plugins installiert man in Eclipse unter dem Menüpunkt *Help→Install New Software*. In dem Dialog gibt man mittels des *Add*-Buttons die Internetadresse

```
http://lejos.sourceforge.net/tools/eclipse/plugin/nxj/
```

als neue Softwarequelle an. Anschließend entfernt man den Haken bei *Group Items By Category*, wählt das im Listenfeld angezeigte Plugin aus, startet die Installation der ausgewählten Erweiterung mit *Install* und folgt den weiteren Anweisungen. Weitere Anleitung zum Umgang mit Eclipse und dem Plugin folgen in den nächsten Abschnitten.

---

[30] `http://www.eclipse.org`

Die Arbeitsoberfläche

Beim ersten Start von Eclipse wird der sogenannte „Workspace" angelegt, in dem die Projekte gespeichert werden. Man kann auch mehrere dieser Arbeitsplätze erstellen. Dies ist allerdings nur sinnvoll, um Projekte unterschiedlicher Programmiersprachen oder aus verschiedenen Kontexten voneinander zu trennen. Die grobe Aufteilung des Eclipse-Fensters zeigt Abb. 6.5 und besteht aus dem „Package Explorer", dem Quelltexteditor und einer Konsole. Der Package Explorer (2) zeigt den Inhalt des Workspaces und die darin enthaltenen Pakete (Packages) an und erlaubt somit den Zugriff auf die verschiedenen Java- und LeJOS-Klassen. Das Herzstück des Eclipse-Fensters ist der Editor (3): Er hebt automatisch die →*Syntax* hervor, kann den Quelltext formatieren und bei der Fehlerbehebung helfen. Um den Quelltext beim Speichern automatisch zu formatieren und das Einbinden der importierten Klassen zu organisieren, öffnet man in der Werkzeugleiste (1) unter *Window→Preferences* den Eintrag *Java→Editor→Save Actions* und macht dort einen Haken bei *Perform the selected actions on save*, *Format source code* und *Organize imports*. Die Konsole (4) ist vor allem wichtig für die Fehlerausgaben des Compilers. Bei Javaprogrammen kann diese aber auch für die Benutzereingabe oder -ausgabe verwendet werden.

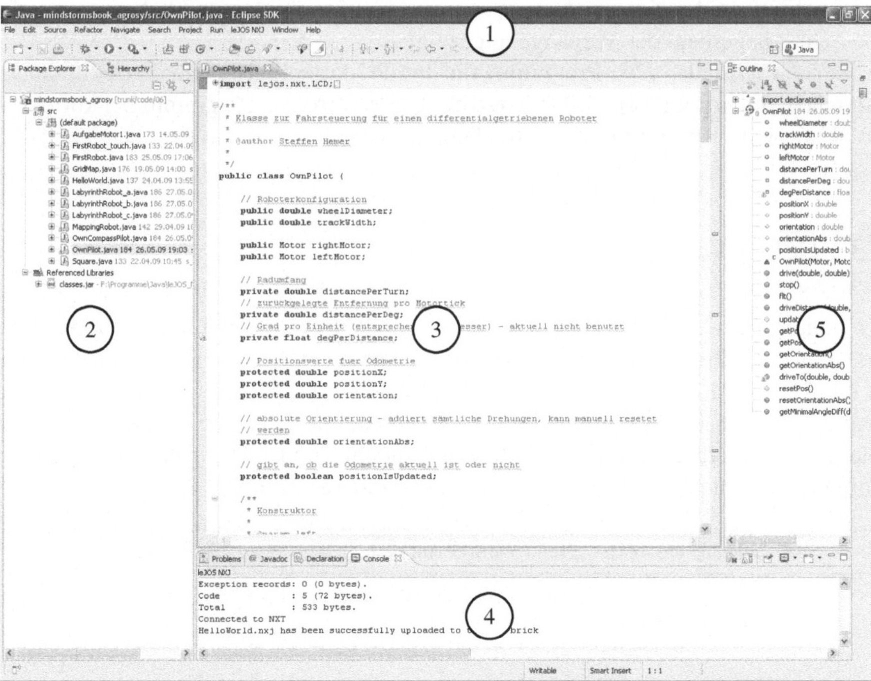

Abb. 6.5: Die Entwicklungsumgebung Eclipse mit der Werkzeugleiste (1), dem Package Explorer (2), dem Quelltexteditor (3), der Konsole (4) und der Elementeübersicht (5)

Erstellung eines neuen LeJOS-Projekts

Ein neues Projekt legt man im Menü *File→New→Java Project* oder über den entsprechenden Knopf in der Werkzeugleiste an. In dem daraufhin erscheinenden Konfigurationsdialog muss der Name des Projektes angegeben werden, weitere Einstellungen sind nicht nötig. Man hat jetzt ein normales Java-Projekt mit einem leeren Quellordner (src) und den Standardbibliotheken für Java eingerichtet. Um nun die leJOS-Bibliotheken beim Kompilieren zu verwenden, macht man einen Rechtsklick auf das Projekt. Im dadurch geöffneten Kontextmenü wählt man *leJOS NXJ→Convert to leJOS NXJ Project*, um das vorhandene Java- in ein leJOS-Projekt umzuwandeln. Im Folgenden muss ein Programm innerhalb des noch leeren Projektes erstellt werden, indem man im Quellordner (src) eine oder mehrere Klassen anlegt. Auch dies geschieht über das Menü *File→New→Class* oder entsprechende Knöpfe in der Menüleiste. Die weitere Vorgehensweise bezüglich Anlegen von Klassen wird im nächsten Abschnitt erläutert.

Hat man nun ein Programm geschrieben, muss es noch kompiliert und auf den NXT übertragen werden. Dazu hilft ebenfalls das LeJOS-Plugin. Ebenfalls mit einem Rechtsklick, diesmal auf die Programmklasse, öffnet man wieder das Kontextmenü und wählt *leJOS NXJ→ Upload Program to the NXT Brick*. Mit diesem Befehl wird das Kompilieren des Programms und das Hochladen auf den NXT kombiniert durchgeführt. In der Konsole kann man den Ablauf verfolgen und bekommt mögliche Fehler bei einem der Vorgänge angezeigt.

Wer ein normales Java-Programm für den PC kompilieren und starten möchte, kann dazu die grüne Abspiel-Taste nutzen. Damit wird das Programm bei korrekter Konfiguration kompiliert und anschließend gestartet.

6.3 „Hello World!"

Ein netter und weit verbreiteter Einstieg in eine Programmiersprache ist immer das Erstellen eines Programms, das selbst der Welt über seine Existenz berichtet, indem es ihr „Hallo" sagt. Diese und weitere einfache Einstiegsaufgaben können nun mit dem in Kapitel 6.1 erlernten Wissen gelöst werden, um sich in die textuelle Programmierung mittels Java einzuarbeiten. In den Kapiteln 7 und 8 folgen dann komplexere Aufgaben, die die bisherigen Programmierkenntnisse vertiefen.

Quelltext 4: Ausgabe des Textes „Hello World!" auf dem Display (`HelloWorld.java`)

```
 1   // Import der Bibliothek java.lang
 2   import java.lang.*;
 3
 4   // Klassendefinition
 5   public class HelloWorld {
 6
 7     // Klassenkonstante mit Text
 8     static final String MESSAGE = "Hello World!";
 9     // Klassenkonstante fuer Wartezeit
10     static final int MAX_TIME = 10;
```

```
11
12     /**
13      * Hauptmethode
14      * @param args (optionale) Parameter
15      * @throws InterruptedException
16      */
17     public static void main(String[] args)
18       throws InterruptedException {
19
20       // Ausgabe der Nachricht
21       System.out.print(MESSAGE);
22
23       // Warten (verzoegert das Programmende)
24       int countdown = 0;
25       while (countdown < MAX_TIME) {
26         Thread.sleep(1000);
27         countdown += 1;
28       }
29     }
30   }
```

Dieses einfache Java-Programm gibt den Text „Hello World!" auf der Konsole aus. Dabei ist zu beachten, dass die einfache Ausgabe des Textes mittels System.out nicht ausreicht, da das Programm so schnell terminieren würde, dass der Text nicht zu sehen wäre. Deswegen schließt sich die while-Schleife mit Warteanweisung (siehe Zeile 21) an, so dass der Text für 10 Sekunden ($1000ms \cdot 10 = 10s$) angezeigt wird. Alternativ dazu kann man natürlich auch den sleep()-Befehl mit einem entsprechend hohen Zahlenwert aufrufen und die Schleife weglassen.

Zusätzlich zu der Systemausgabe über System.out gibt es in LeJOS die Bibliothek lejos.nxt.LCD zur Ausgabe auf dem NXT-Display. Diese Klasse bietet Funktionen wie LCD.drawString(String str, int x, int y) zur Ausgabe von Text, LCD.drawInt(int i, int x, int y) für die Ausgabe von einer Integerzahl oder LCD.setPixel(int color, int x, int y) zum Zeichnen. Durch die Angabe der Position (x, y) können diese Funktionen die Ausgabe auf dem Display positionieren, müssen aber aufeinander abgestimmt sein, um andere Ausgaben nicht zu überschreiben. Mit der Funktion LCD.scroll() wird die aktuelle LCD-Ausgabe um eine Zeile nach oben verschoben, mit dem Befehl LCD.clear() wird das Display komplett bereinigt. Dabei ist zu beachten, dass es in der Computergrafik üblich ist, den Ursprung $(0, 0)$ in die linke obere Ecke zu setzen und den y-Wert positiv nach unten gehen zu lassen.

Programmieraufgabe 42: Ausgabe auf dem NXT-Bildschirm

Mit diesem Programm soll der Text „Hello World!" auf dem Bildschirm des NXT nun Buchstabe für Buchstabe mit kleinen Pausen ausgegeben werden.

Programmieraufgabe 43: Rechteck zeichnen

Auf dem Bildschirm des NXT soll nun ein Rechteck gezeichnet werden, dessen Mitte auch in der Mitte des Bildschirms liegt und das die Grenzen des Bildschirms nicht überschreitet. Hierbei ist es sinnvoll, das Rechteck als Objekt mit den Eigenschaften Höhe, Breite, Ursprung x, Ursprung y und mit einer Methode zum Zeichnen zu repräsentieren.

Die Benutzereingabe erfolgt beim NXT logischerweise über die vier Tasten. Dafür stellt LeJOS die Bibliothek `lejos.nxt.Button` mit den bereits instanziierten Objekten für die vier Knöpfe zur Verfügung. Der orangefarbene Knopf in der Mitte des NXTs kann über die Instanz `Button.ENTER` ausgelesen werden. Ähnlich verhält es sich mit dem unteren dunkelgrauen Knopf `Button.ESCAPE` sowie den beiden Pfeiltasten `Button.LEFT` (links) und `Button.RIGHT` (rechts). Mit der Methode `isPressed()` kann abgefragt werden, ob ein Button gedrückt wurde. Mit `waitForPressAndRelease()` wird auf das Drücken eines bestimmten Knopfes gewartet.

Programmieraufgabe 44: Anpassen der Rechteckbreite durch Benutzereingabe

Das in Aufgabe 43 gezeichnete Rechteck soll nun über die Pfeiltasten in seiner Breite verändert werden. Die Mitte soll dabei weiter in der Mitte des Bildschirms bleiben. Danach muss es neu gezeichnet werden.

Kapitel 7
Entwicklung von Java-Programmen für den NXT

Algorithmen zur Labyrintherkundung

In diesem Kapitel wird am Beispiel der Navigation eines mobilen Roboters in die Programmierung von LeJOS und Java eingeführt. Anwendungsziel ist das selbstständige Navigieren eines Roboterfahrzeugs in einer ihm unbekannten Umgebung. Wie schon in Kapitel 5 wird zunächst mit einer Einführung in das Ansprechen der Motoren begonnen. Danach werden die Auswertung der Sensoren und Algorithmen für die Basisbewegung und zur Positionsbestimmung des Roboters vorgestellt. Anschließend wird in die Implementierung von Karten eingeführt, die beispielsweise zur Navigation in einer Wohnung oder einem Labyrinth eingesetzt werden können.

7.1 Der Roboter lernt fahren

In Abschnitt 5.3.1 wurde bereits erläutert, wie die NXT-Motoren bei der grafischen Programmierumgebung NXT-G verwendet und bestimmte Roboterbewegungen durchgeführt werden können. Im Folgenden wird gezeigt, wie diese Funktionen unter LeJOS umgesetzt werden können und welche Vorteile sich bei der Verwendung der Java-Implementierung gegenüber der NXT-G-Lösung ergeben. Als Test-Fahrzeug dient auch hier der bereits im NXT-G-Kapitel beschriebene Roboter aus Abb. 5.7.

7.1.1 Motoren ansprechen

Als erstes soll der Roboter dazu gebracht werden, ein Quadrat mit einer festgelegten Seitenlänge zurückzulegen. Zur Lösung dieser Aufgabe mittels LeJOS ist es notwendig, die in der Java→*Klasse* `Motor` beschriebene Motoransteuerung kennen zu lernen. Diese Klasse ermöglicht sowohl das Ansteuern der Motoren als auch das Auslesen der Encoderdaten. Motoren müssen nicht instanziiert werden, es sind bereits drei →*Instanzen* in jedem LeJOS-Programm automatisch vorhanden.

K. Berns, D. Schmidt, *Programmierung mit LEGO® MINDSTORMS® NXT*, eXamen.press, 141
DOI 10.1007/978-3-642-05470-9_7, © The LEGO Group 2010

Genauer gesagt enthält die Klasse Motor bereits Objekte eigenen Typs, die direkt mit `Motor.A`, `Motor.B` und `Motor.C` referenziert werden können. Es ist dennoch sinnvoll, diese Instanzen globalen Variablen zuzuordnen und diese Variablen als Referenz zu verwenden. Dadurch wird die Übersicht, welche Motoren welche Aufgaben haben, verbessert.

Die wichtigsten Methoden der Klasse `Motor` sind im Folgenden aufgelistet und ihre jeweilige Funktion kurz erläutert:

`void setSpeed(int speed)`   setzt die Motorgeschwindigkeit: der Parameter `speed` wird in Grad pro Sekunde angegeben; das Maximum liegt bei 900, ist aber abhängig von der Batteriespannung und der Belastung. Hinweis: Mit dem Setzen der Geschwindigkeit folgt noch keine Bewegung.

`void forward()`   lässt den Motor mit aktuell gesetzter Geschwindigkeit unbegrenzt vorwärts drehen, also bis die `main`-Methode beendet wird. Achtung: Auch wenn die Geschwindigkeit auf null gesetzt ist, führt der Aufruf dieser Methode zu einer Vorwärtsbewegung.

`void backward()`   entsprechend `forward()`, nur rückwärts.

`void reverseDirection()`   kehrt die aktuelle Rotationsrichtung um. Falls der Motor sich nicht bewegt, resultiert dadurch auch keine Gegenbewegung.

`void stop()`   stoppt die Motordrehung relativ abrupt/direkt (entsprechend der Optionen „Bremsen" und „Auslaufen" bei NXT-G in Abschnitt 5.2.2).

`void flt()`   stoppt die Motordrehung, lässt den Motor noch auslaufen.

`void rotate(int angle)`   lässt den Motor um den angegebenen Winkel rotieren und stoppt dann. Diese Methode gibt es auch mit einem zweiten Parameter `boolean immediateReturn`: falls dieser Parameter `false` ist, so blockiert die Methode den weiteren Programmablauf (entsprechend der Option „Warten auf Abschluss" bei NXT-G in Abschnitt 5.2.2). Ist der Wert `true`, so ist darauf zu achten, dass keine andere Methode eine Bewegung auf diesem Motor ausführt, da es sonst zu Fehlern kommen kann.

`void rotateTo(int limitAngle)`   lässt den Motor zu dem angegebenen Winkel drehen. Der Winkel, der 0 Grad entsprechen soll, kann durch den Aufruf der Methode `resetTachoCount()` gesetzt werden. Auch diese Methode gibt es mit optionalem Parameter `boolean immediateReturn`.

`int getTachoCount()`   gibt den gedrehten Winkel in Grad seit dem letzten Aufruf von `resetTachoCount()` zurück.

`void resetTachoCount()`   setzt den Drehwinkelmesser in der aktuellen Motorstellung auf 0.

`void lock(int power)`   falls das Anhalten eines Motors mit der Methode `stop()` nicht ausreicht, um den Roboter oder Teile davon an einer bestimmten Position zu halten, kann man mit dieser Methode eine Haltekraft zwischen 1 und 100 setzen (entsprechend der Motorleistung in NXT-G). Dies ist beispielsweise sinnvoll bei einem Roboterarm, der in der Halteposition verharren soll und sich sonst aufgrund seines Eigengewichts nach unten bewegen würde.

Es gibt noch diverse weitere Methoden, die hauptsächlich für die Geschwindigkeitsregelung oder das Auslesen der aktuellen Motorattribute nützlich sind. Diese sind allerdings zu Beginn nicht von Bedeutung und werden später bei Bedarf erklärt. Eine komplette Auflistung aller Methoden kann in den JavaDocs ($\rightarrow$*API* für Java) von LeJOS[31] nachgelesen werden. Dies gilt für alle vorgestellten Klassen der LeJOS-Bibliothek.

Mit den vorgestellten Motor-Methoden kann man nun die Quadratfahrt aus Kapitel 5.3.1 umsetzen. Die theoretischen Grundlagen des Zusammenhangs zwischen Radumdrehung und zurückgelegter Wegstrecke wurden dort bereits erläutert. Nach Formel 5.1 ergibt sich für die Geradeausfahrt von 50cm entsprechend der Seitenlänge des Quadrats 1023° Motordrehung. Für die 90°-Drehung in den Quadratecken erhält man nach Formel 5.3 $\pm$188° für das rechte bzw. linke Rad. In Quelltext 5 ist zu beachten, dass jeweils die Methode, die den ersten Motor bei jeder Bewegung ansteuert, mit dem Parameter `immediateReturn = true` aufgerufen werden muss, um danach den zweiten Motor parallel ansteuern zu können. Ansonsten würden die Motoren nacheinander die Bewegung ausführen, was nicht gewünscht ist.

Quelltext 5: Quadratfahrt (`Square.java`)

```
 5   import lejos.nxt.LCD;
 6   import lejos.nxt.Motor;
 7
 8   /**
 9    * Klasse, die die Quadratfahraufgabe umsetzt
10    */
11   public class Square {
12
13       // Instanziierung zweier Motoren
14       static Motor leftMotor = Motor.B;
15       static Motor rightMotor = Motor.A;
16
17       // Hauptmethode
18       public static void main(String[] args) {

38           // Motorgeschwindigkeiten setzen
39           leftMotor.setSpeed(700);
40           rightMotor.setSpeed(700);
41
42           // Schleife fuer viermaliges Ausfuehren
43           for (int i = 0; i <= 3; i++) {
44               // Geradeausfahrt von 50cm
45               leftMotor.rotate(1023, true);
46               rightMotor.rotate(1023);
47               // Drehung von 90 Grad um Roboterzentrum
48               leftMotor.rotate(188, true);
49               rightMotor.rotate(-188);
50           }
51       }
52   }
```

---

[31] `http://lejos.sourceforge.net/nxt/nxj/api/`

7.1.2 Kinematikberechnung

Im vorherigen Abschnitt wurden alle zu fahrenden Strecken entsprechend der Aufgabe im Vorhinein berechnet. Dies ist nicht immer sinnvoll, da ein Roboter seine Bewegungen selbstständig in Abhängigkeit bestimmter Sensormessungen wie beispielsweise die Rotationsensoren der Motoren durchführen muss. Um den Zusammenhang zwischen der Drehung der Räder und der Bewegung des Roboters (subsummiert durch einen bestimmten Punkt im Roboterzentrum) bestimmen zu können, muss zunächst das Kinematikmodell des differentialgetriebenen Roboters berechnet werden. Mit diesem Modell lassen sich dann anhand einer vorgegebenen globalen Robotergeschwindigkeit die Einzelradgeschwindigkeiten und Drehrichtungen berechnen. In der Robotik ist es üblich, durch die Vorgabe von Linear- und Drehgeschwindigkeit die Fahrzeugbewegung anzugeben. Um diese ganzen Berechnungen nicht für verschiedene Strecken und Drehungen manuell vornehmen zu müssen, wird ein →*Algorithmus* entwickelt, der für jeden beliebigen Fall die Berechnung korrekt durchführt. Danach kann das gewonnene Modell in einer Methode implementiert und der Roboter damit angesteuert werden.

Bereits in Kapitel 5.3.1 wurden erste Ansätze zur Kinematikberechnung für einen Differentialantrieb gezeigt, mit denen auch die Drehwerte im vorigen Abschnitt berechnet wurden. Hier soll nun eine allgemeinere Berechnungsvorschrift hergeleitet werden, die nicht nur für die Sonderfälle „Drehen um Zentrum" und „Drehen um Zentrum eines Rades" angewandt werden kann. Dieses Problem nennt man auch die Inverse Kinematik, bei der man die einzelnen Radgeschwindigkeiten aus der gegebenen Robotergeschwindigkeit v_m und →*Winkelgeschwindigkeit* ω_m berechnet (siehe Abb. 7.1). Die Bewegung des Mittelpunkts auf der Achse zwischen den beiden Antriebsrädern (kinematisches Zentrum) eignet sich besonders gut, die Bewegung des Differentialantriebs zu beschreiben. Der Radius des zu fahrenden Kreisbogens r_m kann dabei gemäß Abb. 7.1 aus den beiden gegebenen Werten berechnet werden:

$$r_m = \frac{v_m}{\omega_m} \tag{7.1}$$

Anhand des Radius r_m können nun die Fahr-Radien für die beiden Räder abhängig vom Radabstand d bestimmt werden. r_l ist dabei der Radius des Kreises, den das linke Rad beschreibt, r_r der des rechten Rades.

$$r_l = r_m - \frac{d}{2}, \qquad r_r = r_m + \frac{d}{2} \tag{7.2}$$

Entsprechend der mathematischen Drehrichtung wird für das Fahren einer Linkskurve (Drehung gegen den Uhrzeigersinn) die Winkelgeschwindigkeit und damit auch der Radius r_m als positiv angegeben, für eine Rechtskurve negativ. Nach dem Strahlensatz (siehe Abb. 7.1) gilt:

$$\frac{r_m}{v_m} = \frac{r_l}{v_l} = \frac{r_r}{v_r} \tag{7.3}$$

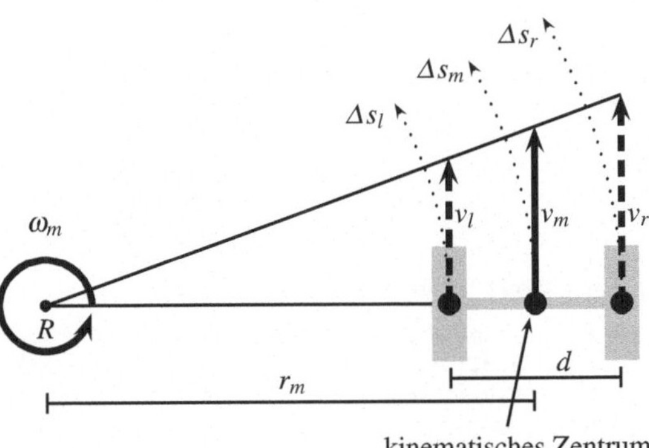

Abb. 7.1 Zusammenhang zwischen den zur Kinematikberechnung bekannten Größen v_m, ω_m, d und den gesuchten Geschwindigkeiten v_r, v_l, r_m (bzw. Strecken Δs_l, Δs_m, Δs_r) bei einem Differentialantrieb

Nach dem Ersetzen von r_r und r_l in Formel 7.3 gemäß Formel 7.2 gilt für die Radgeschwindigkeiten:

$$v_l = r_l \cdot \frac{v_m}{r_m} = \left(r_m - \frac{d}{2} \right) \cdot \frac{v_m}{r_m}$$
$$v_r = r_r \cdot \frac{v_m}{r_m} = \left(r_m + \frac{d}{2} \right) \cdot \frac{v_m}{r_m} \tag{7.4}$$

Die Geradeausfahrt ist in diesen Berechnungen durch den Sonderfall repräsentiert, wenn die Winkelgeschwindigkeit $\omega_m = 0$ ist und damit der Radius r_m gegen unendlich strebt. Ein zweiter Sonderfall ist die Drehung um das kinematische Zentrum des Roboters, bei dem $r_m = 0$ gilt, was durch eine Lineargeschwindigkeit $v_m = 0$ erreicht wird. Diese Sonderfälle würden in den Formeln 7.1 und 7.4 zu einer ungültigen Division durch Null führen und müssen deshalb bei der Implementierung berücksichtigt werden.

Um die Überlegungen zur Kinematikberechnung besser wiederverwenden zu können, ist es sinnvoll, das Prinzip der Objektorientierung zu nutzen und eine Klasse für den Antrieb zu erstellen. Über ein instanziiertes Objekt dieser Klasse, welches Teil des gesamten Robotersteuerprogramms ist, wird dann die Fahrsteuerung kontrolliert. In der Realität würde dies etwa dem Fahrer eines Autos oder der Kombination aus elektronischer und mechanischer Motorsteuerung entsprechen. Man fährt ein Auto ja auch, indem man Pedale und Lenkrad bedient und nimmt nicht sämtliche Motoreinstellungen selbst vor. Dafür hat man ein Motorsteuergerät, Servolenkung und diverse mechanische Komponenten. Also erstellt man eine neue Klasse `OwnPilot`, deren Konstruktor die benutzten Motoren und die Differentialantriebsparameter übergeben bekommt und diese als Eigenschaften des Objekts speichert ($\rightarrow$ Die Klassendefinition muss entsprechende Eigenschaftenvariablen anbieten). Die Vorteile des Auslagerns in eine eigene Klasse werden vor allem bei der späteren Positionsberechnung in Abschnitt 7.3 sichtbar. Das Quelltextbeispiel 6 zeigt die Klassendefinition des Piloten.

Quelltext 6: Eigene Klasse für die Fahrsteuerung (`OwnPilot.java`)

```java
 4  import lejos.nxt.Motor;

 8  /**
 9   * Klasse zur Fahrsteuerung fuer Differentialantrieb
10   */
11  public class OwnPilot {
12
13      // Roboterkonfiguration
14      public double wheelDiameter; // Raddurchmesser
15      public double trackWidth; // Radabstand
16
17      // Instanziierung zweier Motoren
18      public Motor rightMotor;
19      public Motor leftMotor;
20
21      // Radumfang
22      private double distancePerTurn;
23      // zurueckgelegte Entfernung pro Motortick
24      private double distancePerDeg;


43      /**
44       * Konstruktor
45       * @param left Instanz fuer linken Motor
46       * @param right Instanz fuer rechten Motor
47       * @param wheel Raddurchmesser in cm
48       * @param track Spurbreite in cm
49       */
50      public OwnPilot(Motor left, Motor right, double wheel, double
            track) {
51
52          this.leftMotor = left;
53          this.rightMotor = right;
54          this.wheelDiameter = wheel;
55          this.trackWidth = track;
56
57          // zurueckgelegte Strecke pro Umdrehung in cm
58          this.distancePerTurn = (Math.PI * wheelDiameter);
59          // zurueckgelegte Strecke pro Grad in cm
60          this.distancePerDeg = distancePerTurn / 360;
64      }


419  }
```

Der formale Ansatz der Kinematikberechnung eines Differentialantriebs lässt
sich jetzt als Methode implementieren. Die Konstanten für die Achsbreite d und den
Radumfang, die je nach Roboterkonfiguration anders sind, wurden bereits als globale Parameter `trackWidth` und `wheelDiameter` des Objektes deklariert (Zeile
14 f) und erhielten eine Wertzuweisung im Konstruktor (Zeile 57 f). Zunächst muss
der Methodenrumpf entsprechend den Anforderungen festgelegt werden:

Methodenname   Der Name sollte zusammmen mit den Parametern ausreichend
Auskunft über die Funktion der Methode geben. Ein passender Name ist bei-
spielsweise `drive(...)`. Dadurch erhöht sich die Lesbarkeit in komplexeren
Programmen.

Rückgabewert   Es wird kein Rückgabewert benötigt, da das Resultat des Aufrufs die Fahrt des Roboters an sich sein wird. Also bekommt die Methode keinen Rückgabewert, was mit dem Schlüsselwort `void` ausgedrückt wird.

Übergabeparameter   Zuletzt müssen noch die Übergabeparameter festgelegt werden. In der Einleitung des formalen Ansatzes wurde davon ausgegangen, dass die Lineargeschwindigkeit v_m und die Winkelgeschwindigkeit ω_m des Roboters vorgegeben werden. Es werden demnach zwei entsprechende Parameter `v` und `omega` benötigt. Die Geschwindigkeit soll in m/s, die Winkelgeschwindigkeit in $1/s$ vorgegeben werden. Um sinnvolle Werte für die Dimensionen des Roboters anzugeben, benötigt man Datentypen, die reelle Zahlen darstellen können. Also verwendet man zwei Fließkomma-Parameter vom Typ `double`.

Daraus ergibt sich der Methodenrumpf:

```
void drive(double v, double omega){...}
```

Bei der Implementierung selbst ist zu beachten, dass der Geschwindigkeitsparameter als vorzeichenbehaftete Fließkommagröße mit der Einheit m/s angegeben wird, die Methode `setSpeed(int speed)` der Klasse Motor aber eine vorzeichenlose Größe in Grad pro Sekunde vom Typ „Integer" erwartet. Deshalb muss bei der Geschwindigkeitsberechnung und bei der Berechnung des Kreisbogenradius eine Einheitenanpassung vorgenommen und die Geschwindigkeit mit Hilfe der Konstanten `distancePerDeg`, welche die gefahrene Entfernung pro gedrehtem Grad angibt, umgerechnet werden. Außerdem liegt die maximale Geschwindigkeit der Motoren bei $900°/s$, was durch eine Überlaufbehandlung zwar abgefangen wird, für die Nutzung der Methode allerdings bedeutet, dass die maximale Geschwindigkeit mit den verwendeten Rädern bei ungefähr $0.43 m/s$ liegt.

Die Schwierigkeit der Überlaufbehandlung wird mit Hilfe zweier Funktionen der Mathe-Bibliothek Math (siehe Abschnitt 6.1.13), nämlich dem Absolutbetrag `Math.abs` und der Minimumsfunktion `Math.min`, und einer Cast-Anweisung `(int)` gelöst, wie im Quelltextauszug 7 ab Zeile 115 nachvollziehbar ist.

Zuletzt sind noch die potenziellen Divisionen durch 0 zu beachten: Hier muss der Sonderfall, falls der Divisor gleich 0 ist, mit Hilfe einer `if()` ... `else`-Verzweigung extra behandelt werden. Mögliche Stellen sind die Berechnung des Kreisbogenradius (Zeile 89, wenn `omega` gleich 0 ist) und die Bestimmung der Einzelradgeschwindigkeiten (Zeile 97f., wenn `_radius` 0 ist).

Quelltext 7: Implementierung der Fahrmethode (`OwnPilot.java`)

```
66    /**
67     * Methode zur Fahrsteuerung
68     * @param v Lineargeschwindigkeit in m/s (max. 0.43)
69     * @param omega Winkelgeschwindigkeit in 1/s (negativ bedeutet
          Drehung im Uhrzeigersinn)
70     */
71    public void drive(double v, double omega) {
72
73       double _radius;
74       double _rightSpeed;
75       double _leftSpeed;
```

```java
76      // Sollgeschwindigkeit des Roboters in Grad/s
77      double _speedDegreesMiddle = (v / distancePerDeg) * 100;
78
79      if (omega != 0) {
80          _radius = v * 100 / omega; // Umrechnung von m in cm
81
82          // die zu fahrenden Radien der beiden Raeder
83          double _rightRadius = _radius + trackWidth / 2;
84          double _leftRadius = _radius - trackWidth / 2;
85
86          if (_radius != 0) {
87              // 1. Fall: Kurve
88              _rightSpeed = _rightRadius * _speedDegreesMiddle / _radius;
89              _leftSpeed = _leftRadius * _speedDegreesMiddle / _radius;
90          } else {
91              // 2. Fall: Drehen auf der Stelle
92              _rightSpeed = omega * _rightRadius / distancePerDeg;
93              _leftSpeed = -_rightSpeed;
94          }
95      } else {
96          // 3. Fall: Geradeausfahrt
97          _rightSpeed = _speedDegreesMiddle;
98          _leftSpeed = _speedDegreesMiddle;
99      }

106     // Absolutbetrag, Konversion nach Integer
107     int _rightSpeedInt = (int) Math.abs(_rightSpeed);
108     int _leftSpeedInt = (int) Math.abs(_leftSpeed);
109
110     // Geschwindigkeit begrenzen (maximal 900)
111     rightMotor.setSpeed(Math.min(_rightSpeedInt, 900));
112     leftMotor.setSpeed(Math.min(_leftSpeedInt, 900));
113
114     // Behandlung des Vorzeichens
115     if (_rightSpeed != 0) {
116         if (_rightSpeed > 0)
117             rightMotor.forward();
118         else
119             rightMotor.backward();
120     }
121     if (_leftSpeed != 0) {
122         if (_leftSpeed > 0)
123             leftMotor.forward();
124         else
125             leftMotor.backward();
126     }
127 }
```

Nach dem Benutzen dieser Methoden für beliebige Fahrmanöver muss natürlich zum Anhalten die Methode `stop()` oder `flt()` aufgerufen werden. Deshalb definiert man, um beide Motoren mit nur einem Methodenaufruf anzuhalten, auch für die Klasse `OwnPilot` diese Methoden (siehe Quelltextauszug 8).

Quelltext 8: Anhaltemethoden für den Piloten (`OwnPilot.java`)

```java
129     /**
130      * Methode zum Anhalten (bremsen)
131      */
132     public void stop() {
133         leftMotor.stop();
134         rightMotor.stop();
136     }
```

```
138     /**
139      * Methode zum Anhalten (ausrollen)
140      */
141     public void flt() {
142       this.updatePos(); // Odometrieberechnung
143       leftMotor.flt();
144       rightMotor.flt();
147     }
```

Damit wäre die einfache Fahrsteuerung implementiert. Zum Schluss dieses Abschnitts soll noch eine Methode entwickelt werden, die nicht endlos oder bis zum nächsten Aufruf von `stop()` eine bestimmte Fahrbewegung ausführt, sondern nur eine angegebene Wegstrecke zurücklegt. Da sie quasi eine Erweiterung von `drive` ist und diese Methode auch benutzt, wurde der Name `driveDistance` gewählt. Es werden die gleichen Parameter wie in `drive` und zusätzlich noch die zu fahrende Länge (Fließkommazahl) und die Auswahl (Wahrheitswert), ob die Fahrt abrupt oder fließend enden soll, benötigt. Innerhalb der Methode wird die zuvor definierte `drive`-Methode aufgerufen und dann mit Hilfe einer Schleife ständig überprüft, ob der zurückgelegte Weg größer als der zu fahrende ist. Ist dies der Fall, so stoppt die Schleife und das Anhalten der Motoren wird eingeleitet.

Quelltext 9: Fahrmethode, die nur eine bestimmte Wegstrecke zurücklegt (`OwnPilot.java`)

```
149     /**
150      * Methode, die eine bestimmte Strecke zuruecklegt.
151      * @param v Lineargeschwindigkeit in m/s
152      * @param omega Winkelgeschwindigkeit
153      * @param stopDistance Zurueckzulegende Strecke in cm
154      * @param flt Wahl, ob Anhalten per stop() oder flt()
155      */
156     public void driveDistance(double v, double omega, double
                stopDistance,
157        boolean flt) {
158      double _distance = 0.0;
159
160      // Ruecksetzen der Tachowerte
161      rightMotor.resetTachoCount();
162      leftMotor.resetTachoCount();
163
164      // Fahren mit den angegebenen Parametern
165      this.drive(v, omega);
166
167      // Wiederholen, solange Entfernung nicht erreicht
168      while (_distance <= stopDistance) {
169        // Gemittelte Strecke beider Raeder
170        _distance = ((Math.abs(leftMotor.getTachoCount()) + Math
171          .abs(rightMotor.getTachoCount())) / 2)
172           * distancePerDeg;
173      }
174
175      // Anhalten je nach gewaehlter Methode
176      if (flt) {
177        this.flt();
178      } else {
179        this.stop();
180      }
181     }
```

In Abschnitt 7.3 wird die Klasse `OwnPilot` noch erweitert, bis hier sollen die vorgestellten Methoden zunächst ausreichen. Die Verwendung des Objekts der Klasse `OwnPilot` erfolgt dann im Programm wie folgt:

Quelltext 10: Verwendung des Piloten (`FirstRobot.java`)

```
16  public class FirstRobot {
17
18      // Konfiguration des Piloten
19      public static OwnPilot pilot =
20          new OwnPilot(Motor.B, Motor.A, 5.6, 11.2);

28      // Hauptmethode
29      public static void main(String[] args) {
63          // Aufrufen der Piloten-Methode fuers Fahren
64          pilot.drive(0.2, 0);
66          // Stoppen der Vorwaertsfahrt
67          pilot.stop();
74          // 10cm Rueckwaertsfahren
75          pilot.driveDistance(-0.1, 0.5, 10, true);
80      }
81  }
```

Zunächst wird ein neues Objekt vom Typ `OwnPilot` instanziiert (siehe Quelltextbeispiel 10 in Zeile 19). Dieses Objekt enthält die notwendigen Informationen bezüglich der Antriebskonfiguration wie die beiden Motorinstanzen, den Raddurchmesser sowie den Radabstand. Über die Referenz `pilot` kann das Objekt nun zum Erteilen von Fahrbefehlen genutzt werden (siehe beispielsweise Zeile 64f.).

Programmieraufgabe 45: Drehen um bestimmten Winkel

Ähnlich zu Algorithmus 9 soll nun eine Methode entworfen werden, die es dem Roboter erlaubt, sich um eine bestimmte Gradzahl zu drehen. Welche Parameter benötigt diese Methode und wie kann sie umgesetzt werden?

7.2 Wandfolgen

Eine sichere Strategie, um aus einem einfachen, zyklenfreien Labyrinth herauszufinden, ist das Wandfolgen. Dabei folgt man von seinem Startpunkt ausgehend immer der linken oder der rechten Wand, ohne die ausgewählte Wand zu verlassen. In diesem Abschnitt werden die Klassen für den LEGO-Taster sowie für den Ultraschall- und Geräuschsensor eingeführt und im Rahmen eines Programms zum Wandfolgen verwendet. Ein Fronttaster dient zur Erkennung von Kollisionen, der Ultraschallsensor zur Abstandsmessung. Der Schallsensor wird in diesem Einstiegsbeispiel zur Erteilung von Kommandos verwendet.

Zur Anordnung der Sensoren bleibt zu sagen, dass den Ideen keine Grenzen gesetzt sind, solange der Tastsensor in Fahrtrichtung eine Kollision erkennen kann (ähnlich der Anordnung aus der Bauanleitung zu LEGO-Modell Nr. 8527 bzw. Nr.

8547) und der Ultraschallsensor möglichst horizontal in Geradeausrichtung den Abstand zu einem Hindernis misst. Der Sensor sollte nicht durch Teile des Robotors verdeckt sein. Eine Bauanleitung des von den Autoren verwendeten Roboters befindet sich auf dem Extras-Server[32].

7.2.1 Wand ertasten und ausweichen

Als erstes soll der Roboter mit dem Tastsensor ausgerüstet werden, um Kollisionen mit jeder Art von Hindernissen erkennen und darauf reagieren zu können. Der Tastsensor sollte so angebracht werden, dass er in Bodennähe nahezu über die gesamte Breite des Roboters auslösbar ist und nicht nur punktuell. Für das Beispiel wird er an Sensoreingang 1 angeschlossen.

Für die Sensoren existieren keine bereits instanziierten Objekte der entsprechenden Klassen wie für die Motoren, also müssen alle verwendeten Sensoren zunächst instanziiert und ihnen ein Sensoreingang (Port) zugewiesen werden. Wie bereits in Kapitel 6.1 erläutert, geschieht dies über den Aufruf des Konstruktors mit dem Schlüsselwort `new`.

Der Konstruktor der Klasse des Tastsensors `TouchSensor` hat einen einzigen Parameter. Damit wird der Port angegeben, an den der Sensor angeschlossen ist. Für die Sensoranschlüsse sind wiederum Instanzen bereits vorhanden, vergleichbar wie bei der Motorklasse. Sie sind mit dem Aufruf `SensorPort.S`x, wobei $x \in \{1..4\}$, erreichbar und werden, wie in Quelltextbeispiel 11, den Sensorklassen übergeben. Die Sensoren können auch direkt über den Sensorport ausgelesen werden, allerdings werden dann sensorspezifische Methoden nicht unterstützt, und es stehen lediglich die Sensor-Rohdaten zur Verfügung, die noch nicht gefiltert und in die jeweilige physikalische Einheit umgerechnet wurden.

Quelltext 11: Anlegen und Auswerten eines Tastsensors (`FirstRobot.java`)

```
21      // Anlegen eines Tasters an Port 1
22      public static TouchSensor touchSensor =
23          new TouchSensor(SensorPort.S1);


28      // Hauptmethode
29      public static void main(String[] args) {
46        // Variable fuer Status des Tasters
47        boolean sensorPressed = false;
48        // Auslesen des Tasterzustandes
49        sensorPressed = touchSensor.isPressed();
80      }
```

Da es nur genau einen Sensor an Anschluss $S1$ gibt und die Sensorvariablen global deklariert werden, wird die Variable als `static`, also als Klassenvariable deklariert. Die Klasse `TouchSensor` stellt nur eine einzige Methode bereit:

---

[32] `http://extras.springer.com/`

`boolean isPressed()`   überprüft, ob der Taster ausgelöst wurde. Falls er gedrückt wurde, ist der Rückgabewert der Methode `true`, andernfalls `false`.

Der Rückgabewert dieser Methode kann dann beispielsweise in `if`-Abfragen oder in Schleifen verglichen werden. Es kann dabei nur das Auslösen des Tasters überprüft werden, Abstufungen sowie die Auswertung auf einen „Stoß" wie in NXT-G gibt es nicht. Diese Vereinfachung sollte allerdings keine gravierenden Nachteile in der Benutzung bringen.

Nachdem die Verwendung des Tastsensors erläutert und in Abschnitt 7.1.2 die Grundlagen zur Fahrsteuerung erklärt wurden, sollte es nun möglich sein, die sinnvolle Einbindung des Tasters in ein Roboterprogramm, gemäß Aufgabe 46, selbstständig vorzunehmen.

Programmieraufgabe 46: Fahren, bis der Taster auslöst

In dieser Aufgabe soll eine Kollisionsvermeidung oder eher eine Kollisionserkennung mit Hilfe des Tastsensors erstellt werden. Ein Roboter mit Differentialantrieb soll beliebig Geradeausfahren, bis der Tastsensor eine Kollision erkennt. Dann soll er ein Stück zurückfahren und von dem Hindernis wegdrehen, um erneute Kollisionen zu vermeiden.

7.2.2 Hindernisse erkennen und vermeiden

Durch die Verwendung des Ultraschallsensors kann man Hindernisse im Gegensatz zum Tastsensor erkennen, bevor man mit ihnen kollidiert ist. Dadurch wird Schaden sowohl am Roboter als auch an dem Hindernis selbst vermieden. Deshalb soll der Roboter mit einem in Fahrtrichtung messenden Ultraschallabstandssensor bestückt und die Messwerte im Programm verwendet werden. Bei der Abstandsmessung mit Ultraschall sind die in Kapitel 4.3.2 vorgestellten Eigenheiten zu beachten (z.B. Schallreflexionen oder -absorbtion). Nach dem Anbringen des LEGO-Ultraschallsensors am Roboter und dem Anschließen an den Sensoreingang 2 (prinzipiell beliebig) kann es mit der Einbindung in das Programm losgehen.

Auch für den Ultraschallsensor muss eine Instanz der entsprechenden Klasse `UltrasonicSensor` erstellt werden. Wieder wird lediglich der Anschluss deklariert, an den der Sensor angeschlossen ist. Er muss sich von denen der übrigen Sensoren unterscheiden, ist aber ansonsten frei wählbar.

Quelltext 12: Anlegen eines Ultraschallsensors (`FirstRobot.java`)

```
24    // Anlegen eines Ultraschallsensors an Port 2
25    public static UltrasonicSensor sonicSensor =
26        new UltrasonicSensor( SensorPort.S2);
```

Die wichtigsten Methoden der Klasse für den Ultraschallsensor sind im Folgenden aufgelistet und kurz beschrieben. Zusätzliche Methoden zur Kalibrierung des

Ultraschallensors werden später bei Bedarf erläutert und sind auch in der LeJOS-Dokumentation nachzulesen. Die hier angegebenen Methoden sollten für die zu lösenden Aufgaben ausreichen.

`int getDistance()` gibt den Abstand zu einem Objekt zurück. Zwischen dem Abfragen zweier Entfernungswerte sollte eventuell ein kurzes Zeitintervall liegen, um fehlerhafte Werte auszuschließen. Der Rückgabewert ist die ganzzahlige Distanz zu einem Objekt in cm oder 255, falls sich kein Objekt in der Reichweite des Sensors befindet.

`int getDistances(int[ ] dist)` füllt das übergebene Feld `dist` mit den letzten 8 gemessenen Entfernungsechos. Diese werden durch das Benutzen des Ping-Modus kontinuierlich erstellt. Die einzelnen Werte entsprechen den Konventionen von `getDistance()`. Die Methode wartet, bis mindestens 8 Werte gemessen wurden. Falls dennoch weniger gemessen werden, ist der Rückgabewert -1, im Normalfall 0.

`int ping()` sendet einen einzelnen Schallimpuls (Ping) aus und misst bis zu 8 Echos. Der standardmäßige kontinuierliche Modus („continous mode") wird mit dem Aufruf dieser Methode ausgeschaltet. Die Echowerte können mit `getDistances` ausgelesen werden. Es muss eine Zeit von ungefähr $20\,ms$ zwischen dem Aufruf von `ping` und `getDistances` verstreichen. Diese Verzögerung ist nicht Teil der Methode, sondern muss anderweitig sichergestellt werden und resultiert aus der maximalen Schalllaufzeit und der Verarbeitungszeit. Ansonsten liefert der Methodenaufruf von `getDistances` entweder einen Fehler oder leere Rückgabedaten. Es kann auch die Methode `getDistance` nach einem Aufruf verwendet werden, um den Wert des ersten Echos zu bekommen. Gibt 0 zurück, falls das Senden des Schallimpulses erfolgreich war.

`int continuous()` schaltet den kontinuierlichen Sendemodus (Standardeinstellung des Sensors) ein. Es werden wiederholt Ultraschallpakete ausgesendet und die Zeit bis zum Echo gemessen. Die letzte bzw. aktuelle Entfernung kann dann mit `getDistance` ausgelesen werden. Gibt 0 zurück, falls der Aufruf erfolgreich war.

`int off()` schaltet den Sensor ganz aus. Es werden keine Ultraschallsignale mehr gesendet oder gemessen, bis die Methode `ping()`, `continuous()` oder `reset()` aufgerufen wird. Gibt 0 zurück, falls der Sensor ausgeschaltet wurde.

`int reset()` Setzt den Sensor zurück und lädt die Werkseinstellungen. Danach arbeitet der Sensor im kontinuierlichen Modus. Gibt 0 zurück, falls das Reset erfolgreich war.

Programmieraufgabe 47: Der Ultraschallsensor zur Kollisionsvermeidung

Als Erweiterung zu Aufgabe 46 soll nun der Ultraschallsensor zur Kollisionsvermeidung genutzt werden. Dadurch kann auf bevorstehende Kollisionen bereits innerhalb eines Sicherheitsabstands reagiert werden. Als zusätzlicher Schutz, z.B. für tiefliegende Hindernisse, soll der Taster trotzdem noch als Kollisionserkennung aktiv sein. Der Roboter soll also entweder ausweichen, wenn sich ein Hindernis im Abstand von 15 bis 20 cm vor ihm befindet, oder stoppen und, nach kurzem Zurücksetzen, ebenfalls ausweichen, wenn der Taster auslöst.

Programmieraufgabe 48: Verbesserte Ausgabe der Messwerte

In Kapitel 5.4.4 wurde bereits eine grafische Ausgabe von Sensorwerten auf das NXT-Display vorgestellt. Der Nachteil dieser Lösung ist, dass die Messwerte immer von links nach rechts neu gezeichnet und anschließend der gesamte Bildschirm gelöscht werden muss. Da in Java Arrays zur Verfügung stehen, kann die grafische Ausgabe so programmiert werden, dass auf der rechten Seite im Display immer der aktuellste Messwert angezeigt wird und die vorhergehenden Werte nach links aus dem Display „hinauslaufen". Auf diese Weise sieht man immer sämtliche vergangenen Werte des programmierten Zeitbereichs.

7.2.3 Aufspüren eines akustischen Signals

Neben dem Hindernisausweichen und Wandfolgen soll der Roboter nun ein Ziel finden, das ein kontinuierliches Geräusch aussendet. Dies kann z.B. ein Radio oder ein Wecker sein, der an einer beliebigen Stelle im Zimmer steht und gefunden werden soll. Die Intensität des Geräuschs markiert dabei die Nähe und Richtung zum Ziel. Liegt sie über einem bestimmten (relativ hohen) Schwellwert, gilt das Ziel als gefunden (Roboter steht vor bzw. neben dem Wecker).

Hierzu soll nun der Geräuschsensor vorgestellt werden. Wie bei jedem Sensor muss auch bei diesem eine Instanz erstellt werden. Wieder wird der Anschluss als Parameter im Konstruktor übergeben. Bei diesem Sensor kommt allerdings ein zweiter Parameter hinzu, der den Messmodus angibt. Mit `true` wird der angepasste dB(A)-Modus, mit `false` der einfache dB-Modus eingeschaltet (siehe Abschnitt 4.3.5).

Quelltext 13: Einbinden eines Geräuschsensors (`NoiseFinder.java`)

```
26    // Anlegen eines Geraeuschsensors an Port 3
27    public static SoundSensor soundSensor = new SoundSensor(SensorPort
         .S3, true);
```

Der Umfang der Methoden für den Geräuschsensor ist überschaubar und beschränkt sich auf die folgenden beiden Aufrufe:

`void setDBA(boolean dba)`   Schaltet ähnlich zum Parameter im Konstruktor zwischen dB- und dB(A)-Modus um.

`int readValue()`   gibt den aktuellen Sensorwert in Prozent entsprechend des verwendeten Modus zurück.

Um den Umgang mit der Klasse `SoundSensor` einzuüben und dabei noch die Möglichkeiten des Beobachter-Entwurfsmuster (engl. Listener-Pattern) kennen zu lernen, soll in der folgenden Aufgabe 49 das bisher erarbeitete Programm erweitert werden, so dass der Roboter einer Schallquelle folgen bzw. zu dieser hinfahren kann. Das Beobachterkonzept wurde bereits allgemein in Kapitel 3.3.8 und speziell in Abschnitt 6.1.15 vorgestellt. Neben der Verwendung in Java wurde dort bereits erwähnt, dass es in LeJOS für Sensoren ebenfalls eine Schnittstelle für die Implementierung eines Listeners gibt. Diese heißt `SensorPortListener` und besitzt einen zu implementierenden Rumpf für die Methode `stateChanged`. Diese Methode wird automatisch immer dann aufgerufen, wenn sich der Sensorwert ändert. Der implementierte Listener wird über `SensorPort.Sx.addSensorPortListener` dem entsprechenden Port zugewiesen.

Quelltext 14: Listener für Sensorport 3 anlegen (`NoiseFinder.java`)

```
50    // Anlegen eines Listeners fuer Sensorport 3
51    SensorPort.S3.addSensorPortListener(new SensorPortListener() {
52      public void stateChanged(SensorPort source, int oldValue,
53          int newValue) {
54        // hier folgt die Reaktion auf Aenderungen
86      }
87    });
```

> **Programmieraufgabe 49: Verwendung des Schallsensors und des Listener-Musters zum Auffinden einer Geräuschquelle**
>
> In dieser Aufgabe soll die in den bisherigen Aufgaben erarbeitete Lösung (Stand Aufgabe 47) mit Hilfe des bereits erwähnten Konstrukts des Listeneres und der Geräuschsensorklasse so erweitert werden, dass der Roboter einem Geräusch folgt und dessen Quelle findet. Als Idee soll hier noch erwähnt werden, dass der Roboter z.B. immer in die Richtung fährt, aus der das Geräusch am lautesten ertönt und mit Hilfe des Beobachtermusters diese Richtungssuche immer dann wiederholt, wenn der gemessene Wert unter ein Minimum gefallen ist.

7.3 Position bestimmen

Wie bereits erwähnt, ist eine sinnvolle Fahrsteuerung nur möglich, wenn man auch weiß, wie weit man gefahren ist bzw. wo man sich befindet. Auch für das Kartieren der Umgebung oder das Aufzeichnen wichtiger Punkte ist dies unabdingbar. Deshalb wird dieser Abschnitt in zwei Möglichkeiten der Positions- und Orientierungsbestimmung einführen. Dabei gibt die Position den Aufenthaltsort des Roboters an, wohingegen die Orientierung dessen Blick- bzw. Fahrtrichtung ausdrückt.

7.3.1 Lokale und globale Lokalisierung

Grundsätzlich gibt es verschiedene Arten der Positionsbestimmung. So unterscheidet man lokale (relative) und globale (absolute) $\rightarrow$*Lokalisierung*. Unter einer **lokalen Lokalisierung** versteht man, dass der Roboter seinen Startpunkt in der Umgebung kennt und fortan durch Aufsummierung der Positionsänderungen seinen aktuellen Ort relativ zu diesem Startpunkt bestimmen kann. Dies geschieht beispielsweise mittels $\rightarrow$*Odometrie*, also der Messung über die Radumdrehungen (siehe folgendes Kapitel 7.3.2), oder über Beschleunigungssensoren. Basierend auf den gemessenen Beschleunigungswerten kann der Roboter seine Geschwindigkeit und somit seine Relativbewegung berechnen. Ein Problem dieser relativen Lokalisierung ist, dass Fehler bei der Messung und Berechnung aufaddiert werden und mit der Zeit zu immer ungenaueren Positionsdaten führen, wie im folgenden Kapitel anhand der Fahrzeug—→*odometrie* gezeigt wird.

Globale Bestimmungssysteme hingegen erlauben die Berechnung einer absoluten —→*Pose* innerhalb der Umgebung. Diese Lokalisierung kann über markante Punkte – sogenannte Landmarken – erfolgen, die verschiedenartige Eigenschaften besitzen können. Es kann sich dabei um „natürliche" Landmarken handeln, die bereits in der Umgebung des Roboters vorhanden sind (z.B. Türen und Türschilder, Straßenschilder) und nicht zusätzlich angebracht wurden. Diese werden meist über optische Sensoren wie Kameras oder Entfernungsmesser (z.B. Ultraschallsensoren, Laserscanner) erkannt. Die zweite Möglichkeit stellen „künstliche" Landmarken dar, die sowohl aktiv als auch passiv sein können. Aktive künstliche Landmarken sind beispielsweise Licht- (Leuchtfeuer) oder Schallquellen, deren Positionen bekannt sind und die mittels entsprechender Sensoren vom Roboter wahrgenommen werden können. Basierend auf den Entfernungsdaten kann der Roboter seine Position in Abhängigkeit dieser Landmarken und somit global bestimmen. Passive oder inaktive Landmarken können zum Beispiel farbige Marker, Reflektoren oder —→*RFID*-Tags sein, die sich gut von der Umgebung des Roboters abheben. Auch das satellitenbasierte —→*GPS* zählt zu den globalen Lokalisierungssystemen, steht allerdings nur im Freien zur Verfügung.

Doch auch diese globalen Systeme haben einen entscheidenden Nachteil: Sind keine oder nur ungenügende Landmarken oder Satelliten in Reichweite, hat der Roboter keine Informationen über seinen Aufenthaltsort. Aus diesem Grund werden häufig beide Systeme kombiniert, um zu jeder Zeit die (relative) Pose zu kennen, die regelmäßig mit den erkannten Landmarken abgeglichen und korrigiert wird. Ein anschauliches Beispiel dafür findet man in der Schifffahrt. Auf hoher See standen den Schiffskapitänen früher meist nur eine Uhr, Geräte zur Geschwindigkeitsmessung relativ zur Strömung sowie ein Kompass zur Verfügung. Durch die Tatsache, dass die Meeresströmung nicht exakt bestimmt werden konnte, entstand ein nicht vernachlässigbarer Fehler in der Streckenmessung. Mit Hilfe von Leuchttürmen an den Küsten (künstliche Landmarken) oder der astronomischen Navigation anhand der Sterne (natürliche Landmarken) konnten die Kapitäne die errechnete Schiffsposition aber wieder korrigieren.

7.3.2 Odometrieberechnung

Eine Möglichkeit der relativen Positionsmessung ist die bereits erwähnte Integration über die zurückgelegte Wegstrecke. Diese Strecke kann über die von den Drehsensoren der LEGO-Motoren gemessene Motordrehung und den Radumfang berechnet werden. Um mit Hilfe dieser Informationen zu einer —→*Koordinaten*darstellung zu kommen, legt man die Pose des Roboters am Startpunkt fest $(x_0, y_0, \theta_0)^T$ und addiert fortlaufend die Positions- und Orientierungsänderungen zwischen zwei Messungen. Je kürzer diese Berechnungsschritte dabei sind, umso genauer ist die resultierende Pose. In diesem Abschnitt wird nun ein Berechnungsschritt i mit $i \in \{1, 2, 3, ...\}$ betrachtet, der sich aus den aktuellen Änderungen und der Pose im vorherigen Schritt $i - 1$ zusammensetzt.

Zur $\rightarrow$*Odometrie*berechnung werden zunächst anhand der jeweiligen Einzelradgeschwindigkeit die in einem Zeitabschnitt Δt zurückgelegten Wege der Einzelräder nach den Gesetzmäßigkeiten der Mechanik berechnet. Die Einzelradgeschwindigkeiten v_r und v_l geben die Geschwindigkeit an, mit der das entsprechende Rad die gefahrene Strecke zurücklegt. Sie sind bei Geradeausfahrt gleich, haben aber, wie in Abbildung 7.1 erkennbar, bei Kurvenfahrt und Drehung unterschiedliche Werte. Die Strecken entsprechen dabei der Kreisbahn, die das jeweilige Rad beschreibt. Im Normalfall heißt das, dass die jeweils zurückgelegte Strecke eines jeden Rades gemäß Formel 7.5 aus der Radgeschwindigkeit v und der Zeitdauer Δt berechnet wird.

$$\Delta s_l = v_l \cdot \Delta t$$
$$\Delta s_r = v_r \cdot \Delta t \tag{7.5}$$

Da die integrierten Drehsensoren der NXT-Motoren allerdings keine Geschwindigkeiten, sondern lediglich die Umdrehungen messen, muss die Berechnung der jeweiligen Wegstrecke über die im betrachteten Zeitabschnitt gemessenen Radumdrehungen T und den Radumfang U berechnet werden:

$$\Delta s_l = T_l \cdot U$$
$$\Delta s_r = T_r \cdot U \tag{7.6}$$

Der vom Roboter(zentrum) zurückgelegte Weg Δs_m ergibt sich dann aus den gemittelten Einzelradstrecken der beiden Räder:

$$\Delta s_m = (\Delta s_l + \Delta s_r) / 2 \tag{7.7}$$

Der durch Formel 7.7 aufgezeigte Weg war auch Grundlage für die Methode `driveDistance` in Abschnitt 7.1.2 und wird auch in der folgenden Umsetzung der Odometrieberechnung verwendet. Abbildung 7.2 zeigt die für die Berechnung notwendigen Werte.

Zur Bestimmung des Radius r_m des gefahrenen Kreisbogens (wir gehen hier von einer Linkskurve aus, bei einer Rechtskurve wäre der Radius negativ) wird zunächst folgender geometrische Zusammenhang äquivalent zum Strahlensatz verwendet (vgl. Abb. 7.1):

$$\frac{\Delta s_l}{r_l} = \frac{\Delta s_r}{r_r} \tag{7.8}$$

Das Ersetzen der beiden Radradien r_l und r_r in Formel 7.8 gemäß Formel 7.2
führt zu Gleichung 7.9, die als Unbekannte nur noch den Radius r_m enthält.

$$\frac{\Delta s_l}{r_m - d/2} = \frac{\Delta s_r}{r_m + d/2} \tag{7.9}$$

Gleichung 7.9 muss nun nach dem Radius r_m aufgelöst werden. Man erhält mit
Einsetzung von s_m gemäß Formel 7.7:

$$r_m = \frac{d}{2} \cdot \frac{\Delta s_r + \Delta s_l}{\Delta s_r - \Delta s_l} = \frac{\Delta s_m \cdot d}{\Delta s_r - \Delta s_l} \tag{7.10}$$

Als Nächstes benötigt man den Winkel des gefahrenen Kreisbogens. Die Winkeländerung $\Delta\theta$ verhält sich zum Gesamtkreis $(2 \cdot \pi)$ wie die gefahrene Kreisbahn
Δs_m zum Gesamtumfang. Demnach gilt:

$$\frac{\Delta\theta}{2 \cdot \pi} = \frac{\Delta s_m}{2 \cdot \pi \cdot r_m} \tag{7.11}$$

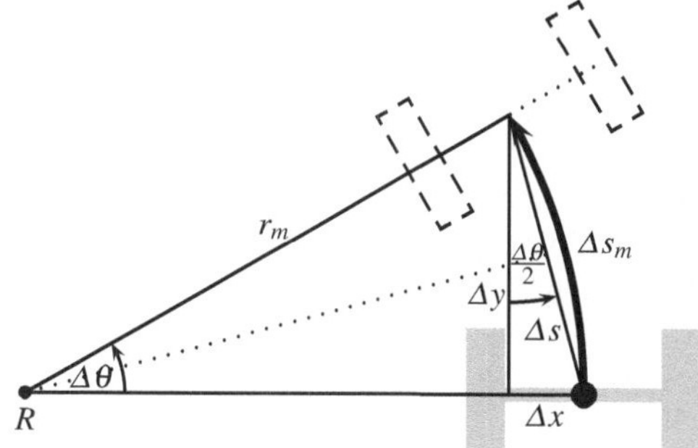

Abb. 7.2 Berechnung
der →*Posen*-Änderung
$(\Delta x, \Delta y, \Delta\theta)$ anhand der bekannten Werte für den Kreisra-
dius r_m und die zurückgelegte
Strecke Δs_m

Löst man die voran gegangene Formel 7.11 nach der Winkeländerung $\Delta\theta$ auf,
ergibt sich daraus Formel 7.12. Die Winkeländerung berechnet sich also direkt aus
dem Verhältnis von zurückgelegter Strecke und Drehradius r_m.

$$\Delta\theta = \frac{\Delta s_m}{r_m} = \frac{\Delta s_r - \Delta s_l}{d} \tag{7.12}$$

Neben der Orientierung müssen nun noch die Positionsänderungen Δy und Δx
bestimmt werden. Dazu benötigt man zunächst die Hilfsstrecke Δs, die Start- und
Endpunkt der gefahrenen Strecke direkt verbindet:

$$\Delta s = 2 \cdot r_m \cdot sin\left(\frac{\Delta\theta}{2}\right) \tag{7.13}$$

Aus der Hilfsstrecke Δs nach Formel 7.13 und der Winkeländerung $\Delta\theta$ ergeben
sich die Einzelstrecken Δx und Δy unter Verwendung der Roboterorientierung θ_{i-1}
aus dem vorangegangenen Berechnungsschritt $i - 1$:

$$\Delta x = \Delta s \cdot \cos\left(\frac{\Delta\theta}{2} + \theta_{i-1}\right)$$
$$\Delta y = \Delta s \cdot \sin\left(\frac{\Delta\theta}{2} + \theta_{i-1}\right) \tag{7.14}$$

Die neue aktuelle $\rightarrow$*Pose* berechnet sich nun aus der vorangegangenen Position (x_{i-1}, y_{i-1}) und Orientierung θ_{i-1} sowie den aktuellen Änderungen (Abb. 7.3):

$$\theta_i = \theta_{i-1} + \Delta\theta$$
$$x_i = x_{i-1} + \Delta x \tag{7.15}$$
$$y_i = y_{i-1} + \Delta y$$

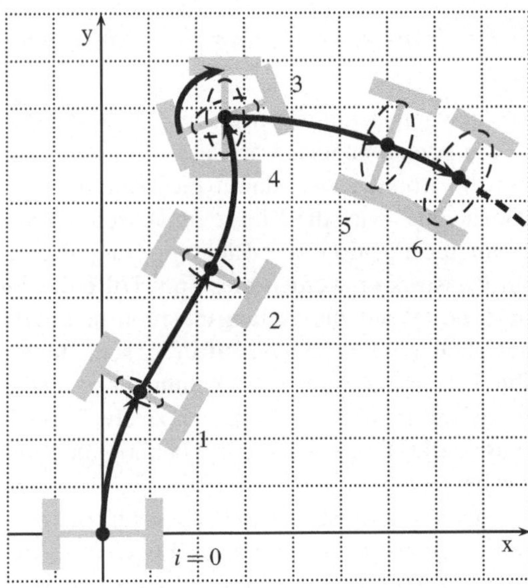

Abb. 7.3 Fortlaufende Berechnung der Roboterpose ausgehend von der Startposition (0,0) mit einer Ursprungsorientierung $\theta_0 = 90°$. Posenänderungen werden in jedem Berechnungsschritt aufaddiert, die Länge der Pfeile liefert Rückschlüsse auf die Robotergeschwindigkeit während des jeweiligen Schrittes. Die gestrichelten Ellipsen zeigen den möglichen Aufenthaltsort des Roboters, also die Zunahme der Odometrieungenauigkeit durch Aufsummierung der Fehler

Wie im vorangegangenen Abschnitt 7.3.1 erläutert, gibt es Probleme bei der lokalen Positionsbestimmung. Im Fall der Integration über die gefahrene Wegstrecke besteht das Hauptproblem darin, dass Positionsänderungen, die durch seitlichen Schlupf entstehen, nicht erkannt werden können. Dagegen werden bei Schlupf in Rollrichtung eine Wegstrecke und eine Winkeländerung aufsummiert, die vom Roboter nicht zurückgelegt wurden. Einfachstes Beispiel dafür ist das Fahren auf Glatteis: Hier können die Räder fast ungehindert durchdrehen, ohne dass sich das Fahrzeug bewegt. Die interne Roboterpose ändert sich aber weiterhin, da die Odometrie die Raddrehung als Roboterbewegung interpretiert. Die auftretenden Pro-

bleme durch Schlupf können untergrundsabhängig variieren und sind deshalb nur
schlecht bis gar nicht mathematisch modellierbar. Sie können somit nicht in die
Odometrieberechnungen einbezogen werden. Darüber hinaus werden alle Fehler
immer weiter aufsummiert, was mit zunehmender Fahrzeit zu einer immer größeren Abweichung der internen Positionsrepräsentation von dem realen Standort führt.
Verschleiß an den Reifen und die daraus resultierende Abnahme des Raddurchmes-
sers oder die Zunahme des Durchmessers durch anhaftenden Schmutz tragen ihr
Übriges zur Ungenauigkeit der Odometrie bei. Die größer werdenden Ellipsen in
Abb. 7.3 zeigen den Zuwachs an Ungenauigkeit. Auch wenn der Roboter aufgrund
der Odometriewerte meint, sich exakt an dem schwarzen Mittelpunkt zu befinden,
so kann er real an einer beliebigen Stelle innerhalb der Ellipse sein. Deshalb verwendet man in der Robotik häufig eine redundante Kombination aus positionsbe-
stimmenden Sensorsystemen, um die Fehler der einzelnen Systeme auszugleichen,
wie auch in Abschnitt 7.3.4 gezeigt wird.

7.3.3 Implementierung der Odometrie

Die gewonnenen theoretischen Erkenntnisse lassen sich nun ohne großen Aufwand
in der bereits angelegten Klasse `OwnPilot` implementieren und erweitern diese
um die Roboterpose, damit dieser weiß, wo er sich gerade befindet. Für dieses
„Gedächnis" wird die Klasse zunächst um drei Eigenschaften erweitert, die die Werte für die Position in x-Richtung, in y-Richtung und die Orientierung speichern.
Im Konstruktor werden diese mit Hilfe der internen Hilfsfunktion `resetPos()`
in Zeile 67 auf die Anfangsposition und -orientierung (0,0,0) gesetzt. Diese soll
natürlich nicht von außen aufrufbar sein, denn dann wäre der Bezugspunkt verloren.
Zur Erkennung mehrerer Drehungen ($> 360°$) legt man zusätzlich zum Orientierungswert in der Pose noch eine zweite Variable an, die sich die Orientierungsänderung merkt. Diese wird später benötigt und muss von außerhalb der Klasse zurück-
setzbar sein.

Eine weitere Eigenschaft (`positionIsUpdated`) gibt an, ob die Positionswerte aktuell sind oder eventuell noch eine Methode im Gange ist, die diese gerade
ändert. Damit wird sichergestellt, dass die Methode zum Aktualisieren der Position
auch immer korrekt aufgerufen und nicht vergessen wird. Alle neuen Eigenschaften
werden als `protected` deklariert, um eine Manipulation von außen auszuschließen, sie aber für Unterklassen (wie zum Beispiel später in Abschnitt 7.3.4 verwendet) zugreifbar zu lassen. Änderungen und Zugriff werden durch die im Folgenden vorgestellten Methoden gewährleistet. Für das Zurücksetzen der Positionswerte werden zwei Methoden (`resetPos()` und `resetRotationAbs()`) erstellt,
die entsprechend den obigen Überlegungen unterschiedliche Sichtbarkeiten haben
müssen. Mit `resetRotationAbs()` kann man von außen eine Variable, die die
seit dem letzten Aufruf dieser Funktion geschehenen Orientierungsänderung speichert, zurücksetzen.

Quelltext 15: Erweiterung der Eigenschaften der Piloten-Klasse (`OwnPilot.java`)

```java
11    public class OwnPilot {

26       // Positionswerte fuer Odometrie,
27       // Orientierung 0 in positiver x-Achsenrichtung
28       protected double positionX;
29       protected double positionY;
30       protected double orientation;
32       // absolute Drehung
33       protected double rotationAbs;
35       // gibt an, ob die Odometrie aktuell ist oder nicht
36       protected boolean positionIsUpdated;

50       public OwnPilot(Motor left, Motor right, double wheel, double
                 track) {
62         this.resetPos();
63         this.resetRotationAbs();
64       }


382      /**
383       * Setzt die gespeicherte Pose zurueck auf 0,0,0
384       */
385      protected void resetPos() {
386        positionX = 0;
387        positionY = 0;
388        orientation = 0;
389        // Zuruecksetzen der Motordrehzahlen
390        rightMotor.resetTachoCount();
391        leftMotor.resetTachoCount();
392        positionIsUpdated = true;
393      }
395      /**
396       * setzt die absolute gedrehte Orientierung zurueck
397       */
398      public void resetRotationAbs() {
399        rotationAbs = 0;
400      }
419    }
```

Die gesamte Odometrieberechnung wird in einer neuen Methode `updatePos()` untergebracht. Um Fehler durch äußere Aufrufe zu vermeiden, soll diese Methode nur durch Methoden des Objekts selbst aufrufbar sein und wird deshalb als `protected` deklariert. Sie hat weder Parameter noch einen Rückgabewert, stattdessen nutzt sie die Drehsensorwerte der Motoren direkt und verändert die Positionseigenschaften des Objekts. Sie ist neben `resetPos()` die einzige Methode, die die Positionswerte ändert. Die Implementierung folgt den Formeln 7.5 bis 7.15 ohne große Besonderheiten (siehe Quelltext 16). Zu beachten sind auch hier wieder die Sonderfälle, falls Divisionen durch 0 auftreten könnten (vgl. Abschnitt 7.1.2). Die Winkel in Formel 7.12 sowie die Orientierung liegen dabei im Bogenmaß vor, da die Sinus- und Cosinusfunktionen `Math.sin()` und `Math.cos()` dies als Eingabebereich voraussetzen. Zum Ende des Methodenaufrufs wird dann die Objekteigenschaft `positionIsUpdated` auf „wahr" gesetzt, da die Positionseigenschaften gerade durch diesen Aufruf aktualisiert wurden. Die Drehsensorwerte der Motoren sollten bereits direkt nach dem Auslesen zurückgesetzt werden, um jegliche Änderung während der Berechnung nicht zu unterschlagen.

Quelltext 16: Methode zur Odometrieberechnung (`OwnPilot.java`)

```java
/**
 * Odometrieberechnung
 */
protected void updatePos() {
  // Strecke rechtes Rad (delta_s_r)
  double _distanceRightWheel = rightMotor.getTachoCount()
      * distancePerDeg;
  // Strecke linkes Rad (delta_s_l)
  double _distanceLeftWheel = leftMotor.getTachoCount() *
      distancePerDeg;

  // Zuruecksetzen der Motordrehzahlen
  rightMotor.resetTachoCount();
  leftMotor.resetTachoCount();

  // Strecke Robotermittelpunkt (delta_s_m)
  double _distanceMiddle = (_distanceRightWheel +
      _distanceLeftWheel) / 2;

  double _radius = 0;
  double _deltaTheta = 0;
  double _deltaX = 0;
  double _deltaY = 0;
  double _deltaS = 0;

  if (_distanceRightWheel != _distanceLeftWheel) {
    _radius = (_distanceMiddle * trackWidth)
        / (_distanceRightWheel - _distanceLeftWheel);
    if (_radius != 0) {
      // 1. Fall: Kurvenfahrt
      _deltaTheta = (_distanceMiddle / _radius); // rad
      _deltaS = 2 * _radius * Math.sin(_deltaTheta / 2);
      _deltaX = _deltaS * Math.cos((_deltaTheta / 2) + orientation
          );
      _deltaY = _deltaS * Math.sin((_deltaTheta / 2) + orientation
          );

    } else {
      // 2. Fall: Drehen auf der Stelle
      _deltaTheta = 2 * _distanceRightWheel / trackWidth;
    }
  } else {
    // 3. Fall: Geradeausfahrt
    _deltaX = _distanceMiddle * Math.cos(orientation);
    _deltaY = _distanceMiddle * Math.sin(orientation);
  }
  // Aktualisieren der Pose
  positionX += _deltaX;
  positionY += _deltaY;
  orientation = (orientation + _deltaTheta) % (2 * Math.PI);
  rotationAbs += _deltaTheta;

  positionIsUpdated = true;
}
```

Nun muss die Odometrieberechnung nur noch in die bereits bei der Kinematikberechnung (Abschnitt 7.1.2) definierten Methoden eingebaut werden (Quelltext 17). Bevor der Roboter fährt, wird in Zeile 110*f.* zur Sicherheit nochmals überprüft, ob seit der letzten Bewegung die Position aktualisiert wurde. Da die Fahrt eine

Veränderung und damit bis zum nächsten Aufruf von `updatePos()` zu veralteten Positionswerten führen wird, setzt man `positionIsUpdated` in Zeile 113 auf „falsch".

Quelltext 17: Änderungen in der Methode drive (`OwnPilot.java`)

```
 71    public void drive(double v, double omega) {

101      if (!positionIsUpdated) {
102        this.updatePos();
103      }
104      positionIsUpdated = false;

127    }
```

Die Aktualisierung der Roboterpose geschieht entweder vor einem neuen Aufruf von `drive()` oder in den Anhaltemethoden. Die Vorgehensweise bei der `stop()`-Methode sollte intuitiv klar sein, es wird hier lediglich der Aufruf von `updatePos()` hinzugefügt. Anders verhält es sich bei der Methode `flt()`. Hier werden sich die Motoren durch das Auslaufen noch ein Stück weiterbewegen. Also aktualisiert man die Position zunächst wie bereits in der Methode `stop()`, setzt dann allerdings die Eigenschaft `positionIsUpdated` wieder auf „falsch" (vgl. Quelltext 18 in Zeile 155). Die Positionsänderung durch das Auslaufen wird dann vor der nächsten aktiven Bewegung durch `drive()` aktualisiert. Die Methode `driveDistance()` benötigt keine Änderung, da sie intern nur die beiden Methoden `drive()` und `stop()` aufruft.

Quelltext 18: Änderungen der Anhaltemethoden (`OwnPilot.java`)

```
132    public void stop() {
133      leftMotor.stop();
134      rightMotor.stop();
135      this.updatePos();   // Odometrieberechnung
136    }

141    public void flt() {
142      this.updatePos();   // Odometrieberechnung
143      leftMotor.flt();
144      rightMotor.flt();
145      // da der Roboter noch etwas weiter faehrt:
146      positionIsUpdated = false;
147    }
```

Um im Programm oder von anderen Objekten auf die internen (`protected`) Positionswerte des `OwnPilot`-Objektes zugreifen zu können, werden für die vier Eigenschaften sogenannte get-Methoden deklariert. Dabei handelt es sich um öffentliche Methoden, die gegebenenfalls nach Überprüfung gewisser Voraussetzungen, den Wert privater Eigenschaften zurückgeben. Die Benennung erfolgt in der Regel nach dem Schema „get" + „Name der Eigenschaft". Die Orientierungswerte werden hier noch von der internen Repräsentation im Bogenmaß in das für Menschen verständlichere Gradmaß umgerechnet.

Quelltext 19: Zugriff auf die Odometriedaten des OwnPilot-Objektes (`OwnPilot.java`)

```
287    public double getPositionX() {
288      return positionX;
289    }
290
291    public double getPositionY() {
292      return positionY;
293    }
294
295    public double getOrientation() {
296      return Math.toDegrees(orientation);
297    }
298
299    public double getRotationAbs() {
300      return Math.toDegrees(rotationAbs);
301    }
```

Damit wäre der Roboter vorbereitet auf die Erstellung einer Karte, worauf in Abschnitt 7.4 eingegangen wird. Eine Erweiterung des Piloten, um einen bestimmten Punkt anzufahren, soll in Aufgabe 50 selbstständig erarbeitet werden.

Programmieraufgabe 50: Erweiterung des Piloten zur Punktanfahrt

Mit den theoretischen Grundlagen dieses Kapitels lässt sich nicht nur die aktuelle Position bestimmten, sondern es kann jetzt auch eine Zielposition und -orientierung bestehend aus (x, y, θ) zur Anfahrt angegeben werden. Hier soll nun selbstständig eine Methode driveTo() implementiert werden, die diese Anfahrt und die dafür nötigen Berechnungen durchführt.

Hinweise: Den Vektor vom Startpunkt zum Zielpunkt in →*Polarkoordinaten*darstellung berechnen, hierzu die spezielle Arkustangens-Funktion →*Atan2* aus java.lang.Math verwenden. Abbildung 7.2 illustriert die zu berechnenden Größen. Es ist darüber hinaus nützlich, Winkeldifferenzen mittels einer Hilfsmethode getMinimalAngleDiff() zu berechnen.

Programmieraufgabe 51: Abfahren von einfachen Bahnen in Weltkoordinaten.

Mit der Methode aus Aufgabe 50 lassen sich nun mit dem Roboter einfache Bahnen abfahren. Eine Bahn ist eine Folge von Punkten (x, y, θ), die nacheinander angefahren werden. So ergeben sich einfache, nicht stetige Zickzackbahnen. Die Orientierung an den Bahnpunkten sollte in Abhängigkeit des Folgepunktes berechnet werden, um unnötige Drehungen an den Punkten zu vermeiden (es reicht nicht, die Orientierung auf 0 zu setzen!).

7.3.4 Kompass auswerten

Eine mögliche Verbesserung der Lokalisierung mittels Odometrie liegt in der Verwendung von globalen Methoden zur Positions- oder Orientierungsbestimmung. Die Orientierung des LEGO-Roboters kann beispielsweise über einen Kompasssensor (vorgestellt in Kapitel 4.3.7) absolut zum Erdmagnetfeld gemessen werden, weswegen die Verwendung des Sensors zur Orientierungserkennung in diesem Abschnitt erläutert wird.

Für die meisten Zusatzsensoren bietet LeJOS im Paket `lejos.nxt.addon` eigene Klassen an, die die Verwendung dieser Sensoren vereinfachen. Die Klasse `CompassSensor` stellt Methoden zur Nutzung sowohl des Mindsensors- als auch des HiTechnic-Kompasses zur Verfügung. Der Konstruktor enthält nur den Sensoranschluss als Parameter, das Instanziieren erfolgt äquivalent zu den vorangegangenen Sensoren.

Quelltext 20: Anlegen eines Kompass-Sensors (`LocalisingRobot.java`)

```
10    // Import der Bibliothek fuer Zusatzsensoren
11    import lejos.nxt.addon.CompassSensor;


15    /**
16     * Roboter, der sich anhand des Kompasssensors
17     * orientieren kann
18     */
19    public class LocalisingRobot {


25        // Anlegen eines Kompasssensors an Port 4
26        public static CompassSensor compassSensor = new CompassSensor(
               SensorPort.S4);
89    }
```

Folgende Methoden der Klasse `CompassSensor` können zur Auswertung und zum Auslesen der Kompassdaten verwendet werden:

`float getDegrees()`   Diese Methode gibt die Orientierung in einem Bereich von 0 bis 359.9 Grad mit einer Auflösung von ungefähr 0.1 Grad zurück. Die 0 entspricht dabei Norden und steigt im Uhrzeigersinn. Auf der Mindsensors-Platine zeigt ein weißer Pfeil die Messrichtung an, bei dem HiTechnic-Kompass zeigt das dunkle Sensorende in diese Richtung. Beide müssen, um korrekte Ergebnisse zu liefern, in dieser Richtung horizontal montiert sein.

`float getDegreesCartesian()`   Der positive Drehsinn eines kartesischen Koordinatensystems entspricht der Drehung gegen den Uhrzeigersinn (mathematisch positive Drehrichtung), die Kompassdrehrichtung ist aber im Uhrzeigersinn von 0 bis 360. Diese Methode gibt die kartesische Kompassorientierung zurück.

`void resetCartesianZero()`   Setzt die aktuelle Orientierung des Kompasses als Nullwert, unabhängig von der Richtung nach Norden.

`void startCalibration()`   Startet die Kalibrierung des Kompasses zur Verbesserung der Messergebnisse. Der Sensor muss dabei langsam gedreht werden, maximal mit 20 Sekunden pro Umdrehung (mindestens 2 volle Umdrehungen beim Sensor der Firma Mindsensors, 1,5 bis 2 Umdrehungen bei dem von HiTechnic). Erst der Aufruf von `stopCalibration()` beendet die Kalibrierung.

7.3.5 Orientierung des Roboters verbessern

Mit Hilfe des Kompasssensors kann nun die Orientierung θ des Roboters genauer bestimmt bzw. die durch Odometrie ermittelte Orientierung verbessert werden. Auch Orientierungsänderungen durch Rutschen oder Versetzen des Roboters sind damit für ihn erkennbar, lineare Verschiebungen können aber nach wie vor nicht detektiert werden. Da man dem Sensorwert des Kompasses nicht ausschließlich trauen kann, wird die Klasse `OwnPilot` so erweitert, dass der Kompass zur Korrektur der über die Odometrie gewonnenen Orientierungsinformation verwendet wird. Um ein Ergebnis zu erhalten, welches die Fehler beider Messungen berücksichtigt, bietet es sich an, eine Filterung (vgl. Kapitel 4.3.11) zur Sensordatenfusion zu verwenden.

Bei der Implementierung des neuen Piloten `OwnCompassPilot`, der zusätzlich zur Auswertung der motorinternen Drehsensoren einen Kompass zur Odometrie verwendet, nutzt man das Konstrukt der Vererbung aus, um die bereits implementierte Klasse `OwnPilot` zu erweitern. Dadurch werden alle in der Oberklasse `OwnPilot` definierten Methoden (z.B. `drive()`) automatisch durch diese neue, abgeleitete Klasse bereitgestellt. Aufgrund dieser Hierarchie erbt der neue Pilot auch alle Eigenschaften seiner Oberklasse.

Die neue Klasse hat die gleichen Übergabeparameter wie die Oberklasse, allerdings kommt hier noch eine Referenz auf den verwendeten Sensor hinzu. Dieser Sensor muss als Klassen-Eigenschaft deklariert und der Konstruktor entsprechend erweitert werden (vgl. Quelltext 21, Zeile 33). Im Konstruktor der Klasse wird neben dem Aufruf des Konstruktors der Oberklasse mittels `super(...)` in Zeile 36 die Referenz auf den Sensor gespeichert (Zeile 38) und die kartesische Orientierung des Kompasses auf null gesetzt (Zeile 42), um konsistent mit der Startorientierung der Odometrie zu sein.

Zur Filterung muss eine Anzahl an vorhergegangenen Fehlerwerten gespeichert werden. Dazu eignet sich die Datenstruktur „Liste" bestens. Sie bietet den Vorteil gegenüber einem Feld, dass man Elemente einfacher am Ende anfügen, am Anfang abtrennen, einfügen und löschen kann. Um dennoch den Vorteil des indexbasierten Zugriffs eines Feldes nutzen zu können, gibt es als einzige Implementierung einer Liste in LeJOS die generische Klasse `ArrayList<E>`. Generische Klassen können durch Angabe einer anderen Klasse als Typ-Parameter E spezialisiert werden (siehe Quelltext 21). Zeile 23 legt also eine Liste mit Elementen vom Typ `Double` an.

Quelltext 21: Kopf und Konstruktor der neuen Klasse OwnCompassPilot, welche von OwnPilot erbt (`OwnCompassPilot.java`)

```
10    /**
11     * Erweiterung der Klasse OwnPilot fuer den Einsatz
12     * mit einem Kompasssensor zur Odometriekorrektur
13     */
14    public class OwnCompassPilot extends OwnPilot {
15
16        // Klassenattribut Kompasssensor
17        private CompassSensor compassSensor;
```

```
18     // Festlegen der maximalen Filterlaenge
19     private final int MAXFILTERVALUES = 10;
20     // Festlegen des Verstaerkungsfaktors
21     private final double AMPLIFICATION = 0.5;
22     // Deklaration einer Liste von double-Werten
23     private ArrayList<Double> filter;
24
25     /**
26      * Konstruktor des Kompass-Piloten
27      * @param left (siehe Oberklasse)
28      * @param right (siehe Oberklasse)
29      * @param wheel (siehe Oberklasse)
30      * @param track (siehe Oberklasse)
31      * @param compass Referenz auf den Kompasssensor
32      */
33     public OwnCompassPilot(Motor left, Motor right, double wheel,
34         double track, CompassSensor compass) {
35       // Aufruf des Konstruktors der Oberklasse
36       super(left, right, wheel, track);
37       // Zuweisen des Sensors
38       compassSensor = compass;
39       // Erstellen der Liste
40       filter = new ArrayList<Double>();
41       // Zuruecksetzen des Kompass-Wertes
42       compassSensor.resetCartesianZero();
43     }
136   }
```

Durch die Vielzahl möglicher Störeinflüsse ist es sinnvoll, zum Programmstart eine Kalibrierung durchzuführen. Zu diesen Einflüssen gehören beim Kompasssensor alle Gegenstände, die ferromagnetisch sind oder ein Magnetfeld erzeugen. Dies betrifft insbesondere auch den NXT-Baustein, Sensoren und die Motoren, weshalb zu diesen Bauteilen bei der Anordnung des Kompass-Sensors möglichst viel Abstand gehalten werden sollte. Da die Kalibrierung für diesen Sensor eine Kombination aus zwei Roboterdrehungen und dem Ausführen der Kalibriermethoden ist, bietet es sich an, hierfür eine eigene Methode durch den Piloten bereitzustellen. Man startet darin zunächst die Kalibrierung des Sensors und implementiert unter Zuhilfenahme der Odometrie eine doppelte Drehung des Roboters auf der Stelle. Dabei ist darauf zu achten, dass der Kompass mit dem Uhrzeigersinn hochzählt, also mathematisch negativ. Anschließend stoppt man die Kalibrierung und setzt sowohl die kartesische Kompassorientierung als auch die Odometrie zurück, um nicht schon durch den Kalibrierungsvorgang Differenzen zwischen der Odometrie und dem Kompass zu erzeugen. Die Textausgaben auf das LC-Display (Zeile 111 und 118f) dienen der Fortschrittsanzeige. Die Verwendung der LCD-Klasse wurde bereits in Kapitel 6.3 erläutert.

Quelltext 22: Kalibrierungsroutine zur Kompasskalibrierung (OwnCompassPilot.java)

```
104    /**
105     * Kalibirierungroutine
106     */
107    public void calibration() {
108      // Ruecksetzen des Orientierungswertes
109      this.resetRotationAbs();
110      // Textausgabe auf Bildschirm
111      LCD.drawString("Calibrating ...", 0, 5);
```

```
112    // Start der Kalibrierung
113    compassSensor.startCalibration();
114
115    // Wiederholung, solange 720 Grad nicht erreicht wurden
116    while (Math.abs(this.getRotationAbs()) < 720) {
117      // Textausgabe auf Bildschirm
118      LCD.drawString("Orientation: ", 0, 6);
119      LCD.drawString(Double.toString(this.getRotationAbs()), 12, 6);
120      // Rechtsdrehung des Roboters
121      this.drive(0, -0.2);
122    }
123
124    // Anhalten des Roboters
125    this.stop();
126    // Stoppen der Kalibrierung und Ruecksetzen
127    compassSensor.stopCalibration();
128    compassSensor.resetCartesianZero();
129    // Ruecksetzen der Pose
130    this.resetPos();
131    this.resetRotationAbs();
132    // Loeschen des Bildschirms
133    LCD.clear();
134    }
```

Nachdem die Methode zur Kalibrierung bereitgestellt wurde, kann nun die Verbesserung der Methode `updatePos()` vorgenommen werden (siehe Quelltext 23). Die in der Oberklasse `OwnPilot` vorhandene Methode wird dazu überschrieben. Nach dem Aufruf der gleichnamigen Methode aus der Oberklasse mittels `super.updatePos()` wird zusätzlich die durch Odometrie ermittelte Orientierung mit der durch den Kompass gemessenen verglichen und entsprechend verbessert. Wichtig ist, dass man hier die Methode `getDegreesCartesian()` verwendet, da sie die Kompassorientierung genau wie die Odometrie mathematisch positiv hochzählt und einen gemeinsamen Nullpunkt mit ihr besitzt (wurde im Konstruktor bzw. bei der Kalibrierung gesetzt). Um immer die geringste Winkeldifferenz berechnen zu können, kann man die Hilfsmethode `getMinimalAngleDiff()` verwenden (siehe Anhang A.3). Damit lässt sich der Fehler zwischen den beiden Orientierungswerten aus Kompasssensor und Odometrie ermitteln. Dieser wird als Objekt vom Typ `Double` der dynamischen Liste `filter` hinzugefügt. Übersteigt die Länge der Liste die vorgegebene Grenze `MAXFILTERVALUES`, so wird der erste und somit der älteste Wert gelöscht (Zeile 82*f.*). Über alle in diesem Feld enthaltenen Werte wird dann die Filterung vorgenommen (Mittelwertsfilter). Anschließend wird der gemittelte Wert mit einem Verstärkungswert `AMPLIFICATION` zur Verbesserung des Orientierungswertes multipliziert. Diese Verstärkung verhindert ein Aufschwingen des Filters. Abschließend muss der verbesserte Orientierungswert abermals an das Intervall [0..359] angepasst werden.

Quelltext 23: Aktualisierung des Orientierungswertes mit Hilfe von Filterung der Orientierungsfehler zwischen Kompass und Odometrie (`OwnCompassPilot.java`)

```
58    /**
59     * Erweitert die Funktion der Oberklasse um eine
60     * filterbasierte Sensordatenfusion zur Orientierungsbestimmung.
61     * Mittelwertbildung ueber die letzten maximal MAXFILTERVALUES
62     * Fehlerwerte. Einfluss des gemittelten Fehlers ueber
```

```
63      * AMPLIFICATION. Der gefilterte Wert wird wegen Oszillationen
64      * nicht voll aufaddiert bzw der aktuellen Fehler mehr gewichtet.
65      */
66     protected void updatePos() {
67       double _error = 0;
68
69       // Aktualisierung der Pose anhand Odometrie
70       super.updatePos();
71       // Orientierung in Bogenmass
72       double _compassOrientation = Math.toRadians(compassSensor
73           .getDegreesCartesian());
74       // Winkeldifferenz (Fehler) ermitteln
75       _error = getMinimalAngleDiff(_compassOrientation, orientation);
76       Double newError = new Double(_error);
77
78       // Fehler an Liste anhaengen
79       filter.add(newError);
82       if (filter.size() > MAXFILTERVALUES)
83         filter.remove(0);
84
85       // Alle Fehler aufsummieren und mitteln
86       for (int i = 0; i < filter.size(); i++) {
87         _error += filter.get(i).doubleValue();
88       }
89       _error /= filter.size();
90       _error *= AMPLIFICATION;
98       // Aktualisierung der Orientierung
99       orientation = (orientation + _error) % (2 * Math.PI);
100      if (orientation < 0)
101        orientation = 2 * Math.PI + orientation;
102    }
```

7.4 Kartenerstellung

Ein wichtiger Aspekt bei der Entwicklung autonomer mobiler Roboter ist die Repräsentation der Umwelt. Damit der Roboter Navigationsaufgaben erfüllen und so beispielsweise gezielt bestimmte Orte anfahren kann, benötigt er eine Karte seiner Umgebung. Nach dem Erkunden eines Labyrinths ist der Roboter somit in der Lage, auf direktem Weg zurück zum Eingang oder zu einem anderen Punkt innerhalb des Labyrinths zu fahren. In diesem Abschnitt werden verschiedene Kartentypen vorgestellt und deren Implementierung in LeJOS erläutert.

7.4.1 Grundlagen der Kartierung

Die Kartenerstellung in einer für einen Roboter unbekannten Umgebung stellt eine große Herausforderung dar. Dazu muss der Roboter die über Sensoren wahrgenommenen Objekte abhängig von seiner Position in die Karte eintragen. Hierzu benötigt der Roboter seine exakte →*Pose*, die durch unterschiedliche Verfahren zur Lokalisierung (z.B. mittels →*Odometrie*) oder mit Hilfe exakter Karten der Umgebung bestimmt werden kann. Falls die →*Lokalisierung* über eine exakte Karte erfolgen soll, diese aber a priori nicht existiert, kann dieses Problem mit →*SLAM*-Ansätzen gelöst werden. SLAM bedeutet soviel wie „Synchrones Lokalisieren und Kartieren" und löst das Problem des gleichzeitigen Lokalisierens und Kartierens in der Regel durch →*Heuristische* Verfahren. Bei der Kartenerstellung selbst kann man drei Kartentypen unterscheiden, die sich für verschiedene Anwendungen eignen:

Rasterkarten   In rasterbasierten Karten (Grid Maps) wird die Umwelt in ein festes Raster eingeteilt und für jeden Punkt ein Belegtheitswert ermittelt, der angibt, ob das Rasterfeld frei oder durch ein Objekt besetzt und demnach nicht befahrbar ist. Auf diese Weise kann der Weg von einem Ort zum nächsten exakt geplant werden. Wie in Abb. 7.4a gezeigt, gibt es auch Rasterpunkte (hier mit weißen Kreisen markiert), für die kein Belegtheitswert bestimmt werden kann, da sie innerhalb oder hinter Objekten liegen.

Topologische Karten   Diese stellen eine abstrakte Repräsentation der Umgebung in Form eines Graphen dar (Abb. 7.4b). Darin werden markante Orte wie beispielsweise Kreuzungen als Knoten gespeichert. Diese Knoten werden über Kanten verbunden, wenn ein direkter Weg von einem Knoten zum nächsten existiert. Um die Navigation zu verbessern, werden diese Kanten meist gewichtet, so dass beispielsweise längere oder langsamer befahrbare Kanten ein größeres Gewicht haben. Auf diese Weise kann bei der Navigation ein günstiger Weg gewählt werden, der den Roboter beispielsweise auf dem schnellsten, aber nicht zwangsläufig auf dem kürzesten Weg zum Zielpunkt bringt.

Geometrische Karten   In ihnen werden metrische Informationen ohne bestimmtes Raster über die Umwelt gespeichert. Die Karte kann aus geometrischen Elementen wie beispielsweise Rechtecken (siehe Abb. 7.4c) zusammengebaut werden oder auch über Polygone, die Wände oder im Raum befindliche Objekte charakterisieren.

Für Navigations-Aufgaben in LeJOS eignen sich rasterbasierte und topologische Karten am besten. Letztere können eingesetzt werden, wenn ein Labyrinth mittels schwarzer Linien auf dem Boden vorgegeben wird. Der Roboter muss sich dann alle Ausgänge, Abzweigungen und Sackgassen als Knotenpunkte merken und diese gemäß der Befahrbarkeit mittels Kanten verbinden. Auf diese Weise kann sich der NXT auch große Umgebungen speichersparend merken. Bei der Wegplanung zu einem Knotenpunkt muss also ein Pfad über die gefundenen Verbindungen gesucht und beim Abfahren entsprechend abgebogen werden. Die Wegpunkte können anhand ihrer bekannten Reihenfolge eindeutig erkannt werden.

Bei Rasterkarten hingegen ist der Speicherbedarf je nach Größe des Gitters und der Umgebung sehr groß. Sie eignen sich dennoch gut für eine Umgebung, in der sich ein NXT-Roboter mit Hilfe eines Ultraschallsensors zurechtfinden muss, da hier das eindeutige (Wieder-)Finden von Punkten wie bei den topologischen Karten nicht möglich ist. Dabei ist auf eine geeignete Rastergröße zu achten, damit das Gitter nicht zu ungenau, aber auch nicht zu speicherintensiv wird.

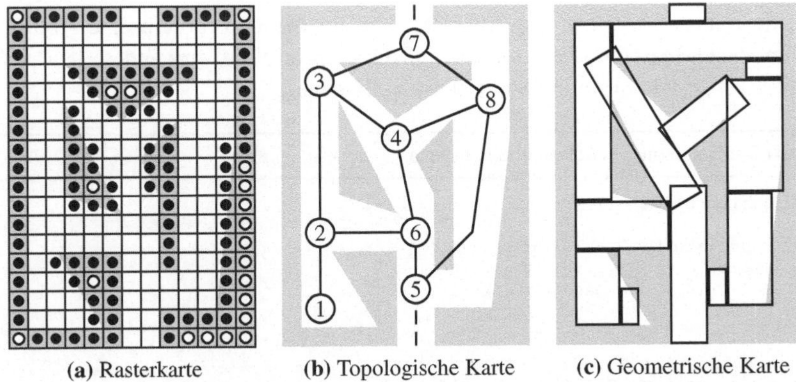

<table>
<tr><td>(a) Rasterkarte</td><td>(b) Topologische Karte</td><td>(c) Geometrische Karte</td></tr>
</table>

Abb. 7.4: Verschiedene Repräsentationen der grau hinterlegten Umgebung. Bei allen Kartentypen gehen dabei Detailinformationen verloren, allerdings werden die Daten durch diese Reduktion erst handhabbar

7.4.2 Aufbau einer Rasterkarte

Die Schwierigkeit bei der Implementierung von Karten ist der ressourcenschonende Umgang mit einer großen, dynamischen Menge an Daten sowohl bei der Speicherung als auch bei der Suche nach einzelnen Elementen in dieser Datenmenge.

Die Implementierung einer Rasterkarte soll in einer eigenen Klasse `GridMap` erfolgen. Die Speicherung der Kartendaten kann auf vielfältige Weise geschehen. Im einfachsten Fall verwendet man ein doppeltes Array (z.B. `bool[][]`), das einzelne Belegtheitswerte speichern kann. Weitere mögliche Konstrukte zur Kartierung basieren auf Bäumen oder Graphen. Im Folgenden wird eine mögliche Implementierung mit einer sogenannten →*Hashtabelle* erläutert, der Quelltext hierzu befindet sich auf dem Extras-Server[33].

Bei einer Hashtabelle handelt es sich um eine dynamische Datenstruktur, die zur Speicherung von großen Datenmengen eingesetzt wird. In ihr enthaltene Datenobjekte können durch die bereitgestellte →*Hash-Funktion* schnell gefunden werden, ohne dass die gesamte Tabelle nach dem Objekt durchsucht werden muss. Dies geschieht über einen sogenannten Schlüssel, der ein Datenobjekt eindeutig identifiziert und anhand dessen die Position des Objektes in der Tabelle berechnet werden kann. Zur Speicherung der Karte in Form einer Hashtabelle kann die vorhandene Klasse `Hashtable` aus dem Paket `java.util` genutzt werden. Diese besitzt zum Speichen von Objekten die Methode `put(Object aKey, Object aValue)` und zum Zugriff auf Objekte die Methode `Object get(Object aKey)`.

Wie man sieht, sind die Funktionen für Objekte vom Typ `Object`, der Oberklasse aller Java-Klassen, definiert. Dies führt dazu, dass man zwar alle Klassen in die Hashtabelle eintragen kann, wenn man aber auf den Wert, der mit `get` zurückgegeben wird, zugreifen möchte, hat man zunächst nur die Eigenschaften und Funk-

---

[33] `http://extras.springer.com/`

tionen der Klasse `Object` zur Auswahl. Um für dieses Problem eine Abhilfe zu schaffen, castet man die Daten zurück auf die ursprünglich verwendete Klasse (vgl. Kapitel 6.1.10), wie in Zeile 58 in Quelltext 24 gezeigt.

Quelltext 24: Benutzung der Hashtabelle in Java (`GridMap.java`)

```
15   public class GridMap {
16
17     private Hashtable grid;
39     public GridMap(int dimension) {
40       grid = new Hashtable();
43     }


53     public GridSquare getSquare(GridPoint p) {
58       return (GridSquare) grid.get(p);
59     }
60   }


95     public void setSquare(GridPoint point, GridSquare newSquare) {
112      grid.put(point, newSquare);
113    }
247  }
```

In unserem Fall besteht der Schlüssel für die Hashtabelle aus zweidimensionalen Koordinaten-Objekten. Jedem dieser Objekte werden die verschiedenen Eigenschaften des an der entsprechenden Koordinate befindlichen Rasterfeldes (zusammengefasst zu einem Objekt) zugeordnet. Die Eigenschaften eines Rasterfeldes sind der Belegtheitszustand und andere markante Informationen wie Bodenfarbe, gefundene RFID-Transpondernummer und Ähnliches (mehr dazu siehe Abschnitt 7.4.4 und 7.4.5). Die Koordinaten des Rasterfeldes bezeichnen den anhand der Rastergröße skalierten Mittelpunkt des Feldes. Dementsprechend müssen einzutragende Odometriekoordinaten auf die Rastergröße skaliert werden, um das Feld zu ermitteln, zu dem sie gehören. Um Messfehler auszugleichen, definiert man den Belegtheitszustand nicht binär (belegt, frei), sondern als „Wahrscheinlichkeit". Zu Beginn ist der Zustand null, die Belegtheit des Feldes ist demnach unbekannt. Wird ein Feld als frei erkannt, beispielsweise weil der Roboter darauf steht oder sich dieses Feld in Messrichtung zwischen dem Roboter und einem als belegt erkannten Feld befindet, veringert man den Belegtheitszustand um 1. Wird ein Feld dagegen als belegt erkannt, zum Beispiel durch die Entfernungsmessung mit Ultraschall oder durch eine Kollision, erhöht man den Belegtheitszustand. Je höher der Betrag, umso wahrscheinlicher ist es, dass ein Feld entsprechend dem Vorzeichen frei (negativ) oder belegt (positiv) ist. Dieser Ansatz lässt auch die unterschiedliche Gewichtung von Sensordaten zur Belegtheitsbestimmung zu. So kann zum Beispiel eine Kollision den Zustand um einen größeren Betrag erhöhen als eine Ultraschallmessung.

Neben der Datenstruktur zur Speicherung der Karte benötigt die Implementierung auch Zugriffsfunktionen. Es soll möglich sein, für beliebige Odometriedaten das zugehörige Rasterfeld zu finden, zu erstellen (falls noch nicht vorhanden) und die zugehörigen Merkmale zu aktualisieren. Die Suche eines Feldes geht jeder der beiden anderen Operationen voraus. Dabei müssen den Koordinaten zunächst das entsprechende Rasterfeld zugeordnet werden, dann ist die eigentliche Suche bereits durch die Datenstruktur `Hashtable` (Errechnen des Hash-Wertes für dieses Rasterkoordinatenobjekt) realisiert. Zur Überprüfung, ob ein Feld bereits in der Karte vorhanden ist, können wir eine Vereinfachung einbauen, indem die Karte sich ihre maximale x- und y-Ausdehnung (in positiver als auch in negativer Richtung) merkt und zu Beginn jeder Suche überprüft, ob die Suchfunktion der Datenstruktur `Hashtable` überhaupt aufgerufen werden muss.

7.4.3 Koordinatentransformation

Bei der Aktualisierung des Belegtheitsgrads einer Rasterkarte werden die Daten der Sensoren ausgewertet. Dabei ist zu beachten, dass ein Sensor die Objektposition lediglich relativ zu sich selbst bestimmen kann. Um die Position des Objektes in der Karte eintragen zu können, muss die Position deshalb in das Koordinatensystem der Karte umgewandelt werden. Diese Umrechnung von Lageinformationen von einem Koordinatensystem in ein anderes nennt man Koordinatentransformation und besteht hier aus einer Verschiebung (Translation) und einer Drehung (Rotation) der Koordinaten. Im umgekehrten Fall kann auch die Lage eines Punktes in der Karte bezogen auf die Roboterpose bestimmt werden, wenn dieser beispielsweise Navigationsaufgaben erfüllen und bestimmte Punkte in der Karte anfahren soll. Dazu muss er wissen, wo sich die jeweiligen Punkte relativ zu ihm selbst befinden.

Umrechnungen von Sensordaten

Bei der Transformation von Sensordaten sind der Versatz der Sensoren vom kinematischen Zentrum der Roboters, dessen Pose in der Karte sowie die Eigenschaften der gemessenen Sensordaten (z.B. Versatz der Daten zum Sensor) zu beachten. Sowohl der Tastsensor als auch der Ultraschallsensor befinden sich in den bisherigen Beispielen nicht im kinematischen Zentrum des Roboters, weshalb dieser Versatz berücksichtigt werden muss. Sensorwerte werden deshalb zunächst in das Roboterkoordinatensystem umgerechnet, um die Daten aus Robotersicht zur Verfügung zu stellen. Für die Kartierung muss dann noch eine Transformation vom Roboter- in das globale Koordinatensystem erfolgen.

Gerade bei der Interpretation der Ultraschallsensorwerte gibt es zu beachten, dass sich der Ultraschall kegelförmig ausbreitet (vgl. Kapitel 4.3.2). Somit beziehen sich die gemessenen Abstandswerte nicht auf einen Punkt, sondern auf eine ganze Front von Punkten. Ausgehend von dem Öffnungswinkel und der gemessenen Entfernung kann man diese Front im Sensorkoordinatensystem (s) berechnen (siehe Abb. 7.5).

Zur Kartierung müssen die Ultraschallsensordaten, die bezogen auf den Sensor vorliegen, vom Sensor- in das Roboterkoordinatensystem und anschließend in das globale Koordinatensystem umgerechnet werden. In Abb. 7.5 sowie den folgenden Beschreibungen und Formeln zeigt das kleine Zeichen links oben der jeweiligen

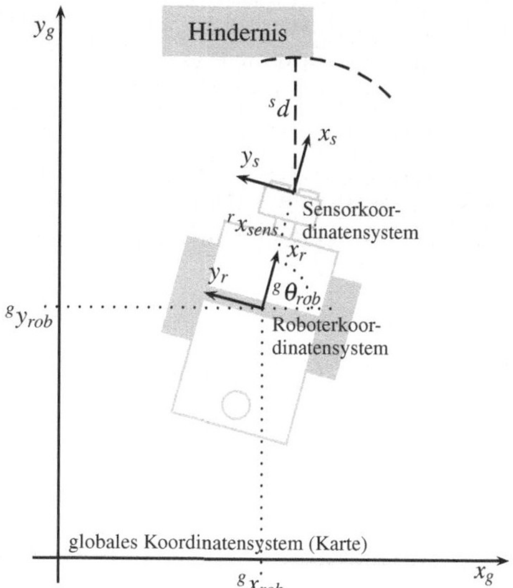

Abb. 7.5 Umrechnung von einer Hindernisentfernung $^s d$ im Sensorkoordinatensystem (s) ins globale Koordinatensystem (g). Um das Hindernis in eine globale Karte eintragen zu können, muss dessen Position zunächst in das Roboterkoordinatensystem (r) umgerechnet werden. Basierend auf der bekannten Roboterpose kann man dann die globale Hindernisposition ermitteln

Werte an, ob diese bezüglich des Sensor- (s), Roboter- (r) oder des globalen Koordinatensystems (g) angegeben sind. Der gemessene Hindernisabstand $^s d$ zeigt also die Entfernung im Sensorsystem an. Zur Umrechnung dieses Wertes muss der Versatz des Sensors bezüglich des Roboterzentrums $\left(^r x_{sens}, {}^r y_{sens}, {}^r \theta_{sens}\right)^T$ (in Roboterkoordinaten) sowie die aktuelle Roboterpose $\left(^g x_{rob}, {}^g y_{rob}, {}^g \theta_{rob}\right)^T$ (in globalen Koordinaten) bekannt sein.

Allgemein ausgedrückt: Möchte man Positionsdaten, die in einem Koordinatensystem B vorliegen, in ein anderes Koordinatensystem A umrechnen, so benötigt man die Pose $\left(^A x_B, {}^A y_B, {}^A \theta_B\right)^T$ die angibt, an welcher Stelle innerhalb von Koordinatensystem A der Ursprung des Systems B liegt und wie der Ursprung orientiert ist. Ausgehend von dieser Pose werden nach Formel 7.16 die vorliegenden Positionsdaten $\left(^B x, {}^B y, {}^B \theta\right)^T$ zunächst um den Winkel $^A \theta_B$ gedreht (Rotation). Dies geschieht mit Hilfe einer sogenannten →*Rotationsmatrix*, mit der die umzurechnende Koordinatenangabe multipliziert werden muss. Diese Matrix bewirkt keinerlei Längenänderung des aufmultiplizierten Vektors, sondern dreht diesen lediglich um den angegebenen Winkel (hier: $^A \theta_B$). Anschließend wird dazu die bereits im Koordinatensystem A vorliegende Pose des Koordinatensystems B aufaddiert (Translation):

$$
\underbrace{\begin{pmatrix} ^A x \\ ^A y \\ ^A \theta \end{pmatrix}}_{\text{Pose in A}} = \underbrace{\begin{pmatrix} ^A x_B \\ ^A y_B \\ ^A \theta_B \end{pmatrix}}_{\text{Pose von B in A}} + \underbrace{\begin{bmatrix} \cos\left(^A \theta_B\right) & -\sin\left(^A \theta_B\right) & 0 \\ \sin\left(^A \theta_B\right) & \cos\left(^A \theta_B\right) & 0 \\ 0 & 0 & 1 \end{bmatrix}}_{\text{Rotationsmatrix } R\left(^A \theta_B\right)} \cdot \underbrace{\begin{pmatrix} ^B x \\ ^B y \\ ^B \theta \end{pmatrix}}_{\text{Pose in B}} \tag{7.16}
$$

Erhält man nun Messdaten in einem Sensorkoordinatensystem, so müssen diese mittels Formel 7.16 und der bekannten Sensorpose $(^r x_{sens}, ^r y_{sens}, ^r \theta_{sens})^T$ zunächst in das Roboterkoordinatensystem und anschließend in das globale System überführt werden. Die Tastsensordaten sind im Vergleich zu den Ultraschalldaten einfacher zu verarbeiten, da sie sich mit dem Wissen um den Versatz des Sensors mehr oder minder direkt in das Roboterkoordinatensystem umrechnen lassen. Werden hingegen große Anbauten oder Hebel auf den Taster montiert, muss die Hebellänge bei der Berechnung natürlich berücksichtigt werden.

Zur Umrechnung von Hindernispositionen vom Sensor- in das globale Koordinatensystem der Karte ist die Orientierung der Hindernisse nicht von Interesse. Aus diesem Grund kann Formel 7.16 auch zu Formel 7.17 gekürzt werden, indem bei den Posenangaben die letzte Zeile mit der Orientierungsangabe sowie in der Rotationsmatrix die letzte Zeile und Spalte weggelassen werden.

$$\begin{pmatrix} ^A x \\ ^A y \end{pmatrix} = \begin{pmatrix} ^A x_B \\ ^A y_B \end{pmatrix} + \begin{bmatrix} cos\left(^A \theta_B\right) & -sin\left(^A \theta_B\right) \\ sin\left(^A \theta_B\right) & cos\left(^A \theta_B\right) \end{bmatrix} \cdot \begin{pmatrix} ^B x \\ ^B y \end{pmatrix} \qquad (7.17)$$

Aufgabe 52: Berechnung der Sensorpose

Ein Roboter befindet sich in einer Karte an Pose $^g(7cm, 3cm, 45°)^T$. Ein Ultraschallsensor ist an Pose $^r(4cm, -1cm, 45°)^T$ montiert. Wo befindet sich der Sensor bezogen auf die globale Karte und wie ist er orientiert?

Nach Formel 7.16 gilt für die Sensorpose bezogen auf das globale Koordinatensystem:

$$\begin{pmatrix} ^g x_{sens} \\ ^g y_{sens} \\ ^g \theta_{sens} \end{pmatrix} = \begin{pmatrix} ^g x_{rob} \\ ^g y_{rob} \\ ^g \theta_{rob} \end{pmatrix} + \begin{bmatrix} cos\left(^g \theta_{rob}\right) & -sin\left(^g \theta_{rob}\right) & 0 \\ sin\left(^g \theta_{rob}\right) & cos\left(^g \theta_{rob}\right) & 0 \\ 0 & 0 & 1 \end{bmatrix} \cdot \begin{pmatrix} ^r x_{sens} \\ ^r y_{sens} \\ ^r \theta_{sens} \end{pmatrix}$$

$$= \begin{pmatrix} 7 \\ 3 \\ 45 \end{pmatrix} + \begin{bmatrix} cos(45) & -sin(45) & 0 \\ sin(45) & cos(45) & 0 \\ 0 & 0 & 1 \end{bmatrix} \cdot \begin{pmatrix} 4 \\ -1 \\ 45 \end{pmatrix}$$

$$= \begin{pmatrix} 7 \\ 3 \\ 45 \end{pmatrix} + \begin{pmatrix} 4 \cdot cos(45) - 1 \cdot (-sin(45)) \\ 4 \cdot sin(45) - 1 \cdot cos(45) \\ 45 \end{pmatrix} = \begin{pmatrix} 7 \\ 3 \\ 45 \end{pmatrix} + \begin{pmatrix} 3.54 \\ 2.12 \\ 45 \end{pmatrix} = \begin{pmatrix} 10.54 \\ 5.12 \\ 90 \end{pmatrix}$$

Der Sensor befindet sich folglich an Position $^g(10.54, 5.12)^T$ in der Karte und zeigt in Richtung der Y-Achse (bezogen auf Abb. 7.5 also nach oben).

Aufgabe 53: Hindernisposition in einer Karte

Ein Roboter befindet sich in einer Karte an Pose $^g(12cm, 9cm, 135°)^T$. Ein Ultraschallsensor ist (ähnlich Abb. 7.5) in Fahrtrichtung an Pose $^r(9cm, 0cm, 0°)^T$ montiert. Er misst ein Hindernis in einer Entfernung von $^s d = 12cm$. Wie weit ist das Hindernis vom Roboterzentrum entfernt? Wo befindet es sich auf der Karte?

Nach Formel 7.17 gilt für die Hindernisposition bezogen auf das Roboterzentrum:

$$\begin{pmatrix} ^r x_{obj} \\ ^r y_{obj} \end{pmatrix} = \begin{pmatrix} ^r x_{sens} \\ ^r y_{sens} \end{pmatrix} + \begin{bmatrix} \cos\left(^r\theta_{sens}\right) & -\sin\left(^r\theta_{sens}\right) \\ \sin\left(^r\theta_{sens}\right) & \cos\left(^r\theta_{sens}\right) \end{bmatrix} \cdot \begin{pmatrix} ^s x_{obj} \\ ^s y_{obj} \end{pmatrix}$$

$$= \begin{pmatrix} 9 \\ 0 \end{pmatrix} + \begin{bmatrix} \cos(0) & -\sin(0) \\ \sin(0) & \cos(0) \end{bmatrix} \cdot \begin{pmatrix} 12 \\ 0 \end{pmatrix} = \begin{pmatrix} 9 \\ 0 \end{pmatrix} + \begin{bmatrix} 1 & 0 \\ 0 & 1 \end{bmatrix} \cdot \begin{pmatrix} 12 \\ 0 \end{pmatrix} = \begin{pmatrix} 21 \\ 0 \end{pmatrix}$$

Das Hindernis befindet sich demnach genau 21cm vor dem Roboterzentrum. Äquivalent dazu berechnet sich die Hindernisposition bezogen auf die Karte wie folgt:

$$\begin{pmatrix} ^g x_{obj} \\ ^g y_{obj} \end{pmatrix} = \begin{pmatrix} ^g x_{rob} \\ ^g y_{rob} \end{pmatrix} + \begin{bmatrix} \cos\left(^g\theta_{rob}\right) & -\sin\left(^g\theta_{rob}\right) \\ \sin\left(^g\theta_{rob}\right) & \cos\left(^g\theta_{rob}\right) \end{bmatrix} \cdot \begin{pmatrix} ^r x_{obj} \\ ^r y_{obj} \end{pmatrix}$$

$$= \begin{pmatrix} 12 \\ 9 \end{pmatrix} + \begin{bmatrix} \cos(135) & -\sin(135) \\ \sin(135) & \cos(135) \end{bmatrix} \cdot \begin{pmatrix} 21 \\ 0 \end{pmatrix} = \begin{pmatrix} 12 \\ 9 \end{pmatrix} + \begin{pmatrix} -14.85 \\ 14.85 \end{pmatrix} = \begin{pmatrix} -2.85 \\ 23.85 \end{pmatrix}$$

Umrechnung von Koordinaten in der Karte

Möchte man umgekehrt berechnen, wo ein bestimmter Punkt in der Karte bezogen auf den Roboter liegt, so muss Formel 7.17 nach der Pose in Koordinatensystem B umgestellt werden. Diese Berechnung ist notwendig, wenn der Roboter beispielsweise Transportaufgaben übernehmen und bestimmte Punkte wie Aufnahme- und Abladepositionen in der Karte anfahren soll. Dazu wird die inverse Rotationsmatrix benötigt, so dass sich Formel 7.18 ergibt. Im konkreten Beispiel sind dann die Punktkoordinaten $(^A x, ^A y)^T$ sowie die Roboterpose $(^A x_B, ^A y_B, ^A \theta_B)^T$ in globalen Koordinaten vorgegeben, die Lage des Punktes bezüglich des Robotersystems kann dann aus der Formel berechnet werden.

$$\begin{pmatrix} ^B x \\ ^B y \end{pmatrix} = \begin{bmatrix} \cos\left(^A\theta_B\right) & \sin\left(^A\theta_B\right) \\ -\sin\left(^A\theta_B\right) & \cos\left(^A\theta_B\right) \end{bmatrix} \cdot \left(\begin{pmatrix} ^A x \\ ^A y \end{pmatrix} - \begin{pmatrix} ^A x_B \\ ^A y_B \end{pmatrix} \right) \qquad (7.18)$$

Aufgabe 54: Lage eines Kartenpunktes bezogen auf den Roboter

Ein mobiler Roboter befindet sich an Pose $^g(-4cm, 8cm, -90°)^T$. Seine Aufgabe ist es, ein Lastobjekt an die Position $^g(20cm, 10cm)^T$ zu transportieren. Dafür muss der Roboter wissen, wo sich dieser Punkt bezogen auf seinen aktuellen Aufenthaltsort befindet. Wo liegt der angegebene Punkt bezüglich des Roboterkoordinatensystems?

Mit Formel 7.18 kann die Pose folgendermaßen umgerechnet werden:

$$\begin{pmatrix} ^r x \\ ^r y \end{pmatrix} = \begin{bmatrix} \cos\left(^g\theta_r\right) & \sin\left(^g\theta_r\right) \\ -\sin\left(^g\theta_r\right) & \cos\left(^g\theta_r\right) \end{bmatrix} \cdot \left(\begin{pmatrix} ^g x \\ ^g y \end{pmatrix} - \begin{pmatrix} ^g x_r \\ ^g y_r \end{pmatrix} \right)$$

$$= \begin{bmatrix} \cos(-90) & \sin(-90) \\ -\sin(-90) & \cos(-90) \end{bmatrix} \cdot \left(\begin{pmatrix} 20 \\ 10 \end{pmatrix} - \begin{pmatrix} -4 \\ 8 \end{pmatrix} \right) = \begin{bmatrix} 0 & -1 \\ 1 & 0 \end{bmatrix} \cdot \begin{pmatrix} 24 \\ 2 \end{pmatrix} = \begin{pmatrix} -2 \\ 24 \end{pmatrix}$$

Der Punkt befindet sich demnach 24cm links vom Roboter und 2cm dahinter.

In den nächsten Abschnitten wird nun in die Erkennung von bestimmten Umgebungsmerkmalen eingeführt, die dann mit Hilfe der beschriebenen Koordinatentransformationen in eine Rasterkarte eingetragen werden können. Die Implementierung von topologischen Karten folgt in Kapitel 7.4.6.

7.4.4 Erfassung von optischen Umgebungsmerkmalen

Der Farb- bzw. Lichtsensor kann bei der Labyrinthfahrt dazu verwendet werden, bestimmte Bodenmarkierungen zu erkennen. Das Szenario wird dazu so erweitert, dass der Boden der Umgebung eine einheitliche Farbe besitzt und bestimmte Stellen durch eine andersfarbige Linie oder ein farbiges Feld markiert sind. Diese Markierungen können eine Ziellinie, wiederzufindende Punkte oder Positionshinweise darstellen und vom Roboter in die Karte eingetragen werden, um sie schneller wiederzufinden. Damit bekommt der Lichtsensor die Aufgabe, bestimmte Bodenmarkierungen zu erkennen.

Die Klasse `LightSensor` hat wieder einen einfachen Konstruktor, der nur den Port übergeben bekommt. Damit wird das eingebaute LED immer eingeschaltet. Zusätzlich gibt es einen zweiten Konstruktor, bei dem mit Hilfe eines zweiten Parameters das Licht ein- oder ausgeschaltet werden kann.

```
1  //Licht per Voraussetzung an
2  public static LightSensor lightSensor =
3              new LightSensor(SensorPort.S3);
4
5  //Licht aus (zweiter Parameter false)
6  public static LightSensor lightSensor =
7              new LightSensor(SensorPort.S3, false);
```

Des Weiteren bietet die Klasse folgende Funktionen an:

`void setFloodlight(boolean floodlight)` Mit Hilfe dieser Methode wird die aktive Beleuchtung durch die kleine Leuchtdiode am Lichtsensor ein- oder ausgeschaltet. Bei ausgeschalteter Diode wird nur die Reflektionsintensität des Umgebungslichts gemessen (siehe Kapitel 4.3.3).

`void calibrateHigh()` kalibriert die obere Grenze (100%) für den Rückgabewert der Methode `readValue()` anhand des aktuell gelesenen Sensorwertes.

`void calibrateLow()` kalibriert entsprechend die untere Grenze (0%)

`int readValue()` gibt den aktuellen Sensorwert in Prozent zurück. Die Grenzen können mit den beiden Kalibrierungsmethoden gesetzt werden.

`void setLow(int low)` setzt den normalisierten Sensorwert, der 0% der Methode `readValue()` entspricht. Im Unterschied zu `calibrateLow` wird der Wert unabhängig vom aktuell gelesenen Wert gesetzt.

`void setHigh(int high)` setzt den normalisierten Sensorwert, der 100% entspricht.

`int readNormalizedValue()` liest den normalisierten Sensorwert. Der gelesene Wert bewegt sich für den LEGO-Lichtsensor zwischen 145 (dunkel) und bis 890 (Sonnenlicht). Auf diese Weise ist eine höhere Präzision möglich als mit der Methode `readValue()`.

Alternativ gibt es für Besitzer des NXT 2.0-Baukastens und des darin enthaltenen Farbsensors die Klasse `ColorLightSensor`. Diese Klasse befindet sich wie die anderen Baukastensensoren im Paket `lejos.nxt`. Die Verwendung des HiTechnics-Farbsensors ist in LeJOS ebenfalls möglich, die entsprechende Klasse `lejos.nxt.addon.ColorSensor` unterscheidet sich allerdings in Aufbau und Funktion von der Klasse für den NXT-2.0-Farbsensor. Dessen Klasse besitzt folgenden Konstruktoraufbau und Funktionen:

```
ColorLightSensor(SensorPort port, int type)
```

Mit dem Parameter `type` kann man die Art der aktiven Beleuchtung wählen. Dazu stehen die fünf Konstanten *TYPE_COLORNONE*, *TYPE_COLORRED*, *TYPE_COLORGREEN*, *TYPE_COLORBLUE* und *TYPE_COLORFULL* aus der Klasse `SensorConstants` zur Verfügung.

Neben den Methoden, die bereits von dem einfachen Lichtsensor bekannt sind, hat der Farbsensor noch weitere Möglichkeiten den Sensorwert zu lesen oder die Beleuchtung einzuschalten:

`boolean setFloodlight(Colors.Color color)` Mit dieser Methode wird die Farbe der aktiven Beleuchtung gewählt.

`int[] getColor()` gibt den gemessenen Farbwert in einem Integerfeld, bestehend aus Rot-, Grün- und Blauanteil aus (RGB).

`int getRedComponent()` gibt nur den Rotanteil des gemessenen Farbwertes zurück.

`int getGreenComponent()` gibt nur den Grünanteil des gemessenen Farbwertes zurück.

`int getBlueComponent()` gibt nur den Blauanteil des gemessenen Farbwertes zurück.

`Colors.Color readColor()` gibt den gemessenen Farbwert als Größe der Enumerierung `Colors.Color` (`BLACK`, `BLUE`, `GREEN`, `NONE`, `RED`, `WHITE`, `YELLOW`) aus. Die Methode arbeitet nur bis zu einem Abstand von 1 cm genau und hat Probleme beim Erkennen von Gelb.

Da Bodenmarkierungen erkannt werden sollen und die Ausrichtung des Sensors dafür senkrecht und nah zum Boden gewählt wurde, muss das Zusatzlicht aktiviert werden. Also ist der einfache Konstruktor ausreichend und die Methode `setFloodlight` wird nicht unbedingt benötigt. Zur Speicherung erkannter Bodenmarkierungen erweitert man die Repräsentation des Rasterfeldes (des Punktes) um eine Eigenschaft für den Farb- oder Helligkeitswert.

7.4.5 RFID-Landmarken erkennen und unterscheiden

Eine sehr interessante Erweiterung der Umgebungswahrnehmung für den NXT bietet der →*RFID*-Sensor von Codatex. Das Prinzip und die Anwendung eines RFID-Sensors wurden bereits in Kapitel 4.3.9 vorgestellt. Auch für das Labyrinthszenario gibt es eine nützliche Erweiterung, um diesen Sensor zu verwenden. Man kann ähnlich der Erweiterung des Szenarios für den Lichtsensor in Abschnitt 7.4.4 Wegpunkte wie Kreuzungen oder statische Objekte der Umgebung mit einem RFID-Tag markieren und diese nach erfolgreicher Suche ebenfalls in die Karte eintragen.

Zur Nutzung des Codatex RFID-Sensors gibt es, wie für den bereits vorgestellten Kompass-Zusatzsensor, ebenfalls eine Klasse in der Bibliothek `lejos.addon` zur Verwendung in LeJOS. Der Konstruktor der Klasse `RFIDSensor` besitzt keine besonderen Parameter. Es wird wie üblich nur der Sensoranschluss als Parameter angegeben. Neben diversen Methoden, die den Sensor auf niedriger Ebene (Aufwecken, Wechsel zwischen verschiedenen Modi) ansprechen, gibt es die folgenden drei Methoden, mit denen die Seriennummer des Sensors oder die Nummer eines Tags ausgelesen werden kann. Die letztere Anwendung ist sicherlich die wichtigere, deshalb gibt es dafür gleich zwei Methoden, die die Tagnummer in zwei verschiedenen Formaten ausgeben können.

`byte[] getSerialNo()`   Gibt die 12-Byte-Seriennummer des RFID-Sensors zurück. Diese Funktion beinhaltet bereits das zum Auslesen der Seriennummer nötige Umschalten in den Bootloader- und das Zurückkehren in den normalen Modus.

`byte[] readTransponder(boolean continuous)`   Liest die 5-Byte-Transponder-ID entweder kontinuierlich oder im einfachen Modus. Wenn im einfachen Modus gelesen wird, muss der Tag direkt in Reichweite sein. Im kontinuierlichen Modus kann der Tag beliebige Zeit nach dem ersten Aufruf in Reichweite sein, ein automatisch nachfolgender Lesevorgang gibt dann das Ergebnis zurück. Der Modus wird über den Parameter `continous` gewählt. Das Ergebnis ist die Tag-ID als ein Feld von Bytes oder, falls keine Daten vorhanden sind, das leere Objekt `null`.

`long readTransponderAsLong(boolean continuous)`   Liest die 5-Byte-ID des Tags als Zahl vom Typ `long` (64 bit Ganzzahl, siehe Tabelle 6.1) aus.

Um gefundene Objekte in der Karte eintragen zu können, wird die Repräsentation des Rasterfeldes (des Punktes) mit einer Eigenschaft, welche die gefundene Tag-ID speichert, versehen. Neben der Verwendung für Rasterkarten können die RFID-Marken auch verwendet werden, um markante Punkte (z.B. Kreuzungen) für eine topologische Kartierung anzugeben, wie im folgenden Abschnitt erläutert.

7.4.6 Topologische Kartierung

Die Verwendung einer topologischen Karte empfiehlt sich in strukturierteren Umgebungen, wie zum Beispiel einem Linienlabyrinth, bei dem Bodenmarkierungen befahrbare Wege und Kreuzungen anzeigen. Anstelle des Aufzeichnens einer Rasterkarte kann sich der Roboter seine Umgebung in Form eines Graphen speichern, der als Knotenpunkte die Labyrinthkreuzungen und als Kanten die Verbindungen zwischen den Knoten enthält. Weitere Arten von Graphen und interessante Anwendungen stellt das Buch *Ideen der Informatik – Grundlegende Modelle und Konzepte der Theoretischen Informatik* [24] anschaulich dar.

Nimm man Abb. 7.4b als Beispiel, so muss für Knoten 5 lediglich gespeichert werden, dass es drei Verbindungen zu anderen Orten gibt: Nach Norden zu Knoten 6, nach Osten zu Knoten 8 und nach Süden zum Ausgang. Erreicht der Roboter nun Knoten 5, so kann er ausgehend von diesen Informationen seine neue Route einschlagen. Für die Fahrt zum nächsten Wegziel werden dann die Sensoren zur Umwelterkennung eingesetzt, um zum Beispiel einer Linie auf dem Boden zu folgen oder der Wand nachzufahren. Ein Knotenpunkt kann dabei entweder anhand einer eindeutigen Eigenschaft (Farbe, Muster, RFID-Marke) von anderen Knoten unterschieden oder anhand der Graphenstruktur bestimmt werden. Betritt der Roboter das Labyrinth aus Abb. 7.4b von unten, so ist bekannt, dass der erste Knoten die Nummer 5 trägt. Fährt er von dort aus nach Osten, so gelangt er zu Knoten 8. Dieses einfache Verfahren versagt allerdings, wenn der Roboter an einem unbekannten Punkt ausgesetzt wird und er somit seinen Einstiegsknoten nicht kennt.

Im Allgemeinen kann man einen Graphen mit n Knoten durch eine $n \times n$ Adjazenzmatrix vollständig beschreiben. Die Einträge a_{ij} dieser Matrix geben an, ob es eine Verbindung vom Knoten i zum Knoten j gibt bzw. wie hoch die Kosten (z.B. die Entfernung zwischen den Knoten) für diese Kante sind. Im ersten Fall spricht man auch von einer $\neg$*binären* Adjazenzmatrix, da lediglich ja/nein-Aussagen über die jeweiligen Verbindungen hinterlegt sind. Formel 7.19 zeigt die binäre Adjazenzmatrix A für den Graphen aus Abb. 7.4b. Dabei fällt auf, dass die Matrix an der Diagonalen gespiegelt ist und somit die Einträge a_{ij} und a_{ji} identisch sind ($a_{ij} = a_{ji}$). Dies liegt daran, dass im vorliegenden Beispiel jede Kante in beide Richtungen befahren werden kann. Handelt es sich bei der zugrundeliegenden Umgebung beispielsweise um ein Straßennetz, so kann es aufgrund von Einbahnstraßen durchaus vorkommen, dass Kanten nur in eine Richtung befahrbar sind und somit $a_{ij} \neq a_{ji}$ ist.

$$
A = \begin{pmatrix} 0 & 1 & 0 & 0 & 0 & 0 & 0 & 0 \\ 1 & 0 & 1 & 0 & 0 & 1 & 0 & 0 \\ 0 & 1 & 0 & 1 & 0 & 0 & 1 & 0 \\ 0 & 0 & 1 & 0 & 0 & 1 & 0 & 1 \\ 0 & 0 & 0 & 0 & 0 & 1 & 0 & 1 \\ 0 & 1 & 0 & 1 & 1 & 0 & 0 & 0 \\ 0 & 0 & 1 & 0 & 0 & 0 & 0 & 1 \\ 0 & 0 & 0 & 1 & 1 & 0 & 1 & 0 \end{pmatrix}
\begin{matrix} \} \text{ Verbindungen von Knoten 1} \\ \} \text{ Verbindungen von Knoten 2} \\ \\ . \\ . \\ . \\ \\ \} \text{ Verbindungen von Knoten 8} \end{matrix}
\qquad (7.19)
$$

Um Speicherplatz zu sparen, kann man diese Verbindungsmatrix auch durch Adjazenzlisten L_i für jeden Knoten i darstellen. Diese Listen enthalten dann die Indizes der Knoten, zu denen der aktuelle Knoten i eine Verbindung hat und gegebenenfalls auch die Gewichtung der Kanten. In diesen Listen werden nur vorhandene Verbindungen gespeichert, es gibt also keine Leereinträge. Formel 7.20 zeigt diese Liste beispielhaft für Knoten 2 für die Beispielkarte in Abb. 7.4b. Die zweite Zeile gibt dabei die Gewichte der Kanten an, die im vorliegenden Fall der binären Repräsentation vernachlässigbar sind, ansonsten aber zum Beispiel die Entfernung der Knoten zueinander angeben.

$$L_2 = \begin{vmatrix} 1 & 3 & 6 \\ 1 & 1 & 1 \end{vmatrix} \begin{array}{l} \} \text{ Nachbarknoten von Knoten 2} \\ \} \text{ zugehörige Kantengewichte} \end{array} \tag{7.20}$$

Die Implementierung von topologischen Karten auf dem NXT sollte das Konzept der Adjazenzlisten aufgreifen, um Speicherplatz zu sparen. Die Karte selbst wird durch ein Objekt repräsentiert, welches eine Liste von Knotenobjekten verwaltet (Quelltext 25). Ist die Anzahl der Knoten innerhalb der Umgebung im Vorfeld bekannt, so kann statt einer dynamischen Liste auch ein statisches Array der erforderlichen Länge (Knotenanzahl) verwendet werden.

Quelltext 25: Liste zur Speicherung der Knoten im Graph (`TopoMap.java`)

```
15    public class TopoMap {
17       ArrayList<Node> nodes;
132   }
```

Jedes Knotenobjekt verwaltet seine Eigenschaften und die Adjazenzliste mit Kantenobjekten mit den Attributen Zielknoten und Gewicht (Quelltext 26).

Quelltext 26: Adjazenzliste für einen Knoten (`Node.java`)

```
13    public class Node {
14       public static short numberOfNodes = 0;
15
16       private short number;
17       private Point position;
19       private ArrayList<Edge> edges;
101   }
```

Zusätzlich werden dann noch Methoden zum Einfügen, Ändern, (Entfernen) und Suchen von Knoten und Kanten bzw. Wegen (siehe Abschnitt 7.5.2) benötigt. Zum Suchen von Knoten und Kanten kann man den intuitiven Ansatz wählen und die entsprechende Liste Element für Element durchgehen. Hierzu gibt es in Java zu jeder Liste bereits ein `Iterator<E>`-Objekt (generische Klasse, siehe Abschnitt 7.3.4), welches über die Funktion `iterator()` der Liste referenziert wird. Dieses Objekt bietet, um die wichtigsten zu nennen, die beiden Funktionen `boolean hasNext()` und `E next()`, mit denen man zum einen überprüft, ob das Element, auf das der Iterator gerade zeigt, ein Nachfolgeelement besitzt, und zum anderen den Zeiger des Iterator auf dieses verschiebt und so darauf zugreift.

Quelltext 27: Iterieren über die Liste zum Finden von Elementen (Knoten) (`TopoMap.java`)

```
15    public class TopoMap {

75        public Node getNodeByNumber(short number) {
76            Iterator<Node> iter = nodes.iterator();
77
78          while (iter.hasNext()) {
79            Node n = iter.next();
80            if (n.getNumber() == number) {
81              return n;
82            }
83          }
84          return null;
85        }
132   }
```

Schnellere Suchverfahren benötigen komplexere Datenstrukturen, die auf der geschickten Sortierung der Elemente basieren (siehe dazu *Ideen der Informatik* [24] oder *Algorithmen in Java* [18]). Diese sind aber bei den zu erwartenden geringen Elementen zu speicheraufwändig.

> **Programmieraufgabe 55: Implementierung und Verwendung einer topologischen Karte**
>
> Nach den Überlegungen in diesem Abschnitt lässt sich jetzt eine topologische Karte implementieren, die dann bei geeignetem Szenario im Roboter zum Einsatz kommt. Es ist wichtig, sich selbstständig Gedanken über benötigte Methoden zu machen.

7.4.7 Lokalisierung anhand von Karteninformationen

In der LeJOS-Bibliothek gibt es bereits eine Implementierung (`LineMap`) einer geometrischen Karte, die im Paket `lejos.localization` zu finden ist. Es handelt sich dabei um eine einfache geometrische Karte, die die Umgebung als eine Sammlung von Linien darstellt. Diese Implementierung einer geometrischen Karte setzt allerdings voraus, dass die Karte der Umgebung bereits vorhanden ist (vorgegeben zum Beispiel durch den Benutzer, indem dieser die Umgebung am PC zeichnet und sie an den NXT überträgt.) und der Roboter diese lediglich zur Orientierung innerhalb dieser Umgebung verwendet. Deshalb ist diese Implementierung zum selbstständigen Explorieren und Kartieren eines Labyrinths ungeeignet.

Zum selbstständigen Erstellen einer geometrischen Karte ist der Ultraschallsensor durch die mit der Entfernung zunehmenden Messbreite außerdem zu ungenau, weshalb dieser Kartentyp in dieser Kombination schlecht einsetzbar ist.

> **Programmieraufgabe 56: Roboter, der sich mit Hilfe einer geometrischen Karte lokalisiert**
>
> In dieser Aufgabe soll einem Roboter eine geometrische Karte (LineMap) vorgegeben werden, an der er sich dann orientieren kann. Der gemessene Abstand zu einem Objekt und der aus den Kartendaten errechnete theoretische Abstand werden dazu verglichen. Details zur Verwendung der Klasse LineMap findet man in der LeJOS-API[34]. Der Inhalt der Karte kann fest im Programm vorgegeben werden. Für geübte Programmierer wäre es auch denkbar, die Karte in einer Benutzeroberfläche auf dem PC zu zeichnen und dann per Bluetooth an den NXT zu übertragen.

7.5 Navigation auf Karten

Die vorgestellten Karten dienen neben der Lokalisierung auch als Grundlage für Navigationsaufgaben. Darunter versteht man das sichere und optimale Steuern eines Fahrzeugs zu einem gewünschten Zielpunkt, wobei die Karteninformationen für die Planung einer optimalen Route benötigt werden. Diese Route kann in verschiedenen Hinsichten optimal sein. Beispiele für diese Kriterien sind der kürzeste, der schnellste, der sicherste oder auch der energieeffizienteste Weg. Aber auch für das effiziente Befahren der gesamten Freifläche (z.B. für Reinigungsroboter) muss eine Pfadplanung erfolgen. In diesem Abschnitt werden verschiedene Methoden zur Navigation und zur optimalen Wegplanung abhängig von unterschiedlichen Kartentypen vorgestellt.

7.5.1 Suchalgorithmen für Rasterkarten

Besitzt der Roboter eine Rasterkarte seiner Umgebung, in der Hindernisse bzw. nicht befahrbare Stellen eingetragen sind, so kann die Navigation mit Hilfe eines Algorithmus zum „Fluten" der Karte angewandt werden. Die Idee dabei ist, den Freiraum der Rasterkarte ausgehend vom Startpunkt des Roboters mit aufsteigenden Zahlen als Repräsentanten für Entfernungswerte zu füllen. Vom Zielpunkt muss man dann die Raster so laufenlassen, dass die darin abgelegten Zahlenwerte immer kleiner werden, bis man den Startpunkt erreicht hat. Bei dem zurückgelegten Pfad handelt es sich dann um den kürzesten Weg von Start zu Ziel (Abb. 7.6).

Das Fluten der Rasterkarte kann über den in Quelltext 28 angegebenen Algorithmus ablaufen. Dafür wird ein zusätzliches Feld `distance` benötigt, das die beschriebenen Entfernungswerte enthält (Zeile 7). Diese Werte werden – je nachdem ob die Zelle befahrbar ist oder nicht – auf 0 bzw -1 gesetzt. Diese Entscheidung wird mit Hilfe der Methode `ObstacleAt(x,y)` in Zeile 13 getroffen, die `true` zurückgibt, wenn die Zelle an der angegebenen Koordinate nicht befahrbar ist. Die Startzelle erhält den Wert 1 (siehe Abb. 7.7). Nun werden alle Zellen mit dem Wert

---

[34] `http://lejos.sourceforge.net/nxt/nxj/api/index.html`

	0	1	2	3	4	5	6	7	8	9	10	11	12
0	7	-1	3	2	3	4	5	6	7	8	9	10	11
1	6	-1	2	(1)	2	-1	6	7	8	9	10	11	12
2	5	4	3	2	3	-1	7	8	9	10	-1	-1	-1
3	6	5	4	3	4	5	6	7	8	9	10	11	12
4	7	6	5	-1	5	6	7	-1	9	10	11	12	13
5	8	7	6	-1	6	7	-1	11	10	11	12	13	14
6	9	8	7	-1	-1	-1	-1	12	11	12	-1	-1	-1
7	10	9	8	9	10	11	12	13	12	13	-1	-1	-1
8	11	10	-1	10	11	12	13	14	13	-1	17	18	19
9	12	-1	12	11	12	13	14	15	14	15	(16)	17	18
10	13	14	13	12	-1	-1	-1	16	15	16	17	18	19

Abb. 7.6 Beispiel für die Pfadplanung auf Rasterkarten. Die Zahlen geben die jeweilige Entfernung vom Startpunkt (3,1) an. Die absteigenden Nummern vom Zielpunkt (10,9) ausgehend weisen den kürzesten Weg

0 darauf getestet, ob sie eine Nachbarzelle besitzen, die bereits einen Zahlenwert größer als 0 hat (Zeile 31). Ist dies der Fall, so übernimmt die Zelle den Wert des kleinsten Nachbarn (ermittelt mit der Methode MinNeigbor(x,y)) und erhöht ihn um 1, da sie selbst ja eine Zelle weiter vom Startpunkt entfernt ist. Dies wird so lange wiederholt, bis alle Zellen erfasst sind (also keine Zelle mehr den Wert 0 enthält).

Quelltext 28: Algorithmus zum Füllen einer Rasterkarte mit Entfernungswerten zum Startpunkt (GridmapFlood.java)

```
1   // Folgende Elemente sind gegeben:
2   // Rasterkarte mit Belegtheitswerten: gridmap
3   // Dimensionen der Karte: xDim / yDim
4   // Startkoordinate: xStart / yStart
5
6   // Anlegen des Entfernungsarrays
7   int distance[xDim][yDim]; // Entfernungsarray
8   int markedCells = 0;         // Anzahl markierter Zellen
9
10  // Initialisieren des Arrays
11  for (int x = 0; x < xDim; ++x) {
12    for (int y = 0; y < yDim; ++y) {
13      if ( gridmap.ObstacleAt(x,y) == true ) {
14        distance[x][y] = -1;   // belegte Zellen markieren
15        markedCells++;          // Zaehler erhoehen
16      }
17      else {
18        distance[x][y] = 0;    // freie Zellen auf null setzen
19      }
20  } }
21  distance[xStart][yStart] = 1; // Markieren des Startfeldes
22  markedCells++;                 // Zaehler erhoehen
23
24  // Wiederholen, bis alle Zellen markiert sind
25  while ( markedCells < (xDim * yDim) ) {
26    // Schleifen ueber alle Zellen
27    for (int x = 0; x < xDim; ++x) {
28      for (int y = 0; y < yDim; ++y) {
```

```
29          // testen, ob Zelle noch nicht markiert ist und
30          // es mindestens einen freien markierten Nachbarn gibt
31          if (distance[x][y] == 0 && MinNeighbor(x,y) > 0 ) {
32            // Zelle mit Zahlenwert des kleinsten Nachbarn + 1 markieren
33            distance[x][y] = MinNeighbor(x,y) + 1;
34            markedCells++;
35          }
36      } }
37    }
38    }
```

-1	0	0	0	0
-1	0	(1)	0	-1
0	0	0	0	-1
0	0	0	0	0
0	0	-1	0	0

Initialwerte (28 markierte Zellen)

-1	0	2	0	0
-1	2	(1)	2	-1
0	0	2	0	-1
0	0	0	0	0
0	0	-1	0	0

nach 1. Durchlauf (32 markierte Zellen)

-1	3	2	3	0
-1	2	(1)	2	-1
0	3	2	3	-1
0	0	3	0	0
0	0	-1	0	0

nach 2. Durchlauf (37 markierte Zellen)

-1	3	2	3	4
-1	2	(1)	2	-1
4	3	2	3	-1
0	4	3	4	0
0	0	-1	0	0

nach 3. Durchlauf (41 markierte Zellen)

Abb. 7.7: Verlauf des „Flutens" der Rasterkarte aus Abb. 7.6. Ausgehend von den initialen Werten breitet sich die „Flutwelle" über die Karte aus und setzt in jedem Schleifendurchlauf die Werte der nächsten Zellenreihe (hier grau markiert). Der Algorithmus endet, wenn alle 143 Zellen markiert sind

Nachdem jetzt die Entfernungswerte von jeder befahrbaren Zelle zur Startposition feststehen, geht es nun an die Berechnung des kürzesten Pfades vom Start- zum Zielpunkt. Dazu wird wie in Algorithmus 29 beschrieben der Weg vom Zielpunkt zurück zum Start gesucht. Zunächst wird dazu ein Array angelegt, das so viele Richtungswerte speichern kann, wie Zellenübergänge benötigt werden (hier: 15). Diese Zahl entspricht dem Zellenwert des Zielpunktes reduziert um 1 (Zeile 7). Die Richtungswerte werden als Enumerierung in Form der vier Himmelsrichtungen in Zeile 10 angegeben. Dieser Algorithmus verwendet die Hilfsmethode `Neighbor(x,y,direction)`, die den Zählwert der übergebenen Nachbarzelle zurückliefert, sofern diese existiert. Wenn die angegebene Nachbarzelle belegt ist oder außerhalb der Karte liegen würde, so gibt die Methode -1 zurück.

Quelltext 29: Algorithmus zum Finden des kürzesten Pfades von einem Start- zum Zielpunkt innerhalb einer Rasterkarte (`GridmapPath.java`)

```
1    // Folgende Elemente sind gegeben:
2    // Rasterkarte mit Belegtheitswerten: gridmap
3    // Entfernungsarray: distance
4    // Zielkoordinate: xTarget / yTarget
5
6    // Anlegen des Pfadarrays
7    int path[ distance[xTarget][yTarget] - 1 ];
```

```
 8
 9   // Enumerierung fuer Himmelsrichtungen
10   enum Directions {NORTH, EAST, SOUTH, WEST};
11
12   // Koordinaten der zu pruefenden Zelle
13   int x = xTarget;
14   int y = yTarget;
15
16   // Wiederholen solange nicht am Startpunkt
17   while ( distance[x][y] != 1 )
18   {
19      // Nachbarzelle im Norden testen, ob sie gueltig ist
20      // (d.h. nicht ausserhalb des Rasters liegt oder belegt ist)
21      // und einen kleineren Entfernungswert zum Startpunkt hat
22      if ( Neighbor(x,y,NORTH) > 0
23         && Neighbor(x,y,NORTH) < distance[x][y] ) {
24         // wenn ja, Richtungswert dieser Zelle auf Sueden setzen..
25         path[ Neighbor(x,y,NORTH) - 1 ] = SOUTH;
26         // ..und Koordinate auf diese Zelle setzen
27         y--;
28      }
29      // ansonsten Zelle im Osten testen
30      else if ( Neighbor(x,y,EAST) > 0
31         && Neighbor(x,y,EAST) < distance[x][y] ) {
32         path[ Neighbor(x,y,EAST) - 1 ] = WEST;
33         x++;
34      }
35      // ansonsten Zelle im Sueden testen
36      else if (Neighbor(x,y,SOUTH)  > 0
37         && Neighbor(x,y,SOUTH) < distance[x][y] ) {
38         path[ Neighbor(x,y,SOUTH) - 1 ] = NORTH;
39         y++;
40      }
41      // ansonsten Zelle im Westen testen
42      else if ( Neighbor(x,y,WEST) > 0
43         && Neighbor(x,y,WEST) < distance[x][y] ) {
44         path[ Neighbor(x,y,WEST) - 1 ] = EAST;
45         x--;
46      }
47   }
```

Als erstes wird der Zielpunkt betrachtet (im Beispiel aus Abb. 7.6 an Position (10,9)): Für jede der vier Nachbarzellen wird mit der Hilfsmethode `Neighbor` geprüft, ob diese zur Wegeplanung zur Verfügung steht und ob sie zum Startpunkt hin- oder von diesem wegführt. Trifft dies beispielsweise auf die Nachbarzelle im Norden zu, so wird der Pfadwert dieser Zelle auf „Süden" gestellt, da man von dieser Zelle Richtung Süden gehen muss, um zur aktuell betrachteten Zelle zu kommen. Die x-y-Koordinate der aktuellen Zelle wird dann so aktualisiert, dass sie die Nachbarzelle anzeigt. Dieser Vorgang wird so lange wiederholt, bis der Wert der aktuellen Zelle 1 beträgt, es sich also um die Startzelle handelt. Die Fahrbefehle sind dann folgendermaßen im Feld `path` beginnend bei Eintrag 0 codiert: EAST, SOUTH, SOUTH, EAST usw. (vgl. Abb. 7.6). Über entsprechende Bewegungsmethoden muss der Roboter dann mit Hilfe dieser Einträge bewegt werden, bis er den Zielpunkt erreicht hat.

Programmieraufgabe 57: Effizientes „Fluten" der Rasterkarte

Der vorgestellte Algorithmus hat den Nachteil, dass die gesamte Rasterkarte mehrfach durchsucht werden muss, was je nach Kartengröße viel Zeit in Anspruch nehmen kann. Ein effizienterer Algorithmus arbeitet mit zwei variablen Zwischenspeichern S_1 und S_2, die abwechselnd gefüllt und geleert werden: *Zu Beginn wird der Startpunkt in Speicher S_1 abgelegt. Dann wird das Programm so lange wiederholt, bis beide Speicher leer sind. Für jedes Element in Speicher S_1 werden die Nachbarzellen auf Zellenwert 0 geprüft, ihr Entfernungswert gesetzt und sie dann in den zweiten Speicher abgelegt. Ist der erste Speicher leer, so werden die Nachbarn der Zellen in S_2 wie im vorhergehenden Schritt überprüft und wiederum in S_1 abgelegt.* Dieser stetige Wechsel endet, wenn beide Speicher leer sind. Dieser Algorithmus spart viele Schleifendurchläufe, da jede Zelle nur einmal auf ihre Nachbarn geprüft werden muss. Zum Vergleich der beiden Algorithmen kann in jedem ein Zähler an entsprechenden Stellen im Code hochgezählt und zum Programmende ausgegeben werden.

7.5.2 Wegfindung in Graphen

Die Pfadplanung in topologischen Karten wie in Abb. 7.8 kann auf verschiedene Arten erfolgen. Ein bekannter Algorithmus für die Berechnung des kürzesten Pfades ausgehend von einem Startpunkt in gewichteten und zusammenhängenden Graphen ist der Dijkstra-Algorithmus (Quelltext 30). Weitere Algorithmen zur Handhabung von Graphen sind in dem Buch *Algorithmen in Java* [18] zu finden.

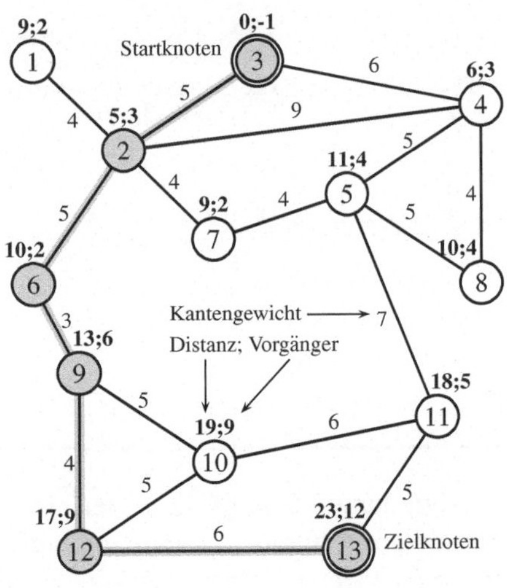

Abb. 7.8 Gewichteter Graph mit 13 Knoten und einem Pfad von Knoten 3 bis hin zum Zielknoten 13. Für jeden Knoten wird beim Dijkstra-Algorithmus die Entfernung vom Startpunkt und der Vorgängerknoten gespeichert

Grundlage dafür ist eine Anzahl von Knotenpunkten, die über gewichtete Kanten miteinander verbunden sind. Das Gewicht der Kante zwischen zwei Knoten i und j wird als `weight[i][j]` bezeichnet und kann beispielsweise den euklidischen Abstand der Punkte angeben (in Abb. 7.8 als Zahlenwerte an den Kanten). Existiert keine direkte Verbindung, so beträgt das Gewicht -1. Zu jedem Knoten *i* wird beim Durchlaufen des Algorithmus die Entfernung `distance[i]` zum Startpunkt und der Vorgängerknoten `parent[i]` gespeichert (in Abb. 7.8 als fett gedruckte Zahlenwerte an den Knoten), der in Richtung Startknoten führt.

Quelltext 30: Der Dijkstra-Algorithmus zum Bestimmen von kürzesten Pfaden innerhalb eines gewichteten Graphen (`DijkstraAlgorithm.java`)

```
18    // Initialisierung von Distanzen und Vorgaengerknoten
19    for (int iNode = 0; iNode < numberOfNodes; ++iNode) {
20      distance[iNode] = -1;
21      parent[iNode] = -1;
22    }
23    // Distanz des Startknotens zu sich selbst
24    distance[startNode] = 0;
25    parent[startNode] = -1;
26    // Schreiben aller Knoten in eine Knotenliste
27    ArrayList<Node> nodesUnvisited = graph.getNodes();
28
29    // Dijkstra-Algorithmus: so lange wiederholen bis alle
30    // Knoten besucht und die Entfernungen bestimmt wurden
31    while (nodesUnvisited.size() > 0) {
32
33      // den Knoten mit geringstem Abstand zum Start holen
34      int actual = nodesUnvisited.MinDistanceNode();
35      // ... und aus der Knotenliste entfernen
36      nodesUnvisited.remove(actual);
37
38      // alle Knoten auf Nachbarschaft testen
39      for (int neighbor = 0; neighbor < numberOfNodes; ++neighbor) {
40        if (weight[actual][neighbor] > 0) {
41
42          // Distanz des Nachbarknotens zum Startknoten ist eigene
43          // Distanz plus das Gewicht der Kante zum Nachbarknoten
44          int distanceOfNeigbor = distance[actual]
45              + weight[actual][neighbor];
46
47          // wenn Distanz vom Nachbarknoten noch nicht gesetzt wurde
48          // oder diese groesser ist als die aktuelle Entfernung
49          if (distance[neighbor] == -1
50              || distance[neighbor] > distanceOfNeigbor) {
51            // Distanz- und Vorgaengerwerte aktualisieren
52            distance[neighbor] = distanceOfNeigbor;
53            parent[neighbor] = actual;
54          }
55        }
56      }
57    }
```

Abbildung 7.9 zeigt die ersten Schritte des Algorithmus an dem vorgestellten Beispielgraphen mit 13 durchnummerierten Knoten und Verbindungen mit angegebenen Gewichten. Ist nun der kürzeste Pfad von einem Knoten (hier: Knoten 3) zu einem anderen gesucht, wird dies gemäß Dijkstra folgendermaßen berechnet: Der erste betrachtete Knoten `actual` ist der Startknoten (siehe Abb. 7.9, Schritt 1). Von diesem ausgehend werden anhand der Kantengewichte die Entfernungswerte der Nachbarknoten gesetzt (hier: Knoten 2 erhält den Wert 5, Knoten 4 die 6). Nun wird der dem Startpunkt nächste und noch nicht behandelte Knoten ausgewählt (hier also Knoten 2) und die Entfernungswerte von dessen Nachbarn berechnet (Schritt

2 in Abb. 7.9). Dabei addieren sich der Entfernungswert des behandelten Knotens und die jeweiligen Kantengewichte. Der jeweils aktuell betrachtete Knoten wird aus der Knotenliste `nodesUnvisited` entfernt und der Algorithmus so lange durchlaufen, bis diese Liste leer ist.

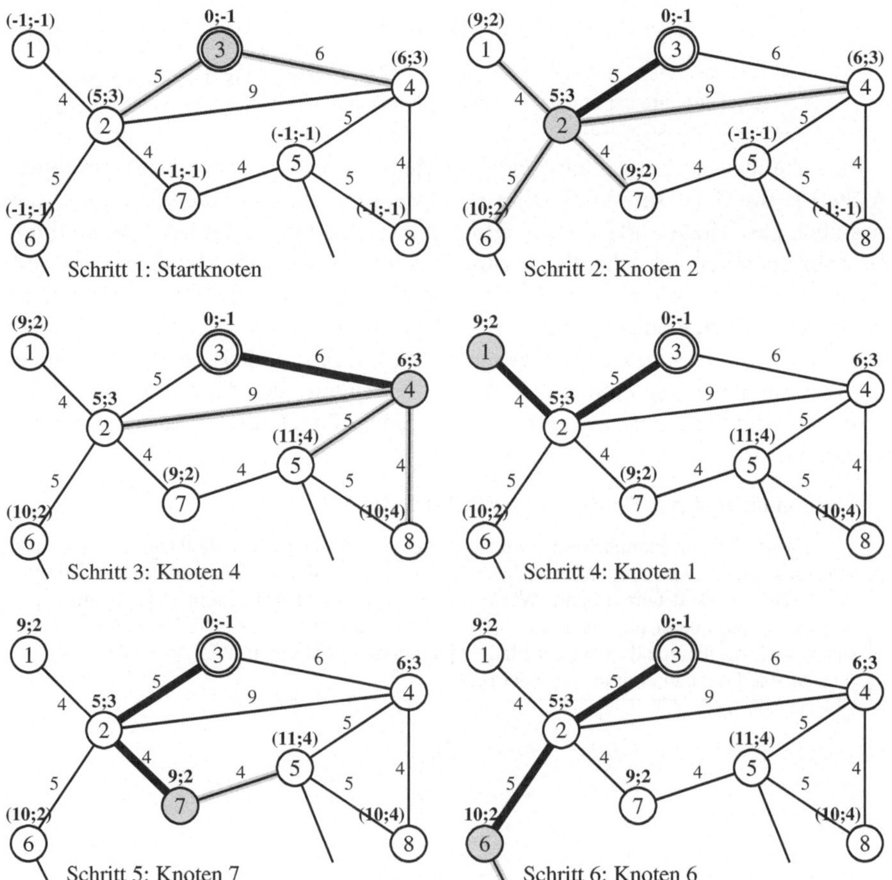

Abb. 7.9: Die ersten Schritte vom Dijkstra-Algorithmus. Ausgehend vom Startpunkt werden jeweils die Nachbarknoten des nahesten Knotens zum Startknoten und deren Entfernung bestimmt. Der aktuell behandelte Knoten ist grau markiert, die Entfernungswerte der noch nicht abgearbeiteten Knoten in der Liste `nodesUnvisited` stehen in Klammern

Wenn der Algorithmus beendet ist, kann man mit den gesammelten Informationen von jedem Knoten den kürzesten Weg zurück zum Startpunkt finden, indem man sich immer den Vorgängerknoten (`parent[i]`) des jeweiligen Knotens holt. Auf diese Weise kann man den Weg bis zum Ausgangspunkt zurückverfolgen. Sofern man nur den Weg vom Start zum Ziel berechnen möchte, kann man den Algorithmus auch nach Zeile 17 abbrechen lassen, wenn es sich bei dem aktuellen Knoten (`actual`) um den Zielknoten handelt.

Aufgabe 58: Ablauf des Dijkstra-Algorithmus

Ausgehend von den Abb. 7.8 und 7.9 soll das weitere Vorgehen des Algorithmus untersucht werden. In welcher Reihenfolge werden die noch verbliebenen Punkte abgearbeitet? Wenn mehrere Punkte gleich weit vom Start entfernt sind, wird der erste dieser Knoten ausgewählt und abgearbeitet.

Die vorgegebene Reihenfolge mit den Entfernungswerten in Klammern lautet:

$$3(0) \rightarrow 2(5) \rightarrow 4(6) \rightarrow 1(9) \rightarrow 7(9) \rightarrow 6(10)$$

Der weitere Ablauf des Algorithmus:

$$8(10) \rightarrow 5(11) \rightarrow 9(13) \rightarrow 12(17) \rightarrow 11(18) \rightarrow 10(19) \rightarrow 13(23)$$

Eine ähnliche, aber etwas aufwändigere Methode verwendet der A*-Algorithmus (A-Stern): Im Gegensatz zum Dijkstra-Algorithmus benutzt dieser Algorithmus zusätzlich geschätzte Entfernungswerte, um zunächst immer die Knoten zu prüfen, die wahrscheinlich am schnellsten zum Ziel führen. Der A*-Algorithmus ist aufgrund der Schätzungen zielgerichteter als der Dijkstra-Algorithmus und liefert somit schneller einen Pfad vom Start zum Ziel, weswegen er häufig von Routenplanern eingesetzt wird. Steht das Ziel hingegen noch nicht fest, da beispielsweise mehrere zur Auswahl stehen, so empfiehlt sich die Verwendung des Algorithmus nach Dijkstra, um vom Startpunkt aus einen Pfad zu jedem Punkt auf der Karte bestimmen zu können.

Programmieraufgabe 59: Erweiterter Dijkstra-Algorithmus

Beim Abfahren von Pfadpunkten kann es effizienter sein, lange, gerade Passagen (Kanten) ohne viele Zwischenpunkte zu bevorzugen, da der Roboter dann mit einer höheren Geschwindigkeit fahren kann. Wie muss der vorgestellte Algorithmus 30 erweitert werden, so dass nicht nur die Kanten, sondern auch jeder Knoten ein (fixes) Gewicht `weightNode` hat und dies bei der Pfadplanung berücksichtigt wird? Ist der in Abb. 7.8 angegebene Pfad dann immer noch der beste?

Kapitel 8
Programmieraufgaben mit LeJOS

Bewegen, Sortieren, Probleme lösen

In diesem Kapitel werden Aufgaben vorgestellt, die ausgehend von den erlangten Kenntnissen mit Hilfe von LeJOS gelöst werden können. Dabei handelt es sich um einige Erweiterungen bereits gestellter Aufgaben oder auch um LEGO-Modelle, die von anderen LEGO-Programmierern erstellt und im Internet veröffentlicht wurden. Die Palette reicht dabei von komplexen algorithmischen Problemen wie das Lösen eines Sudokus bis hin zur Steuerung von mobilen Robotern. Lösungen oder ergänzende Hinweise zu diesen Aufgaben befinden sich auf dem Extras-Server[35] oder auf den angegebenen Internetseiten.

8.1 Stationäre Systeme

Im Folgenden werden zunächst Aufgaben beschrieben, die mit Hilfe stationärer Robotersysteme gelöst werden können. Unter stationären Robotern versteht man solche, die ortsbeschränkt agieren, also über eine feste, nicht veränderbare Basis verfügen.

8.1.1 Scannen, Zeichnen und Kopieren

Fast jeder hat einen Scanner oder Drucker zu Hause. Diese schließt man einfach an den PC an, installiert die Treiber und legt los. Aber wie funktionieren diese Geräte im Detail? Mit dem NXT kann man ein solches Gerät vereinfacht nachbauen und programmieren. Dazu konstruiert man einen planaren Roboterarm (Portalroboter), der den Licht- oder Farbsensor über das zu scannende Blatt bewegt. Dies geschieht nicht frei, sondern einmal in x-Richtung und dann in y-Richtung. Damit wird das Bild zeilenweise gescannt. Um einen solchen Roboter mit den Bauteilen des NXT-

---

[35] http://extras.springer.com/

K. Berns, D. Schmidt, *Programmierung mit LEGO® MINDSTORMS® NXT*, eXamen.press,   191
DOI 10.1007/978-3-642-05470-9_8, © The LEGO Group 2010

Baukastens zu realisieren, konstruiert man eine stationäre Fahrschiene und eine durch ein direkt angetriebenes Rad auf dieser verschiebbaren zweiten Fahrschiene mit Stützrad auf der anderen Seite. Auf dieser kann man dann mit Hilfe eines weiteren direkt angetriebenen Rades den Sensorschlitten verschieben. Der Sensorschlitten enthält den Lichtsensor und zum „Drucken" einen durch den dritten Motor höhenverstellbar befestigten Stift. Durch den Einsatz nicht im NXT-Set enthaltener Teile kann die Präzision (z.B. durch zahnradgetriebene Verschiebemechanismen) und die Stabilität natürlich erhöht werden.

Programmieraufgabe 60: Scannen von Schwarzweiß-Zeichnungen

Es soll ein Roboter konstruiert werden, der in der Lage ist, ein auf DIN A4 ($210 \times 297mm$) gezeichnetes Schwarzweiß-Bild einzuscannen. Zum Speichern der Daten zur Laufzeit empfiehlt sich ein zweidimensionales Array vom Typ Boolean. Als Orientierung für die Auflösung können die Kästchen eines karierten Blattes dienen. Sie sollte zu Beginn noch niedrig gehalten werden (z.B. 2×2 Kästchen $\stackrel{\wedge}{=}$ einem Pixel/Eintrag im Array), kann aber bei funktionierendem Scanner auch erhöht werden. Zum Anzeigen kann das gescannte Bild über die USB- oder Bluetooth-Schnittstelle auf den PC übertragen werden. Hierzu muss das Array in das Bitmap-Format umgewandelt werden. Hinweise hierzu befinden sich im LeJOS-Tutorial[36] und auf dem Extra-Server.

Programmieraufgabe 61: Zeichnen

Der Roboter aus Aufgabe 60 soll so modifiziert werden, dass er mit Hilfe eines vertikal verfahrbaren Stiftes ein Schwarzweiß-Bild pixelweise zeichnen kann. Es wird dabei davon ausgegangen, dass das Bild bereits vom PC auf den NXT übertragen wurde (z.B. mit nxjbrowse) und im Bitmap-Format (bmp) vorliegt. Beim Einlesen des Bildes sind die Spezifikationen des Bitmap-Formates[37] zu beachten. Das Zeichnen erfolgt dann genau wie das Scannen einer Zeichnung zeilenweise. Entsprechend dieser Spezifikationen kann das Bild dann byteweise eingelesen werden.

Programmieraufgabe 62: Kopierer

Die Fähigkeiten in den Aufgaben 60 und 61 sollen nun kombiniert werden, so dass ein Kopierroboter entsteht. Dieser soll nun ein Bild einscannen und dann auf ein neues Blatt wieder ausdrucken. Das Papier muss durch den Benutzer ausgetauscht werden, während der Roboter zwischen den beiden Aufgaben kurz wartet.

8.1.2 Roboterarm

Roboterarme wie in Abb. 2.2a werden in der Industrie unter anderem für Aufnahme- und Ablageoperationen, sogenannte Pick-and-place-Aufgaben, eingesetzt. Dadurch, dass in einem NXT-Set nur drei Motoren vorhanden sind, lassen sich natürlich nicht ganz so komplexe Arme bauen. Die drei Motoren reichen aber aus, um einen auf

---

[36] `http://lejos.sourceforge.net/nxt/nxj/tutorial/AdvancedTopics/UnderstandingFilesLCPMemTools.htm`

[37] `http://de.wikipedia.org/wiki/Windows_Bitmap`

einer Plattform drehbaren, vertikal beweglichen Roboterarm mit Greifer zu bauen, ähnlich des Arms aus der LEGO-Bauanleitung [19]. Der Roboterarm soll auf einem Kreis möglichst einfach greif- und stapelbare Objekte (z.B. Bauklötze) auf dafür vorgesehenen, farblich markierten Positionen stapeln.

Programmieraufgabe 63: Suchen von Ablagestapeln und Objekten

Zunächst soll ein Roboterarm konstruiert werden, der sich auf einer Kreisbahn mit festem Radius r bewegen kann. Er soll farblich markierte Ablagepositionen und Objekte erkennen und sich deren Position (z.B. Winkel und Höhe) für weitere Aktionen speichern können. Die Objekte können beispielsweise über eine geringere Bodenfreiheit erkannt (Ultraschallsensor) oder wie auch die Ablagepositionen über den Licht- oder Farbsensor detektiert werden.

Programmieraufgabe 64: Stapeln von beliebigen drei Objekten

Nun soll der Roboterarm so erweitert werden, dass er verschiedene Objekte beliebig stapelt. Dabei muss er natürlich darauf achten, dass die Objekte auch noch stapelbar sind bzw. die Beschränkungen seiner Bewegungsfreiheit ihn nicht behindert.

Programmieraufgabe 65: (Um-)Stapeln in vorgegebener Reihenfolge der drei Objekte

Mit den Vorarbeiten der vorhergehenenden Aufgaben kann der Roboterarm nun auch die Objekte in vorgegebener Reihenfolge stapeln. Damit kann er z.B. das Problem der *Türme von Hanoi*[38]lösen. Dabei müssen die Objekte natürlich nicht unbedingt rund und die Stapelregeln können über die unterschiedlichen Farben definiert sein. Diese „Vereinfachungen" dienen der einfacheren Handhabbarkeit der Objekte beim Greifen und Erkennen.

8.1.3 Ballsortierer

Auf der offiziellen LEGO-Internetseite findet man eine NXT-2.0-Bauanleitung[39] für einen Roboterarm, der Bälle greifen und farblich in unterschiedliche Fächer einordnen kann. Dazu ist der Roboter zunächst gemäß der Anleitung aufzubauen. Kernaspekt dieser Aufgabe ist die Farberkennung durch den Farbsensor sowie das korrekte Klassifizieren und Sortieren. Der aufgrund seines Aufbaus genannte *Stonehenge*-Roboter kann im Internet[40] auch in Aktion gesehen werden.

Programmieraufgabe 66: Einfaches Sortieren nach Farben

Zunächst ist ein Java-Programm so zu entwickeln, dass die Bälle abhängig von ihrer Farbe in verschiedene Kästchen oder Haltepositionen abgelegt werden können. Die Sortierregeln können in Form einer Datei vorliegen, die beschreibt, in welches Fach welche Farbe gehört.

---

[38] http://de.wikipedia.org/wiki/Türme_von_Hanoi

[39] http://mindstorms.lego.com/en-us/support/buildinginstructions/8547/Bonus Model 4.aspx

[40] http://www.youtube.com/watch?v=X5H19zH4EnY

Programmieraufgabe 67: Sortieren der Reihenfolge

Das zweite Experiment sieht vor, die Bälle auf der Zufuhreinrichtung nach einem bestimmten Farbmuster (z.B. Rot-Blau-Gelb) zu ordnen und die andersfarbigen Bälle (hier beispielsweise Grün) ganz auszusortieren. Als Zwischenpositionen während der Sortierung dienen die vier Ballhalter. Die grünen Bälle sollen aussortiert und in die beiden größeren Boxen abgelegt werden.

8.1.4 Mühle-Spiel

Das Mühlespiel bietet eine interessante Möglichkeit, einem Roboterarm eine komplexe Aufgabe zu geben. Man muss sich zunächst Gedanken über den Aufbau und die Steuerung des Armes machen, anschließend kommt die große Herausforderung, eine Lösungsstrategie für das Spiel zu implementieren. Hier muss je nach Ansatz und Perfektionsgrad wahrscheinlich auf die Rechenleistung und Speicherkapazität des PCs mit Hilfe von USB- oder Bluetooth-Kommunikation zurückgegriffen werden.

Zunächst soll eine kleinere Spielvariante des Mühlespiels (Six Men's Morris[41]) verwendet werden. Dabei besteht das Spielfeld lediglich aus den inneren beiden Quadraten und jeder Spieler hat nur 6 statt 9 Spielsteine zur Verfügung. Außerdem ist hier Springen nicht erlaubt. Auf diese Weise kann das Problem zunächst so vereinfacht werden, dass es bei erfolgreicher Lösung durch einige Modifikationen auch an ein großes Spiel angepasst werden kann. Beim Aufbau des Mühleroboters sind verschiedene Varianten für Roboterarme denkbar, die alle über eine Einheit zum Bewegen sowie zum Erkennen der Steine verfügen müssen:

Lineareinheit Eine Möglichkeit, die das Konzept des kartesischen Roboterarms aufgreift, ist es, den Roboterarm ähnlich wie in Aufgabe 60 zu konstruieren. Die drei Motoren erlauben es dann, den Manipulator in der Ebene sowie hinauf und herunter zu bewegen.

Gelenkarmroboter Roboterarm mit drei Gelenken, der in der Mitte des Spielfeldes platziert wird. Ein NXT-Motor erlaubt die Rotation um die z-Achse, zwei Rotationsgelenke sind für Höhe und Auslenkung des Armes zuständig. Die maximal nötige Auslenkung ist dann gleich dem Abstand zu den Eckpositionen des Spielfeldes. Als Beispiel kann hier ein Jugend-forscht-Projekt[42] zu diesem Thema dienen.

SCARA-Roboter Ein Roboterarm vom Typ →SCARA erlaubt ebenfalls die Manipulation in einer Ebene, wird aber im Gegensatz zu dem Gelenkarmroboter an einer Ecke des Spielfeldes platziert. Er muss daher über eine entsprechend größere Auslenkung verfügen. Dieser Aufbau ist relativ kompliziert, hat aber den Vorteil, dass zwei Roboter an gegenüberliegenden Seiten gegeneinander spielen

---

[41] http://en.wikipedia.org/wiki/Nine_Men's_Morris#Six_Men's_Morris
[42] http://www.youtube.com/watch?v=aBFtJxyJ1z4

können. Auf der Internetseite Matlab Central[43] können eine Bauanleitung sowie weitere Informationen und Videos heruntergeladen oder angesehen werden.

Bei allen drei Aufbauvarianten sollte eine rundum geschlossene Aufnahmeeinheit für Spielsteine verwendet werden, die die Steine umfasst und über die Spielfläche schiebt. Dadurch erübrigt sich ein Mechanismus für das Greifen, da normale Spielsteine schwierig zu fassen sind und ein vierter Motor benötigt würde. Der Manipulator ist zusätzlich mit einem Helligkeits- oder Farbsensor zum Erkennen der Steine und gegebenenfalls mit einem Tast- oder Ultraschallsensor ausgestattet, um einen Bodenkontakt des Armes zu erkennen. Bei den beiden letzten Aufbauideen ist auf ein ausreichendes Gegengewicht zum Arm zu achten.

Programmieraufgabe 68: Roboterprogramm zum Erkennen der Spielsituation

Neben der Konstruktion des Roboterarms besteht die Aufgabe nun darin, den Roboter so zu programmieren, dass er in der Lage ist, bestimmte Positionen auf dem Spielfeld anzufahren, das Spielfeld auf Belegtheit durch einen weißen oder schwarzen Spielstein zu prüfen und diese Information in einer internen Datenstruktur abzuspeichern. Auf dem NXT-Display soll dann die aktuelle Spielsituation angezeigt werden. Das „Einscannen" der Feldbelegung kann dabei beispielsweise über eine Taste auf dem NXT gestartet werden.

Programmieraufgabe 69: Robotersteuerung zum Bewegen der Spielsteine

Als Nächstes soll der Roboter so programmiert werden, dass er einen Spielstein an einer beliebigen Position mit seinem Greifer umschließen und zu einer anderen Spielkoordinate verschieben kann. Neben den 24 respektive 16 (Six-Men's-Morris) Spielpositionen muss auch eine Start- bzw. Ablageposition für Spielsteine berücksichtigt werden.

Programmieraufgabe 70: Mühleroboter

Zuletzt ist eine Spielstrategie zu implementieren, so dass man gegen den Roboter Mühle spielen kann. Anregungen, wie dieses komplexe Problem algorithmisch umzusetzen ist, findet man auf der Seite des Instituts für Wissenschaftliches Rechnen der Universität Heidelberg[44]. Hier wurde allerdings ein mobiler Roboter verwendet, der die Spielsteine herumschieben kann. Einen Überblick über Spielregeln und Gewinnstrategien geben Hans Schürmann und Manfred Nüscheler[45]. Weitere detaillierte Informationen zur Lösung eines Mühlespiels findet man in der Diplomarbeit von Thomas Lincke[46], einer Veröffentlichung von Ralph Gasser[47], der als erster das Mühlespiel informationstechnisch gelöst hat, sowie auf der Internetseite von Jürgen Köller[48].

---

[43] http://www.mathworks.com/matlabcentral/fileexchange/22126

[44] http://pille.iwr.uni-heidelberg.de/~legointer1/

[45] http://hubbie.de/mu_html/mu1.html

[46] ftp://ftp.inf.ethz.ch/pub/org/ti/jn/paper/da_lincke.ps.gz

[47] http://www.msri.org/publications/books/Book29/files/gasser.pdf

[48] http://www.mathematische-basteleien.de/muehle.htm

8.1.5 Rubik's Zauberwürfel

Der Zauberwürfel von Erno Rubik ist ein klassisches Geduldsspiel aus den 80er Jahren. Auf seiner Internetseite[49] stellt Hans Andersson einen NXT-Roboter vor, der in der Lage ist, dieses Spiel zu lösen. Neben einer ausführlichen Bauanleitung gibt er auch einige Tipps und Tricks an, die beim Konstruieren und Programmieren hilfreich sind. Das Robotermodell kann dabei aus einem herkömmlichen NXT-Set aufgebaut werden, für NXT 2.0 werden einige zusätzliche Teile benötigt. Auf seiner Seite gibt er außerdem noch den Quelltext an, wobei der Autor als Programmiersprache NXC (siehe Anhang A.5) verwendet hat. Für die Verwendung in Java sind diese Quelldateien also nicht geeignet, dienen aber als Anleitung für das fertige Programm.

Programmieraufgabe 71: Einlesen des Zauberwürfels

Zunächst soll der Roboter gemäß der Anleitung aufgebaut werden. Im Folgenden muss zunächst der Helligkeits- oder Farbsensor kalibriert werden, so dass die Würfelfarben unterscheidbar sind. Laut Hans Andersson gibt es hier möglicherweise Probleme bei der Ähnlichkeit, so dass manche Farben wie beispielsweise Gelb durch andere ersetzt werden müssen. Nachdem alle sechs Farben gut unterschieden werden, soll der NXT so programmiert werden, dass er alle sechs Seiten einscannt und sich die Anordnung des Würfels merkt.

Programmieraufgabe 72: Lösen des Zauberwürfels

Als Nächstes geht es an den eigentlichen Algorithmus zum Lösen des Würfels. Peter Still[50] liefert auf seiner Internetseite einige Anregungen zur Lösung und zum gezielten Drehen des Würfels. Weitere Informationen und Hinweise zur Funktionsweise und zum Lösen eines Zauberwürfels findet man auch auf der Internetseite von Jürgen Köller[51].

8.1.6 Sudoku

Eine weitere interessante Aufgabe ist das Lösen von Sudokus. Dieses aus Japan stammende Logikrätsel wurde in Japan ebenfalls in den 80er-Jahren populär und ist seit einigen Jahren ebenso in Europa verbreitet. Auch für dieses Rätsel hat Hans Andersson einen NXT-Roboter gebaut und programmiert, der ein klassisches 9x9-Sudoku lösen kann. Entsprechende Bauanleitungen und Programmierinstruktionen hat er auf seiner Internetseite[52] veröffentlicht und können dort eingesehen oder heruntergeladen werden. Das Programm auf der angegebenen Internetseite ist ebenfalls wieder in NXC geschrieben, kann aber als Anleitung genutzt werden. Diese Aufgabe vereinigt verschiedene informationstechnische Disziplinen, die von der Bildver-

---

[49] http://www.tiltedtwister.com/

[50] http://peter.stillhq.com/jasmine/cubesolution-deutsch.html

[51] http://www.mathematische-basteleien.de/zauberwuerfel.htm

[52] http://www.tiltedtwister.com/

arbeitung über eine Merkmalsklassifikation (dem „Erkennen" der Zahlenwerte) bis
hin zum algorithmischen Problemlösen reicht.

Ähnlich wie schon bei dem Mühlespiel kann auch hier zunächst mit einem klei-
neren Spiel begonnen werden. Entweder mit dem Mini-Sudoku „Shidoku", das aus
einem 4x4-Spielfeld mit vier verschiedenen Ziffern besteht, oder dem sogenannten
„Rokudoku" mit sechs unterschiedlichen Ziffern.

Programmieraufgabe 73: Einlesen eines Sudokus

Wie schon in der vorangegangenen Aufgabe muss zunächst der Roboter gemäß der Anleitung aufgebaut werden. Anschließend muss er so programmiert werden, dass er das
Sudoku mit dem Helligkeits- oder Farbsensor scannen und die einzelnen Ziffern aus den
eingelesenen Informationen extrahieren kann. Das Spielfeld mit den erkannten Ziffern
soll im Anschluss auf dem NXT-Display ausgegeben werden.

Programmieraufgabe 74: Lösen eines Sudokus

Zur eigentlichen Lösung arbeitet Hans Andersson mit einem sogenannten Backtracking-
Algorithmus[53], der systematisch alle Kombinationen ausprobiert. Dies entspricht im
Wesentlichen einem Trial-and-Error-Verfahren, das alle möglichen Kombinationen tes-
tet. Auf der Seite von Jürgen Köller[54] gibt es weitere Informationen zu grundsätzlichen
Lösungsstrategien für Sudokus. Sobald der NXT eine Lösung gefunden hat, kann diese
zunächst auf dem NXT-Display angezeigt werden.

Programmieraufgabe 75: Ausfüllen eines Sudokus

Zuletzt muss die gefundene Lösung noch mit dem eingebauten Stift auf das Papier übertragen werden. Dazu ist das Programm so zu erweitern, dass der Roboter die neun verschiedenen Ziffern zeichnen und entsprechend der Lösung in die zugehörigen Kästchen
eintragen kann.

8.2 Mobile Robotersysteme

Die nächsten Aufgaben behandeln Probleme, die mit mobilen Robotern behandelt
werden. Um auf unbekannte Szenarien reagieren zu können, ist der Einsatz von
umweltwahrnehmenden Sensoren notwendig. Viele der beschriebenen Aufgaben fo-
kussieren auf intelligente Navigationsstrategien, um Roboterfahrzeuge durch einen
speziellen Parcours zu steuern.

8.2.1 Aufräumroboter

Nach intensivem Programmieren und Konstruieren eines LEGO-Roboters liegen
viele Bausteine auf dem Boden herum. Wie immer wünscht man sich in dieser Situa-

---

[53] http://de.wikipedia.org/wiki/Sudoku#Mathematische_Methoden
[54] http://www.mathematische-basteleien.de/sudoku.htm

tion einen Helfer, der die LEGO-Bausteine „zusammenkehrt". Um diese Aufgabe zu übernehmen, muss zunächst ein Roboter konstruiert werden, der auf dem Fußboden fahren kann und eine u-förmige Tastleiste zum Einsammeln der Bausteine besitzt.

Programmieraufgabe 76: Zusammenschieben von Bausteinen

Als erste Teilaufgabe ist ein Programm zu entwickeln, welches es dem Roboter erlaubt, Haufen aus LEGO-Steinen zusammenzuschieben. Hierzu soll sich der Roboter zufällig über den Testparcours bewegen und ein Schild so aufgebaut werden, dass der integrierte Taster erst ab einer bestimmten Anzahl von Bausteinen vor dem Schild auslöst. Dadurch ist es möglich, viele Bausteine gleichzeitig über den Boden zu bewegen. Löst der Taster aus, soll der Roboter zurücksetzen und in einer zufälligen Richtung das Einsammeln fortsetzten. Abhängig vom Aufbau des Tasters werden sich entweder alle Bausteine an Wänden oder Hindernissen oder aber als kleine Haufen an beliebigen Stellen verteilen.

Programmieraufgabe 77: Sortieren nach Farbe

Bei der zweiten Aufgabe sollen zusätzlich auch noch die weißen Steine von den übrigen getrennt werden. Hierzu ist das Fahrzeug mit einem Farb- oder Lichtsensor auszustatten, der an einem Arm, der über den Schild hinausragt, befestigt wird. Wird während der zufälligen Fahrt ein Stein erkannt, der zur Farbklasse der bereits im Schild befindlichen Steine passt, soll er aufgenommen werden. Im negativen Fall soll sich der Roboter so wegdrehen, dass der Stein liegen bleibt. Im Gegensatz zur vorherigen Aufgabe ist hier ein kleinerer Schild von Vorteil, um das Einsammeln nach der Farbe besser kontrollieren zu können. Im nächsten Schritt können dann noch weitere Farben hinzugenommen und sortiert werden.

8.2.2 Putzroboter

Mit dieser Aufgabe soll ein Putzroboter entworfen werden, der beispielsweise zum Putzen der Bodenfliesen in der Küche dienen soll. Hierzu kann ein Roboter, wie in der Abb 5.7 dargestellt, verwendet werden. Die Problemstellung ist, den Boden der Küche vollständig und effizient mit einem Staub- oder Feuchttuch zu reinigen. Die Kollisionsvermeidung kann wieder mit dem Ultraschall- und dem Tastsensor umgesetzt werden.

Programmieraufgabe 78: Einfache Putzstrategien

Im ersten Versuch soll der Putzroboter zufällig umherfahren. Mit dieser Strategie wird allerdings sicherlich nicht die gesamte Bodenfläche befahren werden. Eine bessere Strategie soll im zweiten Experiment implementiert werden. Hierzu soll der Roboter sich von der Mitte des Raumes in konzentrischen Kreisen nach außen bewegen. Hindernisse sollen dabei so umfahren werden, dass nach dem Passieren des Hindernisses wieder auf die Kreisbahn zurückgefahren wird. Zur Lokalisation und Navigation soll die Odometrie (siehe Abschnitt 7.3.2) eingesetzt werden. Optional kann die Orientierungsmessung über einen Kompasssensor verbessert werden.

> **Programmieraufgabe 79: Kartenbasierte Fahrstrategie**
>
> Im letzten Versuch soll das Putzproblem mit Hilfe einer Rasterkarte gelöst werden. Die Rasterkarte ist hierzu zunächst zu vermessen und die Hindernisse den Rastern zuzuweisen. Danach soll ein Algorithmus entworfen werden, der den Roboter jede Rasterzelle abfahren lässt und dabei möglichst wenige Zellen mehrfach überschreitet. Die Lokalisation soll wie oben beschrieben erfolgen.

8.2.3 Roboter-Geo-Caching

Ähnlich wie beim Geo-Caching, bei dem man GPS-Koordinaten einer unbekannten Umgebung erhält und anhand dieser eine bestimmte Route zurückgelegt werden soll, soll ein mobiler Roboter mit Hilfe von Umweltmerkmalen und Fahrbefehlen einen Weg durch einen Parcours finden. Hier muss zunächst der Testparcours mit einer Größe von ca. 2m×2m und ca. 20 Hindernissen unterschiedlicher Größe aufgebaut werden. Der mobile Roboter mit nach unten gerichtetem Licht- oder Farbsensor kann gemäß der Beschreibung auf Seite 76 (Abb. 5.7) aufgebaut werden. Der Start und Zielpunkt kann beliebig gewählt werden, muss aber vor den einzelnen Experimenten festgelegt sein.

> **Programmieraufgabe 80: Vorgabe des Fahrtweges**
>
> Zunächst sollte der Entwickler versuchen, den Weg durch die Hinderniswelt von Start- zum Zielpunkt über eine Sequenz von Fahrbefehlen zu beschreiben. Diese Liste von Bewegungskommandos (z.B. Drehung um eine bestimmte Gradzahl, Geradeausfahrt in cm, ...) soll als Datei so vorgegeben werden, dass eine kollisionsfreie Fahrt ermöglicht wird.

> **Programmieraufgabe 81: Korrektur der Orientierung**
>
> Abhängig von der Umgebung und den Start und Zielpunkten, ist im ersten Versuch zu beobachten, dass Kollisionen auftreten und der Zielpunkt nicht erreicht wird, da die Orientierung mit fortschreitender Fahrstrecke immer mehr vom ursprünglichen Kurs abweicht (vgl. Kapitel 7.3.2). Daher soll im zweiten Versuch die Navigation unter Verwendung eines Kompasssensors verbessert werden. Die Orientierungsabweichung bei der Geradeausfahrt soll dabei ebenso korrigiert werden wie die Abweichung zu dem vorgegebenen Drehwinkel bei Rotationen.

> **Programmieraufgabe 82: Lokalisierung anhand von Landmarken**
>
> Da man den genauen Drehwinkel nur sehr schwer vorab bestimmen und der Kompasssensor nicht für die Korrektur der Linearbewegungen eingesetzt werden kann, ist zu erwarten, dass der Zielpunkt immer noch nicht genau erreicht werden kann. Deshalb sollen Zwischenpunkte für die Navigation in Form von farbigen Markierungen auf dem Boden als Lokalisierungshilfe dienen. Diese Markierungen (z.B. farbiges Klebeband) sollen an einigen definierten Navigationspunkten angebracht und mit Hilfe von einem Licht- oder Farbsensor erkannt werden. Die Liste von Fahrbefehlen soll so erweitert werden, dass nach 3 bis 4 Kommandos eine farbige Marke erreicht wird. Wird diese mit dem Farbsensor nicht erkannt, soll eine Suchstrategie gestartet werden, die den Roboter zu der Farbmarkierung und damit zurück auf den ursprünglichen Weg bringt. Nach Ausrichtung bezüglich der Orientierung kann dann die Fahrt fortgesetzt werden.

Programmieraufgabe 83: Kombination mit RFID-Tags

Der letzte Versuch verwendet die RFID-Technologie, um Zwischenmarkierungen – die Navigationspunkte – zu finden. Da der RFID-Sensor im Umkreis von ca. 5cm eine Marke erkennt, muss diese Ungenauigkeit bei der Fahrtplanung berücksichtigt werden. Durch Kombination von RFID-Sensor und Farbpunkterkennung kann das Roboter-Geo-Caching deutlich verbessert werden, indem die RFID-Marke den ungefähren und die Farbmarkierung den exakten Navigationspunkt angibt. Auf diese Weise kann der Punkt über die RFID-Marke schnell gefunden und der Roboter anhand der farbigen Navigationsmarke korrekt ausgerichtet werden.

8.2.4 Roboterkonvoi

Ein Szenario, das sich an aktuelle und zukünftige Fahrassistenzsysteme aus dem Automobilbereich anlehnt, ist das Folgen eines vorausfahrenden Roboters oder vorausgehenden Menschen. Bereits heute gibt es im Lkw-Bereich Systeme, die sicherstellen, dass ein gewisser Sicherheitsabstand zum Vordermann gewährleistet wird und sogar das Folgen ist zumindest in Forschungsprojekten möglich. In Zukunft sollen Autos sogar untereinander Informationen über Verkehrsaufkommen, Staus und Unfälle austauschen können. Eine Umsetzung einer solchen Funktionalität soll nun mit dem NXT untersucht werden.

Programmieraufgabe 84: Folge einem Menschen oder Haustier

In dieser Aufgabe soll ein Roboter konstruiert werden, der z.B. einem Mensch folgen kann. Folgen bedeutet mit einer gewissen Toleranz in einem Abstand hinter etwas her zu fahren. Die Schwierigkeit besteht darin, ein Abbiegen und die Richtung des zu folgenden Objekts zu erkennen. Hierzu ist es sinnvoll, den Roboter so zu konstruieren und zu programmieren, dass er seine Umwelt nicht nur in Fahrtrichtung, sondern auch einen gewissen Bereich links und rechts der Fahrtrichtung im Blick hat. Das heißt konkret, den Ultraschall drehbar zu machen und eine →*Heuristik* zu entwickeln, wann man entscheidet, dass das Objekt abgebogen ist und in welche Richtung.

Programmieraufgabe 85: Folge einem zweiten NXT-Roboter, der seine Umwelt selbstständig wahrnimmt

Diese Aufgabe sollte mit Freunden, die auch einen NXT besitzen, gelöst werden. Prinzipiell kann ein NXT-Roboter einem weiteren auch mit der Lösung aus Aufgabe 84 folgen. Eleganter ist es natürlich, wenn der vorausfahrende Roboter, der seine Umwelt selbstständig wahrnimmt, einem folgenden Roboter über Bluetooth seine Bewegungen mitteilt, ähnlich wie das in zukünftigen Autos zur Stau- und Unfallvermeidung angedacht wird. Dieser kann dann entsprechend dieser Befehle dem ersten NXT nachfahren. Auch hier ist auf ein Sicherheitsabstand zu achten, der auch gewährleistet sein muss, wenn die Kommunikation gestört ist.

Programmieraufgabe 86: Folge einem anderen NXT-Roboter, der per PC ferngesteuert wird

Bei dieser Aufgabe soll der vorausfahrende NXT seine Fahrbefehle durch eine Bluetooth-Fernsteuerung (z.B. mit dem PC unter Verwendung des Programms *nxjcontrol*) erhalten. Zur Sicherheit muss er weiterhin seine Umwelt wahrnehmen. Dabei erhöht sich die Schwierigkeit, eine sichere Kommunikation aufrechtzuerhalten, indem gewisse Nachrichten priorisiert werden.

8.2.5 Braitenberg-Fahrzeug

Die nach Valentino Braitenberg, einem Hirnforscher und Kybernetiker am Max-Planck-Institut für Biologische Kybernetik in Tübingen, benannten Roboter („Vehikel") zeichnen sich durch ihren einfachen Aufbau und Verknüpfung von Sensoren und Motoren aus. In seinem Buch *Vehicles – Experiments in Synthetic Psychologie* [4] beschreibt er 14 Beispiele solcher Fahrzeuge, die trotz ihres einfachen Mechanismus ein teilweise sehr komplexes Verhalten an den Tag legen. Das einfachste Fahrzeug besitzt lediglich einen (Licht-)Sensor und zwei Motoren, deren Geschwindigkeit direkt proportional zu den Sensorwerten gesteuert wird. Weitere Aufbauten verknüpfen einen oder mehrere Sensoren direkt, über Kreuz oder invers mit den Motoren. Eine interessante Zusammenfassung zu diesem Thema und Skizzen zum Aufbau der Roboter finden sich in einer Seminararbeit von Kathrin Balderer[55]. Ein Video eines solchen Braitenberg-Fahrzeugs aufgebaut mit einem NXT findet man ebenfalls im Internet[56].

Programmieraufgabe 87: Lichtfolge-Roboter

In dieser Aufgabe soll mit verschiedenen Aufbauten von Braitenberg-Fahrzeugen experimentiert werden und deren Verhalten beobachtet werden, wie sie auf eine z.B. Lichtquelle (Taschenlampe) reagieren. Dazu kann der Lichtsensor verwendet werden. Interessanter wird es natürlich, wenn man zwei Lichtsensoren besitzt und deren Sensorwerte jeweils einem der Motoren zuordnet.

8.2.6 Omnidirektionaler Roboter

Omnidirektionale Roboter haben die Eigenschaft, dass sie sich auf einer Ebene seitlich, geradeaus und rotierend bewegen können. Diese Bewegungen sind unabhängig voneinander, der Roboter könnte somit auf einer geraden Linie fahren und sich dabei um sich selbst drehen. In diesem Versuch soll wie auf der Internetseite Zehl[57] beschrieben ein Roboterfahrzeug aufgebaut werden, das mit Hilfe des NXT-Bausteins

---

[55] http://www.ifi.uzh.ch/groups/ailab/teaching/semi2000/Braitenberg.pdf

[56] http://www.youtube.com/watch?v=NJo5HEdq6y0

[57] http://www.zehl.com/index.php?id=120

oder per PC (siehe Aufgabe 86) gesteuert wird. Als Testumgebung dient auch hier ein beliebiger Parcours mit Hindernissen.

Programmieraufgabe 88: Beibehalten der Blickrichtung

Die Aufgabe ist es, den Roboter per Fernsteuerung von einem Start- zu einem Zielpunkt zu fahren, wobei die Orientierung immer fest bleiben soll (z.B. soll der Roboterkopf immer nach Norden zeigen). Hierzu muss der Kompass verwendet werden, da es aufgrund der Konstruktion zu ungewollten Drehungen des Roboters kommen kann, die ausgeregelt werden müssen.

Programmieraufgabe 89: Steuerung der Blickrichtung

Die vorangegangene Aufgabe kann noch so erweitert werden, dass die Blickrichtung des Roboters über die Fernsteuerung (z.B. PC oder zweitem NXT) eingestellt werden kann. Auf diese Weise erhält man Kontrolle über alle drei Freiheitsgrade des Roboters und kann ihn frei in der Ebene bewegen.

8.2.7 Kommissionierungssystem

Kommissionierungssysteme in der Industrie dienen zur Verwaltung von Lagerbeständen. Bei großen Lagern werden Waren bereits heute automatisch über Fließbandsysteme oder Fahrerlose Transportsysteme (FTS) ein- und ausgelagert. Diese Aufgabe soll mit Hilfe des unter der Internetseite NXT-Programs[58] beschriebenen Gabelstapler-Roboters bewältigt werden. Hierzu ist zunächst ein Parcours aufzubauen, der unter anderem aus einem Hochregal (z.B. ein umgelegter kleiner Karton) besteht, in das verschiedene Transportgüter einsortiert sind. Jede Ware soll dabei über ein RFID-Tag verfügen und somit mittels RFID-Sensor unterscheidbar sein. Farbige Markierungen (z.B. Klebestreifen) auf dem Boden weisen dem Gabelstapler-Roboter den Weg von dem Hochregal zu Ablade- und Aufnahmepositionen.

Programmieraufgabe 90: Einfache Kommissionierung

Zunächst soll der Roboter so programmiert werden, dass er bestimmte Waren aus dem Lager holen und auf die Ablagestation bringen kann. Der Roboter soll auf der Ablagestation starten, nachdem die zu befördernde Ware über die NXT-Tasten ausgewählt wurde. Er soll daraufhin zu dem Regal fahren, die ausgewählte Ware per RFID-Sensor auswählen, aufladen und dann zurückbringen.

Programmieraufgabe 91: Vielfältige Ablagemöglichkeiten

In dieser Aufgabe soll der Parcours so erweitert werden, dass Abzweigungen zu weiteren Ablagepunkten existieren. Hier ist es hilfreich, Kreuzungspunkte durch eine andersfarbige Markierung hervorzuheben. Neben der zu transportierenden Ware soll dann vor Beginn auch die Ablagestation ausgewählt werden.

---

[58] `http://www.nxtprograms.com/forklift/`

Anhang A
Anhang

Experimente, Lösungen, Tricks

A.1 Aufgaben und Experimente mit dem NXT

Hier sind einige Ergebnisse und Bemerkungen zu den im Verlauf des Buchs vorgestellten Aufgaben und Experimenten dargelegt.

Experiment 1: Motor und Getriebe im Zusammenspiel

Bei einer Stromversorgung von $7.2V$ durch typische NiMH-Akkus schafft der NXT-Motor ohne angehängte Last zehn Umdrehungen in ungefähr $6s$. Wird das beschriebene Getriebe angebaut, so benötigt das große Zahnrad circa $15s$ für zehn Umdrehungen. Da das kleine Zahnrad, das ja direkt auf der Motorwelle sitzt, sechs Sekunden für zehn Umdrehungen benötigt, gilt für die Dauer von 15 Sekunden:

$$(10U/6s) \cdot 15s = 25U \tag{A.1}$$

Das Ergebnis stimmt also mit den Berechnungen in Aufgabe 5 überein. Es kann bei diesem Versuch je nach Spannungsversorgung zu kürzeren oder längeren Zeitdauern kommen, allerdings sollte die Zahl der Umdrehungen bei allen Versuchen identisch sein.

Experiment 2: Fahren einer definierten Strecke

Aufgrund der hohen Übersetzung aus Sicht des Rades lässt sich der Motor und somit der Rotationssensor nur schwer bewegen und das Rad kann über den Boden rutschen. Die Strecke lässt sich daher am besten messen, indem man die Achse, auf der das große Zahnrad montiert ist, so lang wählt, dass man beidseitig jeweils ein Rad aufsetzen kann. Damit die Zahnräder nicht so schnell durchrutschen, können diese noch über eine L-förmige Strebe gegeneinander fixiert werden, die auf den beiden Achsen montiert wird.

K. Berns, D. Schmidt, *Programmierung mit LEGO® MINDSTORMS® NXT*, eXamen.press,   203
DOI 10.1007/978-3-642-05470-9, © The LEGO Group 2010

Führt man nun das Experiment durch, so fällt auf, dass die gemessene Umdrehungszahl kleiner als die erwartete ist und möglicherweise nur bei rund $4750°$ und somit knapp über 13 Umdrehungen liegt. Dies liegt an aufgetretenem Radschlupf sowie Ungenauigkeiten in der mechanischen Konstruktion, so dass die Zahnräder nicht optimal ineinander greifen und Spiel zueinander haben. Über ein NXT-G-Programm kann der NXT-Motor so eingestellt werden, dass er die geforderten 14.25 Motorumdrehungen $(5130°)$ ausführt. Die so zurückgelegte Strecke sollte ziemlich genau den geforderten $100cm$ entsprechen.

Experiment 3: Öffnender Tastsensor

Solange der Tastsensor gedrückt ist, drehen sich die angeschlossenen Motoren. Sobald der Tastsensor losgelassen oder das Sensorkabel gezogen wird, stoppen die Motoren.

Über eine entsprechende mechanische Konstruktion könnte man diesen Tastsensor nun so einsetzen, dass dieser losgelassen wird, sobald er ein Hindernis berührt. Auf diese Weise können – wie bereits erwähnt – Sensordefekte oder Kabelwackler zur Programmlaufzeit erkannt werden.

Experiment 4: Maximale Reichweite und kleinste messbare Entfernung

Die maximale Sensorreichweite von über zweieinhalb Metern kann erreicht werden, indem man ein relativ glattes Hindernis auswählt, das den Schall gut zurückwirft (z.B. glatte Zimmerdecke oder Fensterscheibe). Bei weicheren Objekten fällt die maximale Reichweite stark ab, da das Echo zu schwach ist und nicht mehr empfangen werden kann. Die experimentell ermittelte Maximalentfernung liegt bei $254cm$, wobei der Sensor sehr exakt ausgerichtet werden muss. Die geringste Entfernung liegt bei gemessenen $5cm$, darunter schwanken die Werte aufgrund von Reflektionen stark. Messfehler bei geringen Entfernungen liegen unter anderem an dem mit einzuberechnenden Abstand zwischen Sender und Empfänger sowie an Schallechos, die mehrfach zwischen Objekt und Sensor hin- und hergeworfen werden, bevor sie am Empfänger eintreffen.

Wird der Sensor auf ein „weiches" Objekt wie ein Sofa oder einen Vorhang gerichtet, wird ein Großteil des Schalls von diesem Objekt geschluckt. Das zurückgeworfene Echo ist daher deutlich schwächer als beispielsweise bei einer Glasscheibe. So sind maximal messbare Entfernungswerte von nur $70cm$ keine Seltenheit, wenn der zurückgeworfene Schall durch eine Polsterung abgeschwächt wird.

Experiment 5: Was kann die Ultraschallmessungen stören oder beeinflussen?

Zunächst misst der Ultraschallsensor die eingestellten $20cm$. Dreht man nun das Objekt, werden die Messwerte in der Regel einige Zentimeter kleiner, da eine Seite des

Objektes näher an den Sensor herankommt. Abhängig von der Oberflächenrauigkeit des Objektes können ab einem Winkel von ca. 30° erste Fehlmessungen auftreten. Dabei zeigt der NXT entweder sechs Fragezeichen („??????") an oder einen Wert, der größer als 20cm ist. Dies ist abhängig davon, ob es in der Nähe des Objektes ein zweites Hindernis gibt, von dem der Schall zurückgeworfen wird oder nicht.

Experiment 6: Helligkeiten verschiedener Farben

Im *Reflected Light*-Modus und bei einem Abstand von 0.5cm kann man beobachten, dass die Farben gut unterscheidbare Helligkeitswerte liefern. Besonders hohe Werte misst der Sensor bei den Farben Weiß (72%), Gelb (72%) und bei Rottönen (Rot: 61%). Die Farben Schwarz (30%), Blau (44%), Grün (46%) hingegen liefern geringere Werte. Die angegebenen Werte können abhängig von dem genauen Farbton und der Reflektivität gegenüber den eigenen Experimenten abweichen. So kann eine hellgrüne Fläche durchaus einen Wert von über 60% liefern, während dieser bei Dunkelgrün auch unter 40% fallen kann. Den höchsten Wert von über 80% erreicht man, wenn man den Sensor an einen Spiegel hält.

Insgesamt lässt sich beobachten, dass sich die Messwerte der Umgebungshelligkeit bzw. dem von externer Quelle einfallenden Licht annähern, je weiter der Sensor von der Oberfläche entfernt ist. Bei normaler Raumbeleuchtung werden dunkel erkannte Flächen also mit zunehmendem Abstand heller, helle Flächen hingegen dunkler wahrgenommen. Im *Ambient Light*-Modus wird die reine Helligkeit der Fläche ohne Bevorzugung von Rottönen gemessen, durch Schattenwurf oder externen Lichtquellen sind die Messwerte aber bei weitem nicht so eindeutig.

Experiment 7: Farberkennung

Der Farbsensor aus dem NXT-2.0-Set kann die sechs Farben Gelb, Rot, Grün, Blau sowie Schwarz und Weiß unterscheiden. Mischfarben werden der am nächsten liegenden Farbe zugeordnet. Je nach Farbton wird bei einer lilafarbenen Fläche entweder die Farbe Rot oder die Farbe Blau erkannt. Auch bei Orange variiert der gemessene Wert je nach Helligkeit der Fläche zwischen Gelb und Rot.

Etwas umfangreicher sind die Messwerte des HiTechnic-Sensors. Dieser liefert je nach Untergrund die Zahlenwerte 0 (Schwarz), 1 (Dunkelblau) bis 10 (Lila), 11 (Hellblau) bis 16 (Helllila) und 17 für Weiß (siehe die dem Sensor beiliegende Farbtabelle). Auffällig ist, dass es aufgrund der feineren Abstufung (18 statt 6 unterschiedenen Farben) häufiger zu Fehlmessungen bzw. nicht exakten Zuordnungen kommen kann. Über einen NXT-G-Baustein ist man allerdings in der Lage, die drei →*RGB*-Farbwerte einzeln auszulesen, um selbst eine Farbklassifikation durchzuführen.

Experiment 8: Empfangsbereich des Geräuschsensors

Der Sensor liefert bei normalen Hintergrundgeräuschen Messwerte von etwa $2-4\%$. Beim Reden, Klatschen und Pfeifen hingegen schwankt er je nach Intensität zwischen 20 und 100%. Die Entfernung spielt dabei eine entscheidende Rolle, da die Lautstärke quadratisch zur Entfernung abnimmt. Ist also die Geräuschquelle doppelt so weit weg, so beträgt die Lautstärke am Sensor nur noch ein Viertel der ursprünglichen Lautstärke.

Experiment 9: Möglichkeiten der Beschleunigungsmessung

Da der Sensor drei Messrichtungen besitzt, mit dem integrierten NXT-Programm aber nur ein Wert ausgegeben werden kann, bleiben zwei Messwerte ungenutzt. Das Kippen des Sensors nach vorne und hinten verursacht Änderungen in der Anzeige. Eine Drehung um die anderen beiden Achsen kann nicht angezeigt wird. Diese kann nur mit einem eigenen Programm (z.B. mittels NXT-G) abgefragt und angezeigt werden.

Experiment 10: Empfindlichkeit des Kompasses

Ist der Kompass nach Norden gerichtet, so wird auf dem Display der Wert 0 bzw. „??????" angezeigt. Ansonsten entspricht der angezeigte Wert im Wesentlichen dem erwarteten Ergebnis, so lange sich keine metallischen Gegenstände oder Magnete in nächster Nähe befinden.

Wird der Kompasssensor direkt an den NXT gebaut, so führt das ausgestrahlte Magnetfeld dazu, dass die Werte beispielsweise nur zwischen 114 und 134 variieren und somit zur Richtungsfindung unbrauchbar sind (genauso sieht es bei metallischen Teilen aus). Aus diesem Grund sollte der Sensor immer in größerem Abstand zu elektronischen Bauteilen montiert werden.

Ähnlich verhält es sich mit einem Magneten, den man direkt über den Kompasssensor hält. Dreht man den Magnet, so verändert sich der Messwert entsprechend. Bei korrekter Ausrichtung des Magneten kann man auf diese Weise sogar testen, wo sich dessen Plus- und Minuspol befindet.

Experiment 11: Empfindlichkeit des Gyroskops

Solange sich der Sensor in Ruhe befindet, liefert er einen Messwert von ungefähr 40%. Dreht man den Gyroskopsensor im Uhrzeigersinn um seine vertikale Achse, so sinkt der Messwert (minimal auf 0%). Wird er hingegen linksherum gedreht, so steigt der Wert über 40% auf maximal 100%. Durch ein sehr langsames Rotieren ist es möglich, den Sensor „auszutricksen", so dass er die Drehung nicht messen kann. Nicht messbar sind außerdem Drehungen um die anderen beiden Raumachsen.

Experiment 12: Reichweite und Störeinflüsse für RFIDs

Die Reichweite des Sensors entspricht den Herstellerangaben von $3cm$. Legt man eine Schicht Alufolie zwischen RFID-Sensor und -Marke, so verkürzt sich die Reichweite auf etwa einen halben Zentimenter. Den Einfluss von Alufolie kann man sich aber auch zunutze machen, indem man eine Art Richtantenne baut, so dass Folienstücke parallel zum elektromagnetischen Feld der Antenne angebracht werden. Die Reichweite kann so auf über $5cm$ verstärkt werden. Die Auslesefähigkeit wird durch Magnete, Motoren etc. nur minimal beeinflusst.

A.2 Allgemeine Tipps und Tricks zu LeJOS

In diesem Abschnitt werden einige grundlegende Tipps und Tricks zu LeJOS-Programmen gegeben, die beispielsweise das gezielte Beenden eines Programmes erlauben oder die Fehlersuche erleichtern.

Beenden von Programmen

Um ein Programm jederzeit beenden zu können, sollte jede `main`-Methode den in Quelltext 31 gezeigten Code enthalten. Ansonsten läuft das Programm entweder immer bis zu seinem Ende durch oder, falls das Programm von sich aus nicht terminiert, unendlich weiter. Besonders im letzten Fall möchte man den NXT stoppen können, ohne den Strom zu kappen oder den Reset-Knopf zu drücken, da beide Möglichkeiten oft baulich bedingt schwer zugänglich sind. Also fügt man dem Programm diesen Abschnitt hinzu, welcher bewirkt, dass ein Listener sozusagen parallel zum eigentlichen Programmablauf immer wieder überprüft, ob der dunkelgraue Knopf auf dem NXT gedrückt wurde. Geschieht dies, wird das Programm beendet, egal an welcher Stelle sich der Programmablauf befindet.

Quelltext 31: Listener, um das Programm zu jeder Zeit zu stoppen (`FirstRobot.java`)

```
28     // Hauptmethode
29     public static void main(String[] args) {
30
31       // Listener, um das Programm zu jeder Zeit zu stoppen
32       // (sollte in jedem LeJos-Programm vorhanden sein)
33       Button.ESCAPE.addButtonListener(new ButtonListener() {
34         public void buttonPressed(Button b) {
35           LCD.drawString("Program stop", 0, 3);
36         }
37
38         public void buttonReleased(Button b) {
39           System.exit(0);
40         }
41       });
80     }
```

Die Zeile `Button.ENTER.waitForPressAndRelease();` innerhalb eines Programms garantiert außerdem, dass das Programm erst nach der Quittierung durch den Benutzer mit dem orangefarbenen Knopf weiterläuft. Dies ist nützlich, falls Benutzereingriffe geplant sind, kann aber auch zur Fehlersuche mitverwendet werden, um ein Programm abschnittsweise auszuführen. Mehr zu Fehlersuche enthält der nächste Abschnitt.

Fehlersuche bei NXT-Programmen

Manchmal passiert es, dass man ein Programm implementiert und sich eigentlich sicher ist, dass es die angedachte Funktion erfüllen müsste. Beim Testen stellt man dann aber fest, dass nicht alles so läuft wie geplant. Was folgt ist das sogenannte →*Debugging*. Darunter versteht man das systematische Suchen nach Problemen, die sowohl aufgrund fehlerhafter Syntax als auch durch semantische Fehler entstehen können. Bei größeren Softwaresystemen setzt man Softwarewerkzeuge ein, die beim Entdecken von Syntax- oder Speicherzugriffsfehlern helfen. Semantische Fehler sind mit derartigen Programmen allerdings kaum zu lösen, da dafür dem Werkzeug ja bekannt sein müsste, was im korrekten Fall in dem jeweiligen Programmabschnitt passieren müsste. Deshalb empfiehlt es sich, sogenannte Debug-Nachrichten im Programmablauf einzufügen, um den Fortschritt und die Werte wichtiger Variablen zur Laufzeit anzuzeigen. Anhand dieser Nachrichten lässt sich die Fehlerquelle dann leichter finden. Für den Anfang bietet sich die Ausgabe auf dem LC-Display des NXT an (siehe Kapitel 6.1.13). Später, bei größeren Programmen, kann man eine Protokollierung der Nachrichten in eine Log-Datei oder das Senden der Nachrichten via Bluetooth an den PC in Erwägung ziehen. Voraussetzung ist dann natürlich die Sicherstellung, dass die Bluetooth-Kommunikation respektive das Dateischreiben selbst fehlerfrei funktioniert.

Das folgende Beispiel zeigt, wie eine Debug-Nachricht auf dem NXT aussehen könnte. Dabei wurde darauf geachtet, immer den Ursprung der Werte durch die Angabe des Methodennamens und der Variablenbenennung anzugeben. Auf diese Weise bekommt man automatisch einen besseren Überblick über den Programmablauf und kann die ausgegebenen Werte auch immer eindeutig zuordnen. Manchmal ist es auch hilfreich, reine Textnachrichten zu nutzen, um, zum Beispiel, nur den Programmablauf gerade bei Verzweigungen verfolgen zu können. Ganz am Rande zeigt das Beispiel übrigens, wie man Fließkommazahlen vom Typ `double` in eine Zeichenkette umwandelt (siehe Zeile 6).

```
1   // Ausgabe des Methodennamens
2   LCD.drawString("driveDistance()", 0, 4);
3   // Ausgabe des Variablennamens
4   LCD.drawString("distance=", 2, 5);
5   // Umwandlung und Ausgabe der Variablen
6   LCD.drawString(Double.toString(distance), 12, 5);
```

Zur Ausgabe der Nachrichten auf dem PC kann man mit der statischen Klasse `RConsole` eine Verbindung (sowohl über Bluetooth als auch über USB) mit dem *NXJ Console Viewer* auf dem PC herstellen. Mit Hilfe der beiden Befehle `RConsole.print(String s);` und `RConsole.println(String s);` können Nachrichten auf dieser Konsole angezeigt werden. Der folgende Befehl `RConsole.openBluetooth(int timeout);` dient zum Herstellen einer Bluetooth-Verbindung und muss zu Beginn des Programms aufgerufen werden. Alternativ dazu kann man mit `RConsole.openUSB(int timeout);` eine USB-Verbindung einrichten. Auf dem PC öffnet man dann über *Start → Ausführen...* das Programm `nxjconsoleviewer` oder `nxjcontrol` und stellt die Verbindung her. Kommt keine Verbindung zustande, werden alle Nachrichten, die im Quelltext eingefügt wurden, ignoriert. Wichtig bei der Verwendung von Bluetooth ist es, zu wissen, dass das Generieren und Senden der Nachrichten-Pakete relativ langsam geschieht. Dies führt dazu, dass zum einen der Ablauf des Programms durch diese zusätzliche Aufgabe verlangsamt wird und des Weiteren die Nachrichten nicht in Echtzeit angezeigt werden.

A.3 Aufgabenlösungen und Lösungshinweise zu LeJOS

Die Lösungen der jeweiligen Aufgaben befinden sich auf dem Extras-Server[59], weshalb hier lediglich Lösungsskizzen und Hilfen gegeben werden.

Aufgabe 46: Fahren bis der Taster auslöst

Zunächst müssen ein Tastsensor- und ein OwnPilot-Objekt instanziiert werden. Da der Roboter immer wieder den Zustand des Tasters überprüft und solange dieser nicht gedrückt ist, geradeaus fährt, eignet sich hier eine Schleife mit dem Tasterstatus als Eingangs- oder Abbruchbedingung. Darauf folgen die weiteren Fahraktionen, die dann entsprechend der Aufgabenstellung bei Beenden der Schleife abgearbeitet werden, wenn also der Taster gedrückt wurde. Da das Programm danach beendet und der Roboter stehen bleiben würde, muss der vorgestellte Programmteil noch in eine Endlosschleife gepackt werden. Das Beenden des Programms erfolgt dann beispielsweise durch den auf Seite 207 vorgestellten Button-Listener.

Die in Quelltext 32 dargestellte Lösung entspricht ziemlich genau der Lösungsskizze und enthält keine weiteren Besonderheiten. Die Werte für die Fahrbefehle sind empirisch ermittelt. Ist die Lineargeschwindigkeit negativ (Zeile 24) so zeigt dies an, dass rückwärts gefahren werden soll. Die Winkelgeschwindigkeit von 0.5 führt dabei zu einer leichten Kurvenfahrt während des Zurücksetzens. Das Vorzeichen der Winkelgeschwindigkeit ist frei wählbar und entscheidet darüber, ob eine leichte Links- oder Rechtskurve gefahren wird.

---

[59] `http://extras.springer.com/`

Quelltext 32: Lösung der Tastsensoraufgabe (`FirstRobot.java`)[60]

```
 6   import lejos.nxt.Motor;
 7   import lejos.nxt.SensorPort;
 8   import lejos.nxt.TouchSensor;
19   public class FirstRobot_touch {
20
21     // Roboterkonfiguration
22     public static OwnPilot pilot = new OwnPilot(Motor.B, Motor.A, 5.6,
           11.2);
23     public static TouchSensor touchSensor = new TouchSensor(SensorPort
           .S1);
28     public static void main(String[] args) {
42       // Programm startet hier
43       while (true) {
44         while (!touchSensor.isPressed()) {
45           pilot.drive(0.2, 0);
46         }
47         pilot.stop();
48         pilot.driveDistance(-0.1, 0.5, 10, true);
49       }
50     }
51   }
```

Aufgabe 47: Nutzung des Ultraschallsensors zur Kollisionsvermeidung

Zur Lösung kann der Quelltext aus Aufgabe 46 einfach erweitert werden. Zum Abbrechen der Geradeausfahrt müssen nun beide Bedingungen überprüft werden. Danach kann mit einer Verzweigung auf den auslösenden Sensor entsprechend reagiert werden. Um dazu jedoch nicht zweimal den Sensorwert zu lesen, sollte man Variablen für die Sensorzustände einführen und deren Zuweisung innerhalb der Schleife vornehmen.

Quelltext 33: Kombination von Ultraschall- und Tastsensor zu Kollisionsvermeidung (`FirstRobot.java`)

```
 9   import lejos.nxt.UltrasonicSensor;
16   public class FirstRobot {
25     public static UltrasonicSensor sonicSensor =
26       new UltrasonicSensor( SensorPort.S2);
27
28     // Hauptmethode
29     public static void main(String[] args) {
43       // Programm startet hier
44       sonicSensor.continuous();
45
46       // Variable fuer Status des Tasters
47       boolean sensorPressed = false;
48       // Auslesen des Tasterzustandes
49       sensorPressed = touchSensor.isPressed();
51       // Variable fuer Status des Ultraschallsensors
52       boolean minDistReached = false;
```

---

[60] Der Quelltext dieser Lösung liegt nicht auf dem Extra-Server bereit, da er in der Aufgabe 47 erweitert wird. Nur diese erweiterte Version ist auf dem Extra-Server verfügbar.

```
54        final int MINDISTANCE = 40;
55
56        while (true) {
57          // Wiederholen, solange Taster nicht gedrueckt
58          // und Mindestentfernung nicht erreicht ist
59          while (!sensorPressed && !minDistReached) {
60            // Auslesen des Tasterzustandes
61            sensorPressed = touchSensor.isPressed();
62            minDistReached = sonicSensor.getDistance() <= MINDISTANCE;
63            // Aufrufen der Piloten-Methode fuers Fahren
64            pilot.drive(0.2, 0);
65          }
66          // Stoppen der Vorwaertsfahrt
67          pilot.stop();
68          // wenn Mindestentfernung erreicht: wegdrehen
69          if (minDistReached) {
70            pilot.driveDistance(0, 0.5, 12, true);
71          }
72          // ansonsten (Kollision): zurueckfahren
73          else {
74            // 10cm Rueckwaertsfahren
75            pilot.driveDistance(-0.1, 0.5, 10, true);
76          }
77          sensorPressed = false;
78          minDistReached = false;
79        }
80      }
81    }
```

Aufgabe 49: Verwendung des Schallsensors und des Listener-Musters zum Auffinden einer Geräuschquelle

Über die erwähnte Funktion ordnet man dem Sensorport, an dem der Schallsensor angeschlossen ist, einen neuen Listener zu. Dieser kann anonym instanziiert werden, da kein weitere Zugriff darauf benötigt wird. Die Methode stateChanged(...), die bei einem Sensorereignis ausgeführt werden soll, muss dann noch implementiert werden. Um die Sensordatenvorverarbeitung der Klasse SoundSensor zu nutzen, fragt man per readValue() den aktuellen Wert des Schallsensors ab. Die Richtungssuche kann folgendermaßen gelöst werden: Der Roboter dreht sich auf der Stelle. Solange das Geräusch lauter wird, dreht er weiter, wird es wieder leiser, dreht er wieder ein Stück zurück und fährt in diese Richtung. Während der Geradeausfahrt wird dann mit Hilfe des Listeners überprüft, ob der Lautstärkewert wieder geringer wird. In diesem Fall wird die Suche wiederholt. Ist der Wert über einer gewissen Grenze, gilt die Geräuschquelle als gefunden.

Quelltext 34: Auffinden einer Geräuschquelle mit Hilfe des Schallsensors und Listener (NoiseFinder.java)

```
7   import lejos.nxt.SensorPort;
8   import lejos.nxt.SensorPortListener;
9   import lejos.nxt.SoundSensor;

17  public class NoiseFinder {
18
```

```
19    // Konfiguration des Piloten
20    public static OwnPilot pilot = new OwnPilot(Motor.B, Motor.A, 5.6,
          11.2);
21    // Anlegen eines Tasters an Port 1
22    public static TouchSensor touchSensor = new TouchSensor(SensorPort
          .S1);
23    // Anlegen eines Ultraschallsensors an Port 2
24    public static UltrasonicSensor sonicSensor = new UltrasonicSensor(
25        SensorPort.S2);
26    // Anlegen eines Geraeuschsensors an Port 3
27    public static SoundSensor soundSensor = new SoundSensor(SensorPort
          .S3, true);
28    // Grenze wann eine Geraeuschquelle gefunden ist
29    public final static int MAXLOUDNESS = 95;
30    // lautester gemessener Wert
31    public static int highestLoudness = 0;
32    // Orientierung, an der dieser Wert gemessen wurde
33    public static double highestLoudnessOrientation = 0.0;
34
35    // Hauptmethode
36    public static void main(String[] args) {
50      // Anlegen eines Listeners fuer Sensorport 3
51      SensorPort.S3.addSensorPortListener(new SensorPortListener() {
52        public void stateChanged(SensorPort source, int oldValue,
53            int newValue) {
54          // hier folgt die Reaktion auf Aenderungen
55          System.out.println(newValue);
56          if (soundSensor.readValue() < highestLoudness) {
57            pilot.stop();
58            highestLoudness = 0;
59            // suche Richtung mit hoechster Lautstaerke
60            for (int i = 1; i < 12; i++) {
61              pilot.turn(0.5, i * 30, false);
62              int _loudness = soundSensor.readValue();
63              if (_loudness > highestLoudness) {
64                highestLoudness = _loudness;
65                highestLoudnessOrientation = (i * 30) % 360;
66              }
67              pilot.turn(0.5, highestLoudnessOrientation, false);
68            }
69          } else {
70            highestLoudness = soundSensor.readValue();
71
72            System.out.println("HL:" + highestLoudness);
73
74            if (highestLoudness >= MAXLOUDNESS) {
75              pilot.stop();
76              LCD.clear();
77              LCD.drawString("Ziel gefunden !!!", 0, 5);
78              try {
79                Thread.sleep(10000);
80              } catch (InterruptedException e) {
81
82              }
83              System.exit(0);
84            }
85          }
86        }
87      });
88
89      // Programm startet hier
90      sonicSensor.continuous();
125   }
126 }
```

Aufgabe 50: Erweiterung des Piloten zur Punktanfahrt

Zunächst ist es sinnvoll, den Vektor vom Start- zum Zielpunkt in $\rightarrow$*Polarkoordinaten*darstellung zu berechnen. Mit den gegebenen kartesischen Koordinaten der beiden Punkte lässt sich der lineare Versatz in beide Raumachsen Δx und Δy errechnen. Daraus kann wiederum mit dem Satz des Pythagoras die Länge des Vektors und über die $\rightarrow$*Atan2*-Funktion der zugehörige Winkel in Richtung des Zielpunktes ermittelt werden. Die einfachste Möglichkeit, die Fahrt durchzuführen ist es, sie in drei Abschnitte zu unterteilen:

1. Drehen von aktueller Orientierung zur Orientierung des Fahrtvektors, so dass der Zielpunkt vor dem Roboter liegt. Dazu kann die in Quelltext 35 angegebene Methode `getMinimalAngleDiff(...)` genutzt werden, die die Winkeldifferenz zweier Winkel berechnet und darüber hinaus über das Vorzeichen des Rückgabewertes angibt, ob eine Links- oder eine Rechtsdrehung kürzer ist.
2. Fahren der errechneten Strecke, bis der Zielpunkt erreicht ist.
3. Drehen des Roboters in die gewünschte Zielorientierung.

Geschmeidigere Trajektorien bekommt man, indem man die Drehungen „kombiniert" und den Roboter eine geschwungene S-förmige Kurve fahren lässt. Dies erfordert jedoch auch eine aufwändigere Berechnung und einige theoretische Grundlagen zu speziellen Polynomfunktionen, sogenannten Splines[61].

Alternativ können die drei Schritte aber auch leicht „überlappend" programmiert werden. Dazu dreht sich der Roboter zunächst auf der Stelle, bis er beispielsweise weniger als 60° vom Zielkurs abweicht. Ist diese maximale Abweichung unterschritten, beginnt er zusätzlich (langsam) mit der Vorwärtsfahrt, so dass er über eine Kurve in Richtung Ziel gesteuert wird.

Quelltext 35: Methode zur Berechnung der Winkeldifferenz (`OwnPilot.java`)

```
402    /**
403     * Berechnet die minimale Differenz zwischen zwei Winkeln im
            Bogenmass
404     * @param angle1 Winkel 1 im Bogenmass
405     * @param angle2 Winkel 2 im Bogenmass
406     * @return minimaler Winkeldifferenz zwischen den Eingabewinkeln,
407     *          Vorzeichen entsprechend der mathematischen Drehrichtung
408     */
409    public double getMinimalAngleDiff(double angle1, double angle2) {
410      double _error = angle2 - angle1;
411
412      if (Math.abs(_error) > Math.PI) {
413        _error = -1 * Math.signum(_error)
414          * (2 * Math.PI - Math.abs(_error));
415      }
416      return _error;
417    }
```

---

[61] `http://de.wikipedia.org/wiki/Spline`

A.4 Bezugsquellen und Firmenkontakte

Durch die Vielzahl an Erweiterungen für LEGO MINDSTORMS gibt es auch eine Fülle an unterschiedlichen Drittanbietern, deren Komponenten zum Teil auch in diesem Buch vorgestellt werden. Hier eine Liste der bekanntesten Hersteller und Bezugsquellen für Zusatzsensorik, Motoren, Software und sonstigen Erweiterungen.

[a] *Codatex Hainzlmaier GmbH & Co. KG*
Ein auf RFID-Technik spezialisiertes Unternehmen, das auch den LEGO-RFID-Sensor nebst zugehöriger Marken herstellt.
Ischlerbahnstraße 15, 5020 Salzburg, Österreich
`http://www.codatex.com/`

[b] *HiTechnic, Dataport Systems, Inc.*
Anbieter von vielen fertigen LEGO-NXT-Sensoren, aber auch von Experimentierplatinen zum Selberbauen.
PO Box 321, Holland Patent, NY 13354, USA
`http://www.hitechnic.com/`

[c] *LEGO GmbH*
Originale LEGO MINDSTORMS-Teile und weiteres Zubehör aus der gesamten Produktpalette der LEGO GmbH.
Technopark II, Werner-von-Siemens-Ring 14, 85630 Grasbrunn, Deutschland
`http://www.lego.de/`

[d] *LPE Technische Medien GmbH*
Vertreiber von Material und Unterlagen für naturwissenschaftlich-technischen Unterricht. Dazu gehören neben LEGO MINDSTORMS auch Softwarelizensen oder LEGO-Ersatzteile.
Schwanheimer Straße 27, 69412 Eberbach, Deutschland
`http://www.technik-lpe.eu/`

[e] *Mindsensors*
Anbieter für Zusatzelektronik, der sowohl einfache Sensoren als auch Kameras und Schnittstellen für das Anbinden von NXT an Spielekonsolen bereitstellt.
8609 Mayland Drive, Richmond, VA 23294, USA
`http://www.mindsensors.com/`

[f] *Vernier Software & Technology*
Sensorhersteller, der neben industriell eingesetzten Sensoren auch einen NXT-Adapter anbietet. Mit diesem kann der NXT um über 30 Vernier-Sensoren erweitert werden.
13979 SW Millikan Way, Beaverton, OR 97005-2886, USA
`http://www.vernier.com/nxt/`

A.5 Weitere Programmiersprachen für den NXT

Es gibt viele Möglichkeiten, die LEGO MINDSTORMS NXT-Systeme zu programmieren. Neben den beiden vorgestellten Sprachen gibt es noch eine Vielzahl weiterer Sprachen, die zur Ansteuerung des NXT verwendet werden können:

[a] *LabVIEW Toolkit*
Das LabVIEW Toolkit ist eine von National Instruments herausgebrachte visuelle Programmierumgebung, die auf kommerzielle Software zur Messwertverarbeitung aufsetzt. Ähnlich wie bei NXT-G bestehen die Programme aus einzelnen Icons, die auf dem Bildschirm positioniert und verbunden werden.
`http://www.ni.com/academic/mindstorms/`

[b] *Microsoft Robotics Developer Studio*
MRDS ist eine vielseitige Entwicklungsumgebung zum Ansteuern und Simulieren von Robotern. Neben LEGO MINDSTORMS können auch andere Systeme mit Hilfe von →*.NET* oder der Microsoft Visual Programming Language (VPL) programmiert werden.
`http://msdn.microsoft.com/de-de/robotics`

[c] *MindSqualls*
Eine für .NET entworfene →*Open-Source*-Bibliothek, mit der Programme für einen per Bluetooth ferngesteuerten NXT entworfen werden können. MindSqualls ist in C# geschrieben und kann auch auf einem →*PDA* ausgeführt werden. In neueren Versionen werden auch NXT-Zusatzsensoren unterstützt.
`http://www.mindsqualls.net/`

[d] *NXC/NBC*
NXC steht für „Not eXactly C" und ist eine für LEGO MINDSTORMS entwickelte Programmiersprache mit einer C-ähnlichen Syntax. Sie verwendet als Zwischensprache NBC (Next Byte Code) mit einer Assembler-ähnlichen Syntax und ist für diverse Betriebssysteme erhältlich.
`http://bricxcc.sourceforge.net/nbc/`

[e] *pbLua*
Eine auf der textuellen Sprache „Lua" aufgesetzte NXT-Programmierung, die mitterweile auch Bluetooth und Gleitkommazahlen unterstützt. Mit pbLua können zwei NXTs über einen Sensorport direkt miteinander kommunizieren.
`http://www.hempeldesigngroup.com/lego/pbLua/`

[f] *RobotC*
LEGO Education bietet mit der Software ROBOT-C eine textbasierte Programmiersprache an. Die Sprache basiert auf C und kann sowohl für die alten RCX als auch für die neuen NXT-Systeme verwendet werden.
`http://www.robotc.net/`

[g] *RWTH MINDSTORMS NXT Toolbox*
Diese an der RWTH Aachen entwickelte Toolbox unterstützt die Anbindung des NXT über Bluetooth an die Software MATLAB, die weltweit zur Lösung mathematischer Probleme und grafischen Darstellung eingesetzt wird.
`http://www.mindstorms.rwth-aachen.de/`

Glossar

Dieses Glossar dient als Hilfe und Nachschlagewerk für viele Begriffe und Definitionen aus dem Bereich der Informationstechnik. Ein Teil der Definitionen stammt in Auszügen aus dem *Lexikon der Informatik* [11].

.NET Eine von der Firma Microsoft herausgegebene Software-Plattform, die eine →*Laufzeitumgebung*, zugehörige →*Bibliotheken* sowie →*Dienste* zusammenfasst und der Softwareentwicklung zur Verfügung stellt.

Abstraktion Reduktion eines Systems oder einer Beschreibung auf relevante Aspekte. Unwichtige Details werden dabei weggelassen.

Agent Ein Computerprogramm, das in gewisser Weise zu einem eigenständigen Verhalten fähig ist. Man unterscheidet reaktive und kognitive Agenten. Letztere verfügen im Gegensatz zu reaktiven Agenten über eigenes Wissen und reagieren nicht nur auf aktuelle Eingaben.

Agentensystem Ein Softwaresystem, das aus mehreren eigenständigen Elementen – den sogenannten →*Agenten* – besteht.

Algebra Teilgebiet der Mathematik, das sich mit Strukturen, Mengen und Relationen befasst. Dazu gehören unter anderem elementare Rechenregeln und lineare Gleichungssysteme.

Algorithmus Beschreibung eines Verfahrens, das aufgrund seiner formalen Spezifikation maschinell ausführbar ist.

Algorithmentheorie Die Algorithmentheorie befasst sich als Teilgebiet der Informatik mit der Lös- und Berechenbarkeit von →*Algorithmen*. Auch die Komplexität, d.h. die Ausführgeschwindigkeit, von Algorithmen wird hier untersucht.

Analog Ein stetiges Signal, dass sich proportional zu einer kontinuierlich erfassten Messgröße verhält. Analoge Signale haben innerhalb bedingter Grenzen theoretisch eine unendlich hohe Auflösung, aufgrund von Messrastern wird dieser Bereich →*diskretisiert*.

Android Spezielle Form eines →*humanoiden* Roboters, der einem Menschen täuschend ähnlich sieht und dessen physiognomischen Merkmalen entspricht.

API *Application Programming Interface* – eine Schnittstelle zur Anwendungsprogrammierung, die anderen Programmen zur Anbindung an das eigene System zur Verfügung gestellt wird. Umgangssprachlich häufig auch die dazugehörige Dokumentation (Referenz, Spezifikation).

ASCII *American Standard Code for Information Interchange* – 1967 veröffentlicher Standard für eine Zeichenkodierung mit sieben →*Bit*. Der Zeichensatz besteht aus 95 druckbaren Zeichen (Buchstaben, Ziffern und Sonderzeichen) und 33 Steuerzeichen wie Tabulator oder Leerzeichen.

Assembler Programm zur Übersetzung von Assembler- in →*Maschinenbefehle*. Die Assemblersprache ist eine maschinennahe Sprache und steht damit zwischen den höheren Programmiersprachen und den Maschinenbefehlen.

Asynchron Zeitlich versetzte Datenverarbeitung oder -übertragung, ohne Blockierung der beteiligten Elemente oder Prozesse durch fehlende Daten.

Atan2 Die atan2-Funktion ist eine Erweiterung des Arkustangens auf zwei Argumente, um bei der Umrechnung von kartesischen in Polarkoordinaten den Winkel im korrekten Quadranten zu ermitteln.

Aussagenlogik Ausgehend von logischen Elementaraussagen (wahr oder falsch) befasst sich die Aussagenlogik mit logischem Schließen. Dabei können die einzelnen Aussagen über Verknüpfungen wie „und" / „oder" in Relation stehen.

Autark Sich selbst versorgende Systeme. Bei Robotern verwendet man den Begriff der Energieautarkie, wenn sie eine eigene Energieversorgung mitführen.

Autonom Roboter sind autonom, wenn sie ihre vorgesehene Aufgaben ohne menschliches Eingreifen einige Zeit, also selbstständig, ausführen können.

Betriebssystem Software, die zum Betrieb des Computers notwendig ist und die Systemkomponenten wie $\rightarrow$*RAM* und $\rightarrow$*CPU* verwaltet und Anwendungsprogramme ausführt.

Bluetooth Funktechnologie für die drahtlose Kommunikation ohne Sichtkontakt. Die Datenrate beträgt $1Mbit/s$ bei einer Reichweite von $10m$. Zur Funkübertragung wird eine Frequenz von $2,4GHz$ im sogenannten $\rightarrow$*ISM-Band* genutzt.

Bibliothek Sammlung häufig genutzter Routinen, die während der Programmlaufzeit oder während des Übersetzens eingebunden wird.

Bildverarbeitung Die Bildverarbeitung ist ein Teilgebiet der Informatik und beschäftigt sich mit Prozeduren zur Extraktion und Weiterverarbeitung von Information aus Ursprungsdaten. Dies kann beispielsweise die Rekonstruktion und Darstellung von dreidimensionalen Modellen der Umwelt sein.

Binär Zweistufiges $\rightarrow$*diskretes* Wertesystem mit den Zuständen 0 und 1. Durch Kombination von mehreren Binärwerten ($\rightarrow$*Bits*) können binäre Muster erstellt werden (z.B. $\rightarrow$*Bytes*).

BIOS *Basic Input Output System* – Bei dem BIOS handelt es sich um die $\rightarrow$*Firmware* eines handelsüblichen $\rightarrow$*Mainboards*. Es wird direkt nach dem Anschalten des Rechners ausgeführt. Seine Aufgabe ist es, alle benötigten Komponenten wie Festplatten oder Grafikkarte zu aktivieren und dann das $\rightarrow$*Betriebssystem* zu starten.

Bit *Binary Digit* – kleinste Informationseinheit in elektronischen Systemen (0/1, aus/an, tief/hoch). Acht Bits bilden ein $\rightarrow$*Byte*.

Bug Programmfehler durch einen vom Softwareentwickler nicht berücksichtigten Programmzustand oder einen Laufzeitfehler.

Bumper Stoßleisten, die mit Tastsensoren ausgerüstet sind, um Berührungen zu erkennen.

Bus siehe $\rightarrow$*Bussystem*

Bussystem Sammelleitung zur Übertragung von Daten und Steuerinformationen zwischen unterschiedlichen Komponenten. Grundlage ist ein einheitliches $\rightarrow$*Protokoll*, so dass alle Beteiligten kommunizieren können (z.B. $\rightarrow$*USB*).

Byte Datenformat, das acht $\rightarrow$*Bits* enthält und in den meisten Computern ein Zeichen repräsentiert. Steigerungsstufen:
1 KiloByte [KB] = 1024 Byte [B]
1 MegaByte [MB] = 1024 KB
1 GigaByte [GB] = 1024 MB
1 TeraByte [TB] = 1024 GB

Cache Zwischenspeicher für Daten, die von einem langsameren Speichermedium gelesen wurden und dort für einen erneuten schnellen Zugriff bereitgehalten werden.

CAD *Computer Aided Design* – rechnergestütztes Erstellen von mechanischen, elektrischen oder elektronischen Konstruktionen. Hauptsächlich bekannt durch den Entwurf von dreidimensionalen Modellen am Computer.

Chipsatz Der sogenannte Chipsatz besteht aus mehreren $\rightarrow$*Microcontrollern*, die auf einem $\rightarrow$*Mainboard* integriert und für die Kommunikation der verschiedenen Bauteile zuständig sind.

Code Interpretierbares Programm in Form von Quelltext einer Programmiersprache, aber auch →*Assembler-* oder →*Maschinenbefehle.*

Compiler Spezielles Programm, das den Text einer Quellsprache (z.B. Java) in eine Folge von →*Maschinenbefehlen* einer Zielsprache übersetzt.

Computer Ein Computer ist ein universeller Datenverarbeitungsautomat. Der Begriff wird oft synonym für Recheneinheit verwendet. Im Alltagsgebrauch bezeichnet ein Computer meist das gesamte Rechnersystem als bauliche Einheit inklusive Speicher, Zusatzkomponenten und Ein-Ausgabe-Geräten.

Computergrafik Ein Teilgebiet der Informatik, das sich mit der Erzeugung und Bearbeitung von computergenerierten Bildern zur →*Visualisierung* befasst.

Computervirus Computerprogramm, das sich selbst in andere Programme einschleust und zu unkontrollierbaren Schäden am System führen kann.

CPU *Central Processing Unit* – siehe →*Prozessor*

Datenbanksystem System zur Speicherung von elektronischen Daten, das große Datenmengen effizient verwalten und bereitstellen kann.

Datenstruktur Datenobjekt zur Speicherung von Informationen, das aus unterschiedlichen Elementen bestehen kann.

Debugging Prozess des Suchens und Behebens von Programmierfehlern (→*Bugs*). Dies kann durch die manuelle Ausgabe von Programmzuständen und -parametern oder auch durch spezielle Werkzeuge – sogenannte „Debugger" – erfolgen.

Dezibel Eine logarithmische Hilfseinheit zur Kennzeichnung von Pegeln und Maßen. Dezibel (dB) ist vor allem bekannt aus der Akustik und gibt den Schalldruckpegel an.

Dienst Sammlung von Funktionen, die vom System bereitgestellt werden. Bei Betriebssystemen ein im Hintergrund arbeitender Prozess.

Digital Diskretisierung mit zwei Zuständen. Digitale Signale reduzieren Fehlinformationen (Rauschen) und können von Automaten gut verarbeitet werden.

Diskret Im Gegensatz zu →*analog* eine stufenweise Wertigkeit mit festem Raster (beispielsweise die Reihe der natürlichen Zahlen gegenüber den reellen Zahlen).

Dispatcher Der Dispatcher ist als Teil des →*Betriebssystems* dafür zuständig, einem Prozess die →*CPU* zu entziehen und einem anderen Prozess zuzuteilen.

DMI *Direct Media Interface* – eine Erweiterung der →*PCI*-Express-Schnittstelle innerhalb eines Intel-→*Chipsatzes*, die →*North-* und →*Southbridge* verbindet.

Drag & Drop *(Ziehen & Loslassen)* – Eine typische Eingabeoperation, bei der mit der Maus auf ein Objekt auf dem Bildschirm geklickt, dieses dann an eine andere Stelle verschoben und der Mausknopf dort losgelassen wird.

Drehmoment Physikalische Größe, die bei Beschleunigung eines drehbaren Körpers wirkt. Es ergibt sich aus dem Produkt von Kraft F und Länge l des Kraftarms (z.B. Durchmesser von Antriebsrad) und wird in Newton-Meter gemessen: $M = F \cdot l$

Dynamik Die Dynamik befasst sich mit dem Wirken von Kräften. Dies ist beispielsweise bei Roboterarmen wichtig, wenn sie Lasten aufnehmen und bewegen müssen.

Echtzeit Computersysteme sind echtzeitfähig, wenn sie garantiert innerhalb eines bestimmten Zeitrahmens reagieren. Dies ist insbesondere für sicherheitskritische Komponenten wie beispielsweise das Antiblockiersystem im Auto wichtig.

Eingebettetes System Ein oder mehrere vernetzte elektronische Recheneinheiten, die in ein technisches System eingebunden sind und dieses regeln, steuern oder überwachen (z.B. Elektronik im Kfz).

Elektromotor Elektromechanischer Wandler, der elektrische Energie in mechanische Energie transformiert. Dabei wird über einen Strom ein Magnetfeld induziert, das mit einem Permanentmagneten reagiert und eine Drehung veranlasst.

Encoder Sensoren zur Messung von Motor- oder Radumdrehungen. Diese werden unter anderem auch im Auto zur Antriebs-Schlupf-Regelung eingesetzt.

Fehlertoleranz Ein Computersystem ist fehlertolerant, wenn es seine Funktionsweise auch bei auftretenden Fehlern oder unvorhergesehenen Eingaben aufrechterhalten kann.

Firewire →*Serielle* Schnittstelle gemäß der Norm →*IEEE* 1394 zur Anbindung von →*Peripherie*geräten auch untereinander (im Gegensatz zu →*USB*). Die Datenrate beträgt bis zu 400*Mbit/s* bei maximal 63 angeschlossenen Geräten.

Firmware Software, die mittels →*Flashspeicher* in →*Microcontroller* integriert ist. Die Firmware enthält meist elementare Funktionen zur Verwendung des elektronischen Gerätes.

Flashspeicher Ein Speicherbaustein, der Daten auch ohne angelegte Spannung hält, also nicht-flüchtig ist.

Fotodiode Elektrisches Bauteil, das (sichtbares) Licht durch den inneren Fotoeffekt in elektrischen Strom umwandelt. Anwendungsgebiete sind Digitalkameras, Rauchmelder oder die Datenübertragung mittels Glasfaserkabel.

FSB *Front Side Bus* – Schnittstelle zwischen →*CPU* und dem →*Chipsatz* (→*Northbridge*), die den Takt für alle angeschlossenen Komponenten vorgibt.

Getriebe Getriebe dienen zur Übertragung und Umformung (Übersetzung) von Bewegungen, Energie und/oder Kräften.

GND *Ground* – Erdung bzw. Masse von Schaltkreisen oder Leitungen.

GPS *Global Positioning System* – Weltweites Funksystem zur Positionsbestimmung mittels Satelliten. Bei handelsüblichen Geräten liegt die Genauigkeit bei etwa 10*m*.

Gyroskop Sensor zur Lagebestimmung, der als Navigationsinstrument in Flug- und Raumfahrzeugen, mittlerweile auch häufig im Auto eingesetzt wird. Dieses Kreiselinstrument erlaubt es, Positions- und Lageänderungen zu erkennen und somit eine Lokalisierung durchzuführen.

Hauptspeicher (→*RAM*) Ein Computerspeicher, der die vom Prozessor benötigten Programme und Nutzdaten speichert. Im Gegensatz zu Festplatten verliert der Hauptspeicher seine Daten bei einer Stromunterbrechung.

Hash-Funktion Die sogenannte Hash-Funktion bildet mögliche Elemente einer Menge auf eine feste Anzahl von Adressen ab. Sie berechnet anhand eines Schlüssels den Speicherplatz, an dem das Element mit diesem Schlüssel liegt. Neben der Verwendung zur effektiven Speicherung von Werten in Tabellen findet sie Anwendung in der Kryptographie oder als Prüfsummenfunktion.

Hash-Tabelle Eine spezielle Indexstruktur beziehungsweise Liste, die hauptsächlich zum Speichern und schnellen Auffinden von großen Datenmengen verwendet wird.

Heuristisch Heuristische Methoden werden in der Informatik bei komplexen Aufgaben verwendet, um einen Kompromiss zwischen Laufzeit und Güte der Lösung einzugehen. Dabei wird versucht, beispielsweise durch Schätzungen zu einem hinreichend guten, aber nicht optimalen Ergebnis zu kommen.

Hochsprache Sammelbegriff für prozedurale und „menschenverständliche“ Programmiersprachen wie Java oder C++.

Humanoid Ein Roboter nach menschlichem Vorbild, der aber auch nur in Teilen menschenähnlich sein kann. Oft genügen bereits zwei Beine, um von einem humanoiden Roboter zu sprechen.

I^{2}C *Inter-Integrated Circuit* – ein zweiadriger →*Bus* für die →*serielle* Kommunikation zwischen bis zu 1024 Knoten bei maximal 425*KB/s* →*Übertragungsrate*.

IDE *Integrated Device Electronics* – Schnittstelle zum Anschluss von Festplatten und CD-Rom-Laufwerken.

IEEE *Institute of Electrical and Electronics Engineers* – 1884 gegründete weltweite Vereinigung von Elektroingenieuren. Unter anderem für die Festlegung von international geltenden Normen zuständig („I triple E“).

Industrieroboter Eine programmierbare Maschine zur Handhabung oder Bearbeitung von Werkstücken, die in industriellem Umfeld eingesetzt wird.

Informationssystem Gesamtheit der Softwarekomponenten, Datenbanken und der benötigten Hardware zur rechnergestützten Erfassung,

Speicherung, Verarbeitung und Darstellung von Informationen.

Infrarot Langwelliges Licht jenseits des für den Menschen sichtbaren Bereiches. Infrarotes Licht wird häufig für technische Anwendungen wie Sensoren oder Sender eingesetzt, da →*Fotodioden* und -transistoren hier ihre höchste Empfindlichkeit haben.

Instanz Ein Objekt, das während der Ausführung eines Programms aus einer →*Klasse* erzeugt wird.

Interpreter Ein Übersetzer, der das Quellprogramm beim Ablauf Anweisung für Anweisung interpretiert.

ISM-Band *Industrial, Scientific and Medical* – Frequenzband für kostenlose Funkübertragung (im Gegensatz zu beispielsweise UMTS) in den drei Bereichen $900 MHz$, $2,4 GHz$ und $5,8 GHz$. Wird unter anderem für WLAN und Bluetooth verwendet.

Java Von Sun Microsystems entwickelte und 1995 erstmals vorgestellte textuelle Programmiersprache. Im Zentrum steht die Idee einer plattformübergreifenden Programmierung, die durch das zweistufige System in Form eines →*Compilers* in die Zwischensprache „Bytecode" und der Interpretation durch die →*Java Virtual Machine* umgesetzt wird.

Java Runtime Environment (JRE) →*Laufzeitumgebung* von Sun Microsystems, die unter anderem die zur Ausführung von →*Java*-Programmen benötigte →*Java Virtual Machine* sowie wichtige Java→*Bibliotheken* enthält.

Java Virtual Machine (JVM) →*Interpreter* des →*Java*-Bytecodes. Mit diesem sind Javaprogramme auf jeder unterstützten Plattform (z.B. Windows, Linux, Unix, Mac) ausführbar.

Kalibrierung Einstellen von Sensoren bzw. deren Verarbeitungssoftware auf aktuelle Gegebenheiten, um Messfehler zu verringern oder bauartbedingte Fehler (wie z.B. Verzerrungen bei Kameras) auszugleichen.

Kardanisch Eine kardanische Aufhängung erlaubt es, Objekte in allen Raumachsen frei drehbar aufzuhängen. Dies wird über mehrere ineinander gelagerte Ringe umgesetzt, deren Achsen jeweils um $90°$ gedreht sind.

Kinematik Generell ist die Kinematik die Lehre der Bewegung im Raum. In der Robotik beschreibt die Kinematik beispielsweise die Wirkung von Einzelraddrehungen auf die Bewegung des Fahrzeugs.

Klasse Ein abstraktes Software-Modell, das als Bauplan für mehrere gleichartige Objekte dient und deren Eigenschaften und Verhaltensweisen beschreibt.

Kommunikationsnetzwerk Infrastruktur zur Übermittlung von Daten zwischen verschiedenen Recheneinheiten.

Komplexitätstheorie Als Teilgebiet der Informatik befasst sich die Komplexitätstheorie mit der Komplexität – also dem Aufwand – von algorithmischen Problemen. Sie zählt somit zum Bereich der →*Algorithmentheorie*.

Koordinate Lage- bzw. Positionangabe eines Punktes bezogen auf einen bestimmten Ursprung (Koordinatensystem).

Künstliche Intelligenz Teilbereich der Informatik, der sich mit der Automatisierung intelligenter Leistungen und Handlungen befasst. Im allgemeinen Gebrauch wird die KI als technische Umsetzung menschlicher Intelligenz verstanden.

Laserscanner Planarer Distanzsensor, der die Umgebung mittels Laserlicht bis auf wenige Millimeter genau vermisst. Die vermessene Fläche weist häufig Öffnungswinkel von $180°$ bis hin zu $240°$ auf.

Laufzeitumgebung Softwareschicht, die Anwendungsprogramme plattformunabhängig ablaufen lassen kann (wie z.B. →*Java Runtime Environment*). Auf diese Weise kann dasselbe Programm auf unterschiedlicher Hardware und Betriebssystemen ausgeführt werden.

LCD *Liquid Crystal Display* – Flüssigkristallanzeige, die unter anderem bei Taschenrechnern und Automaten eingesetzt wird.

LED *Light Emitting Diode* – Eine Leuchtdiode ist ein elektrisches Bauteil, das bei anliegendem Strom Licht aussendet.

LeJOS Ein Betriebssystem für LEGO Mindstorms, das die vorhandene →*Firmware* durch eine verkleinerte Version der →*Java Virtual Machine* ersetzt. Mit ihm können →*Java*-

Programme für den NXT entworfen und ausgeführt werden.

Linker Programm, das einzelne Programmteile wie Bibliotheken zu einem ausführbaren Programm verbindet.

Linux Kostenloses →*Betriebssystem*, das ursprünglich von Linus Torvalds entwickelt wurde und mittlerweile in vielen verschiedenen Versionen, sogenannten Distributionen, verfügbar ist.

Listener Prozess oder Programmteil, der auf Ereignisse oder Informationen eines Eingabestroms wartet und auf diese in Form einer Weiterverarbeitung reagiert.

Lokalisierung Feststellung der aktuellen (Roboter-)Position und Orientierung im Raum durch Aktualisierungen der Pose während der Fortbewegung (lokal) oder durch Finden von signifikanten Merkmalen in der Umgebung (global).

Max OS X Modernes →*Betriebssystem* der Firma Apple für die selbst entwickelten und vertriebenen Computer.

Mainboard Zentrale Platine eines Computers, auf der die einzelnen Bauteile montiert werden.

Maschinenbefehl Elementare Instruktion aus einem systemspezifischen Befehlssatz. Ein Maschinenbefehl kann beispielsweise Daten bewegen, berechnen oder Vergleiche durchführen.

Mensch-Maschine-Interaktion Eine Teildisziplin der Informatik, die sich mit der Schnittstelle zwischen Mensch und Maschine befasst. Ziel ist es, dass Computer, Roboter oder andere technische Geräte natürliche Befehle des Menschen verstehen und die Kommunikation beispielsweise über Sprache oder Gestik und Mimik abläuft.

Microcontroller Ein Mikro-Computersystem mit →*CPU*, Speicher, →*Peripherie*komponenten und weiteren Elementen, das vollständig auf einem Chip integriert ist. Microcontroller übernehmen Steuerungsfunktionen in den unterschiedlichsten Bereichen.

Microsoft Windows Grafisches →*Betriebssystem* der Firma Microsoft, das weltweit am weitesten verbreitet ist.

Modellierung Entwicklung eines abstrakten Abbilds (Modell) eines Systems. Dies kann zum einen zur Analyse eines vorhandenen, aber auch als Grundlage für die reale Umsetzung eines neuen Systems verwendet werden.

MS-DOS *Microsoft Disk Operating System –* Das erste →*Betriebssystem* der Firma Microsoft, erschienen 1981 auf dem ersten IBM→*PC*.

Multiplexer Selektionsschaltung, mit der aus einer Menge von Eingangssignalen ein einzelnes mittels Steuersignal ausgewählt werden kann. Die Umkehrung erfolgt durch einen Demultiplexer.

Multitasking Fähigkeit eines →*Betriebssystems*, mehrere Prozesse scheinbar gleichzeitig auszuführen. Diese →*Nebenläufigkeit* entsteht durch schnelle Wechsel zwischen rechnenden und wartenden Prozessen.

Naturanaloge Verfahren Mit Hilfe von naturanalogen Verfahren werden Mechanismen aus der Biologie in die Welt der algorithmischen Problemlösung übertragen. Dies können beispielsweise künstliche neuronale Netze oder selbstoptimierende (genetische) →*Algorithmen* sein.

Nebenläufigkeit Pseudogleichzeitige Bearbeitung mehrerer Prozesse. Im Gegensatz zur →*parallelen* Abarbeitung werden diese Prozesse stückweise →*synchron* und auf einem →*Prozessor* ausgeführt.

Northbridge Ein spezieller →*Microcontroller* auf einem Computer→*mainboard*, der für die Kommunikation zwischen der →*CPU*, dem →*Hauptspeicher* und dem restlichen System via →*Southbridge* zuständig ist.

Oberklasse (auch: Superklasse) Dabei handelt es sich um eine →*Klasse* in der objektorientierten Programmierung, die ihre Attribute und Methoden an →*Unterklassen* vererbt.

Observer Ein bestimmtes Programmteil (Beobachter), welches den Zustand eines anderen Programmteils oder Prozesses (Subjekt) erfragt und gegebenenfalls auf dessen Daten arbeitet. Das Subjekt selbst wird nicht verändert (siehe auch →*Listener*).

Odometrie Eine Methode zur Positionsbestimmung von Fahrzeugen über die Bewegungen der Räder; von griech. hodós, „Weg" und métron, „Maß".

Open Source *(Offene Quelle)* – Freie Softwarelizenzen, deren Quelltext offen liegt und von Benutzern weiterentwickelt, verbessert oder einfach nur genutzt werden.

Parallel Gleichzeitige Abarbeitung von Befehlen auf mehreren →*Prozessoren*. Bei der Kommunikation zeitgleiches Senden mehrerer →*Bits* auf einer mehradrigen Leitung.

PC *Personal Computer* – Ein auf eine spezielle Anwendung am Arbeitsplatz zugeschnittenes →*Computer*system.

PDA *Personal Digital Assistant* – Kleiner tragbarer Computer, der meist für Kalender- und Adressverwaltung genutzt wird. Heutzutage oft auch mit Büroanwendungen und Internetzugang ausgestattet.

Peripherie Unter Peripherie-Geräten versteht man alle Geräte, die an einen Rechner angeschlossen und von diesem gesteuert oder ausgelesen werden (bei →*PCs* z.B. Tastatur, Mouse, Modem, Drucker).

Persönlicher Roboter Universeller Assistenzroboter der höchsten Entwicklungsstufe, der den Menschen in Zukunft bei alltäglichen Arbeiten unterstützt.

Piezo-Effekt Bei Verformung bestimmter Materialien treten elektrische Ladungen auf wie z.B. bei Piezo-Feuerzeugen. Durch Druck entsteht hier ein Zündfunke.

Pixel *Picture Element* – Kleinstes Darstellungselement (Bildpunkt) auf Bildschirm oder Papier.

Playback *(Wiedergabe)* – Programmierverfahren für Roboter, bei dem die vom Benutzer vorgegebenen Bewegungen vom Roboter wiedergegeben wird.

Plugin Software-Element, das in eine bestehende Software integriert werden kann und deren Funktionalität erweitert.

Polarkoordinatensystem Ein zweidimensionales Koordinatensystem, in dem jeder Punkt auf einer Ebene durch einen Winkel und einen Abstand definiert werden kann.

Port Zugriffspunkt sowohl für die Dateneinals auch für die -ausgabe. Ein Port kann sowohl ein physikalischer Anschluss als auch eine logische Schnittstelle zur Datenübertragung sein.

Pose Kombination aus Position und Orientierung (Lage) eines Objektes.

Programmiersprache Notation für Computerprogramme, die von einem entsprechenden →*Compiler* in eine maschinenverständliche Sprache übersetzt werden kann.

Protokoll Übereinkunft bezüglich Rahmenbedingungen und Datenformat – aber nicht der Inhalte selbst – für die Kommunikation zwischen zwei oder mehr Geräten.

Prozessor Zentrale Recheneinheit in einem Computer, die arithmetische und logische Operationen sowie Ein- und Ausgaben durchführt.

Pulsweitenmodulation Elektrische Modulationsart, bei der eine technische Größe zwischen zwei Werten wechselt. Das Tastverhältnis hat dabei eine feste Frequenz.

PWM siehe →*Pulsweitenmodulation*

RAM *Random Access Memory* – siehe dazu →*Hauptspeicher*

Rechnerarchitektur Als Teilgebiet der Informatik befasst sich die Rechnerarchitektur mit dem Aufbau und der Organisation von Rechnern.

Regelung Vorgang, bei dem eine Regelgröße fortlaufend erfasst und mit einer Führungsgröße verglichen wird. Abhängig vom Ergebnis des Vergleichs wird die Regelgröße beeinflusst, um diese anzugleichen. Der entstehende Wirkkreislauf stellt den geschlossenen Regelkreis dar.

Regler Elektronisches bzw. informationstechnisches Element, das aufgrund der Unterschiede zwischen Soll- und Istgrößen eine →*Regelung* durchführt, um diese Werte anzugleichen.

RFID *Radio Frequency Identification* – Identifikation mittels hochfrequenten Funksignalen, häufig zur Diebstahlsicherung und im industriellen Umfeld zur Produktverfolgung verwendet.

RGB *Red Green Blue* – Spezifikation für einen additiven Farbraum, in dem die Farben aus den Einzelanteilen für Rot, Grün und Blau gemischt werden. Dieses Prinzip der Farbmischung verwenden unter anderem Bildschirme oder auch Farbsensoren.

Rotationsmatrix Eine Matrix, die eine Drehung im euklidischen Raum beschreibt und entweder eine →*Koordinate* oder auch ein Objekt bezüglich eines Koordinatensystems oder das Koordinatensystem selbst dreht.

RS 485 →*Serielle* Schnittstellennorm für bis zu 32 Sender und Empfänger und 10*Mbit/s* →*Übertragungsrate*.

SATA *Serial Advanced Technology Attachment* – Moderner Daten→*Bus* für den Transfer zwischen Festplatten und Laufwerken und der →*CPU*.

SCARA *Selective Compliance Assembly Robot Arm* – Industrieroboterarm, dessen erste beiden Gelenke eine Bewegung in der Ebene und weitere Gelenke den Hub und die Rotation des Werkzeuges erlauben.

Schutz Der Schutz (engl: security) vor Manipulation oder unbefugtem Eindringen ist neben der →*Sicherheit* eine der wichtigsten Eigenschaften von technischen Systemen.

Semantik Bedeutungsinhalt von Programmcode, also die inhaltliche Bedeutung der dort verwendeten Begriffe (vgl. mit →*Syntax*).

Seriell Aufgereihte Abarbeitung von Befehlen, z.B. Datenkommunikation auf einer zweiadrigen Leitung →*Bit* für Bit (im Gegensatz zur →*parallelen* Kommunikation).

Serviceroboter Roboter, die Dienstleistungen für einen Menschen erbringen. Dies können sowohl Weltraumsonden als auch Staubsaugerroboter im häuslichen oder Aufklärungsdrohnen im militärischen Umfeld sein.

Sicherheit Beschreibt die Betriebssicherheit (engl: safety) eines technischen Systems. Diese stellt zusammen mit dem →*Schutz* eine wichtige Eigenschaft dar.

Simulation Bei der Simulation wird ein reales System durch ein Modell ersetzt und analysiert. Dies erlaubt es, Probleme und Eigenschaften im Vorfeld zu erkennen (z.B. Windkanalsimulation), Kosten zu sparen oder Gefahren zu vermeiden (Beispiel Flugsimulator).

Skalierung Größenänderung bzw. Anpassung von Werten an eine bestimmte Skala.

SLAM *Simultaneous Localization and Mapping* – Ein klassisches Problem der mobilen Robotik, bei dem ein Roboter eine Karte seiner Umgebung erstellen soll, gleichzeitig aber seine →*Pose* anhand der Karte schätzen muss.

Software Engineering Teilgebiet der Informatik, das sich mit der ingenieurmäßigen Entwicklung und Anwendung von Softwaresystemen beschäftigt. Dazu gehören neben der Planung und Analyse im Vorfeld auch der Entwurf und die Programmierung, letztendlich aber auch die →*Validierung* und →*Verifikation* der fertigen Software.

Southbridge Ein →*Microcontroller* auf dem →*Mainboard* eines Computers, der die gesamte Kommunikation mit internen Hardwarekomponenten und der →*Peripherie* übernimmt (siehe auch →*Northbridge*).

Synchron Eine koordinierte Datenübertragung oder -berechnung, bei der sich die beteiligten Elemente beispielsweise über einen gemeinsamen Takt abstimmen im Gegensatz zu →*asynchroner* Kommunikation.

Syntax Struktureller Aufbau einer Programmiersprache (vgl. mit →*Semantik*).

Systemsoftware Die Gesamtheit aller Programme, die den Ablauf eines Computers steuern und unterstützen. Dazu gehören neben dem →*Betriebssystem* auch Treiber und →*Dienste*.

TCP *Tool Center Point* – Definiert den Ursprung des Werkzeugkoordinatensystems und Abschluss der kinematischen Kette eines Roboterarms.

Teach-In *(Einlernen)* – Programmierverfahren, bei dem einem Roboter mittels eines Steuergeräts Zielpunkte vorgegeben werden.

Trajektorie Bewegungsbahn, entlang der sich ein Körper mit einer bestimmten Geschwindigkeit bewegt.

Übertragungsrate Maß für den Datentransfer, häufig in →*Bit* pro Sekunde (bit/s oder bps). Oft nur ein theoretischer Maximalwert, der aufgrund von Übertragungsstörungen nicht erreicht werden kann.

UML *Unified Modeling Language* – Grafische Beschreibungssprache, die zur Software-→*Modellierung* während der Entwurfsphase eingesetzt wird und Merkmale und Zusammenhänge von Objekten beschreibt.

Unterklasse (auch: Subklasse) Eine →*Klasse*, die Attribute und Methoden einer →*Oberklasse* durch Vererbung übernimmt.

USB *Universal Serial Bus* – Schnittstelle für →*serielle* Kommunikation von →*Peripherie*-Geräten. Bei USB 2.0 beträgt die Datenrate $480 Mbit/s$.

Validierung Prüfung der Eignung einer Software hinsichtlich des zuvor aufgestellten Anforderungsprofils (vgl. →*Verifikation*).

VDD *Voltage Drain Drain* – positive Versorgungsspannung von Schaltkreisen.

Verifikation Prüfung, ob eine Software seiner formalen Spezifikation entspricht. Eine verifizierte Software muss nicht →*validiert* sein.

Verteiltes System Unter einem Verteilten System versteht man den Zusammenschluss mehrerer unabhängiger (verteilter) Recheneinheiten, die über ein →*Kommunikationsnetzwerk* Nachrichten austauschen und ihre Berechnungen koordinieren.

Virus siehe →*Computervirus*

Visualisierung Darstellung von abstrakten Daten und Zusammenhängen in einer grafischen Form, mit der sich die →*Computergrafik* befasst.

Winkelgeschwindigkeit Physikalisches Maß für den überschrittenen Winkel pro Zeit bei einer Kreisbewegung. Sie ist dabei proportional zur Drehzahl, aber unabhängig vom Kreisradius.

Wort Grunddatenelement mit dem ein Computer arbeitet, dessen →*Wortbreite* (Anzahl der →*Bits*) mit dem System variieren kann.

Wortbreite Größe eines →*Wortes* in Bit. Auf einem aktuellen 64bit-Rechner also genau 64 →*Bit* bzw. acht →*Byte*.

Zuverlässigkeit Neben den beiden wichtigen Eigenschaften →*Schutz* und →*Sicherheit* ein weiterer Aspekt von technischen Systemen. Die Zuverlässigkeit beschreibt, wie verlässlich ein System seine Funktion in einem Zeitintervall erfüllt.

Literatur

Literaturverzeichnis

[1] Asimov, I.: Alle Roboter-Geschichten. Bastei Lübbe (2007)

[2] Bagnall, B.: Maximum Lego NXT – Building Robots with Java Brains. Variant Press (2006)

[3] BITKOM, Bundesverband Informationswirtschaft, Telekommunikation und neue Medien e.V.: Zukunft digitale Wirtschaft (2007)

[4] Braitenberg, V.: Vehicles – Experiments in Synthetic Psychologie. MIT Press (1984)

[5] Burnette, E.: Eclipse IDE – kurz & gut. O'Reilly (2006)

[6] Capek, K.: Two Plays By Karel Capek: R.U.R. (Rossum's Universal Robots) and The Robber. Brisbane, Booksplendour Publishing (2008)

[7] Christaller, T., Decker, M., Gilsbach, J., Hirzinger, G., Schweighofer, E., Lauterbach, K., Schweitzer, G., Sturma, D.: Robotik: Perspektiven für menschliches Handeln in der zukünftigen Gesellschaft. Springer Verlag (2001)

[8] Diehl, B., Erb, R., Hesse, H.: Physik Oberstufe – Gesamtband. Cornelsen Verlag (2008)

[9] Dorn, F., Bader, F.: Physik 12/13 – Gymnasium Sek II. Schroedel Verlag (2006)

[10] Ferrari, M., Ferrari, G., Astolfo, D.: Building Robots with Lego Mindstorms NXT. Syngress Media (2007)

[11] Fischer, P., Hofers, P.: Lexikon der Informatik, 14. Auflage. Springer Verlag (2007)

[12] Frischknecht, C., Other, T.: Lego Mindstorms NXT – Next Generation. Swiss Federal Institute of Technology (ETH) Zurich (2006)

[13] Gesellschaft für Informatik e.V. (GI): Memorandum – Digitale Spaltung verhindern, Schulinformatik stärken! (2000)

[14] Gesellschaft für Informatik e.V. (GI): Was ist Informatik? (2006)

[15] Henning, P.A., Vogelsang, H.: Taschenbuch Programmiersprachen, 2. Auflage. Hanser Fachbuch (2007)

[16] Ichbiah, D.: Roboter – Geschichte, Technik, Entwicklung, 1. Auflage. Knese-
     beck GmbH und Co Verlags KG (2005)
[17] International Federation of Robotics (IFR) Statistical Department: World Ro-
     botics 2008. VDMA Verlag (2008)
[18] Lang, H.W.: Algorithmen in Java. Oldenbourg Wissenschaftsverlag (2006)
[19] LEGO Group: Lego Mindstorms NXT – Bedienungsanleitung. LEGO Group
     (2006)
[20] Ministerium für Bildung, Wissenschaft, Jugend und Kultur: Lehrplanentwurf
     für das Wahlfach und das Wahlpflichtfach Informatik an Gymnasien und Inte-
     grierten Gesamtschulen – Sekundarstufe I. Rheinland-Pfalz (2008)
[21] Ministerium für Bildung, Wissenschaft, Jugend und Kultur: Lehrplanentwurf
     Informatik – Grund- und Leistungsfach – Einführungsphase und Qualifikati-
     onsphase der gymnasialen Oberstufe. Rheinland-Pfalz (2008)
[22] Morik, K., Klingspor, V.: Informatik kompakt. Springer Verlag (2006)
[23] Schneider, U., Werner, D.: Taschenbuch der Informatik. Hanser Fachbuchver-
     lag (2007)
[24] Schöning, U.: Ideen der Informatik – Grundlegende Modelle und Konzepte
     der Theoretischen Informatik. Oldenbourg Wissenschaftsverlag (2008)
[25] Schraft, R.D., Hägele, M., Wegener, K.: Service – Roboter – Visionen. Hanser
     Fachbuchverlag (2004)

Internetseiten

Es gibt im Internet eine Vielzahl von Fan-Seiten oder Auftritten von Clubs, Schulen
und Hochschulen, die alle das Thema LEGO Mindstorms behandeln. Diese Liste
stellt eine Auswahl der interessantesten Seiten vor, die kostenlose Informationen,
Aufgaben, Ideen und Bauanleitungen zur Verfügung stellen. Bei einigen davon handelt es sich um Seiten auf Englisch, was aber besonders bei den Bauanleitungen und
Modellen keine große Hürde darstellen sollte.

Bauanleitungen und NXT-Modelle

[a] Deutsche Seite mit einer Vielzahl von Robotermodellen sowie weiteren Informa-
    tionen zu Veranstaltungen rund um LEGO Mindstorms. Außerdem gibt Matthias
    Scholz einen guten Überblick über weiterführende Internetseiten und Werkzeuge
    zum Programmieren und Konstruieren von LEGO Mindstorms:
    `http://mynxt.matthiaspaulscholz.eu/de/`
[b] Englische Seite mit Bauanleitungen für ein herkömmliches Mindstorms-NXT-
    Set bzw. für ein neues 2.0-Set. Für jedes Modell gibt es dabei eine Skala für den
    Schwierigkeitsgrad von Konstruktion und Programmierung:
    `http://www.nxtprograms.com/`

[c] Bilder und Beschreibungen von Projekten auf der offiziellen LEGO-Seite, die von NXT-Benutzern erstellt wurden:

```
http://mindstorms.lego.com/nxtlog/ProjectList.aspx
```

[d] Inhalte aus dem englischen Buch *Extreme NXT – Extending the LEGO Mindstorms NXT to the Next Level* von Michael Gasperi, Philippe Hurbain und Isabelle Hurbain. Darunter finden sich interessante NXT-Modelle inklusive Anleitungen und Programme:

```
http://www.philohome.com/nxt.htm
```

[e] Inhalte aus dem englischen Buch *Creating Cool Mindstorms NXT Robots* von Daniele Benedettelli, der einige interessante NXT-Modelle vorstellt:

```
http://robotics.benedettelli.com/NXTrobots.htm
```

[f] Zwei algorithmisch komplexe NXT-Modelle mit Bauanleitungen von Hans Andersson: Ein Roboter zum Lösen eines magischen Würfels sowie ein NXT-Modell, das ein Sudoku lösen kann:

```
http://www.tiltedtwister.com/
```

NXT-G

[g] Private Seite eines Lehrers mit einer guten Einführung in die grafische Programmierung mit NXT-G sowie weiteren Informationen zu NXC:

```
http://www.debacher.de/wiki/Lego_Mindstorms
```

[h] Informationen rund um NXT-G, aber auch Tipps und Tricks zu Getrieben und neuen NXT-G-Blöcken in englischer Sprache:

```
http://www.teamhassenplug.org/NXT/
```

[i] Programme, Modelle und Informationen von der Tufts University aus Medford (USA). Interessant sind insbesondere die Einführung und Programmiertipps für NXT-G:

```
http://legoengineering.com/
```

Java und LeJOS

[j] Einsteiger-Buch *Programmieren in Java: Einführung* von dem deutschen Autor Boris Schäling:

```
http://www.highscore.de/java/einfuehrung/
```

[k] Das sehr ausführliche Buch *Java ist auch eine Insel* von Christian Ullenboom mit über 1.400 Seiten Java-Wissen:

```
http://openbook.galileocomputing.de/javainsel8/
```

[l] *Handbuch der Java-Programmierung* von Guido Krüger und Thomas Stark, das in den ersten Auflagen unter dem Namen *Go To Java 2* bekannt geworden ist:

```
http://www.javabuch.de/download.html
```

[m] Englische Dokumentation (API) aller LeJOS-Klassen, die für den NXT zur Verfügung stehen:

```
http://lejos.sourceforge.net/nxt/nxj/api/index.html
```

Sonstiges

[n] Linksammlung zu LEGO Mindstorms mit Bezugsquellen von NXT-Hardware, Software und vielen Anregungen und Informationen für den Schulunterricht:
`http://www.lehrer-online.de/499378.php`

[o] Ein umfangreiches Forum zu LEGO Mindstorms, in dem viele verschiedene Themen rund um den NXT und dessen Programmierung behandelt werden:
`http://www.mindstormsforum.de/`

[p] Seite der RWTH-Aachen Matlab Toolbox für LEGO Mindstorms, so dass der NXT über ein Matlab-Programm gesteuert werden kann:
`http://www.mindstorms.rwth-aachen.de/`

[q] Informationen zu einem Fußball-Wettbewerb der FH Offenburg aus dem Jahr 2007:
`http://mv-sirius.m.fh-offenburg.de/Robotik/SW07Wettbewerb.htm`

[r] First Lego League: Ein jährlich stattfindender internationaler Wettbewerb für Schüler, der wechselnde Themen und Aufgaben behandelt:
`http://www.hands-on-technology.de/firstlegoleague`

[s] IGS-Robotik-Cup: Ein seit 2004 stattfindender Robotik-Wettbewerb an der IGS Rockenhausen:
`http://www.robotik-ag.eu/index.php?nav=168`

[t] Schüler-Wettbewerb rund um LEGO-NXT-Roboter an der TU Kaiserslautern, bei dem ein Labyrinth erkundet werden musste:
`http://agrosy.informatik.uni-kl.de/schuelerkurse/wettbewerb`

Sachverzeichnis